KB066726

창고 공장부지 투자전략과 기술

고수만 아는 불패의 황금토지를 잡아라

창고 공장부지 투자전략과 기술

고수만 아는 불패의 황금토지를 잡아라

이인수(코랜드연구소장) 지음

프롤로그

그동안 물류창고나 공장부지 투자는 대개 교통이 좋으면서도 땅값이 싼 도시 외곽지역이나 공업지역 토지를 선점한 뒤 적당한 임대수익을 올리면서 땅값이 오를 때까지 기다리는 방법이 전부였다.

하지만 최근 들어 중소 규모의 보관·물류창고에서부터 대규모 물류단지에 이르기까지 투자수익을 배가시키는 다양한 방법들이 대두하고 있다. 즉 항온 항습시설을 갖춰놓고 대형 마트와 같은 유통점에 외국산 채소나 과일을 납품하기 위해 장기 보관하는 창고시설 투자가 이루어지고 있는 상황이다.

무엇보다 창고건물은 주거용 주택이나 소매상가 건물에 비해 관리가 수월한 상업용 부동산이며, 감가상각이라는 비용처리를 통해 절세를 할 수 있는 유용한 도구가 있다는 게 강점이다. 즉 건물은 매년 일정한 금액으로 가치가 하락하는 감가상각이 적용되므로 비용처리를 해 주는데, 창고는 주거용 부동산이 아니므로 39년 감가상각을 적용해 다른 건물에 비해 상대적으로 훨씬 유리한 투자 대상물이라고 할 수 있다.

토지투자에서 가장 유효한 활용 방안을 묻는다면 일반적으로 대지를 꼽는 경향이 있다. 하지만 자본 이득형 투자(Capital gain)의 약점을 보완할 수 있는 최고의 투자는 창고나 공장용지 투자에 있다. 창고나 공장용지 투자가 일부 실수요를 목적으로 하는 기업의 전유물이나 전문가의 몫으로 보는 시대는 끝났다. 소액투자로 임대수익과 지가상승에 따른 투자수익을 동시에 노릴 수 있는 투자의 블루 오션인 것이다.

필자는 그동안의 투자 사례를 바탕으로 수익형 부동산 중에서도 공장이나 창고(물류창고)를 중심으로 어디에 어떻게 투자를 하는 것이 좋은지, 요즘처럼 부동산경기 침체기와 호황기에는 어떤 곳을 주목하는 것이 좋은지, 부동산 전문가나 관련 전문가가 아닌 일반 투자자는 어떻게 접근하는 것이 좋은지에 대해 이야기해보려고 한다. 또한 소액투자자들이 안전하면서도 꾸준히 임대수익을 올릴 수 있는 창고와 공장 인·허가에 대한 기초지식은 물론이고, 실제 현장에서 즉시 활용할 수 있는 실무 사례를 중심으로 설명하고자 한다.

활용 여하에 따라서는 최고의 투자종목을 발굴하는 데 일조하는 천기누설과도 같은 비기祕記가 되리라 자부하면서 성공하는 투자는 남보다 한 걸음 앞서가는 데서 이루어지고, 한 걸음 앞서가기 위해서는 그에 따른 지식과 정보가 필수라는 점을 잊지 않도록 당부한다. 그런 정보와 지식들이 여기에 있다.

코랜드연구소 소장 이인수

차례

PART 2.공장과 창고부지 투자 가이드

공장부지 투자

농업용 창고 투자

창고·공장투자 입지 분석

창고와 공장의 건축

틈새 투자, 협동화산업단지사업

PART 3. 산업용 토지투자 실무와 인·허가

PART 4. 사례와 함께 하는 창고와 공장부지 실전투자

PART 5. 창고 공장부지 투자실무

PART 6. 공장 인·허가 규제와 관련 법규 해설

PART. 01

산업용 부동산투자란 무엇인가?

산업용 부동산투자의 전망

창고투자, 과연 돈이 될까?

토지투자에서 돈이 되는 종목으로 물류창고를 꼽는다. 의아한 생각이 들까? 그렇게 생각하는 사람들이 많을 것이다. 낯설게 느껴지기 때문이다.

인구가 유입되고 돈이 활발하게 움직이는 지역의 땅값이 오른다는 것은 누구나 안다. 하지만 누구나 알기 때문에 오히려 투자에 성공하기도 그만큼 어렵다. 부동산투자로 유입되는 대기자금이 테마상가, 수도권 택지분양시장, 일부 구분건물 등을 기웃거리고 있지만 너무 많은 자금이 몰려드는 곳은 투자금액에 비해 가치가 차츰 하락할 수밖에 없다.

반면 그런 지역임에도 유망한 종목 중 하나로 물류창고부지에 관심을 기울이는 일반 투자자들이 많지 않고 그래서 기회가 남아 있는 경우도 많다. 원금가치가 늘어갈 곳, 즉 남들이 가지 않는 곳에 기회가 있다. 지난 수 년 동안 자금줄을 기다리다 지친, 그럼에도 조만간 상황이 반전될 가능성을 품고 있는 곳을 찾다보면 물류부지 및 산업용 토지와 만나게 될 것이다. 보유기간 동안 안정된 운영수익을 거둘 수 있으면서도 매도를 통해서 토지가치 상승으로 인한 높은 양도차익을 기대할 수 있기 때문이다.

또한 지속적인 수요가 증가하면서 시장이 확대되고 있는 곳이 창고업이다. 창고업이 꾸준히 성장하게 된 배경에는 백화점, 할인점 등 대형 소매업체의 성장에 따른 물류 증가와 국제교역 활성화로 인한 수출입물량 증가를 들 수 있다. 특히 무점포 소매업인 인터넷쇼핑몰이 급격히 성장하면서 소비자와 소매점 간 택배거래가 급격히 증가한 점도 창고업이 활성화되는 주요 원인 중 하나다.

창고업 관련지수도 지속적인 상승세를 나타내고 있어 현재 창고업이 호황기임을 증명해 주고 있다. 물류는 세계의 공장이라고 할 수 있는 중국과 직접적인 경쟁을 피하면서 그들과 다른 세계로 이어주는 다리 역할에 알맞은 지리적 여건을 갖춘 곳, 이런 여건을 활용하기 위해 정부가 사회간접자본을 집중적으로 투자하고자 하는 지역이 좋다.

창고나 공장은 원재료, 반제품, 제품 등이 수시로 드나들기 좋은 곳이면서 서로 다른 지역과 연결해 주는 고리 역할을 할 수 있는 곳이라야 경쟁력이 있다.

그러나 이런 여건을 갖춘 곳은 이미 포화 상태에 있기 때문에 투자자금 또한 규모가 커질 수밖에 없다.

새로 만들어지는 고속도로나 항만, 신 거점도시 주변의 고속도로 인터체인지는 3분의 1 내지 3분의 2 정도 수준이다. 따라서 기존 창고나 공장의 유사물건에 비해 가격 경쟁력이 충분하다.

정부가 지정한 여러 택지개발지역에는 의외로 공장지대가 많이 포함돼 있다는 점도 인지해야 한다. 국토교통부와 LH를 비롯한 건설업자들이 아파트 만능주의에 편향되어 인문환경이 좋은 지역들은 대부분 아파트 지대로 바뀌어가고 있으며, 지구 내 대체용지가 부족할 뿐 아니라 분양 단가가 너무 비싸 들어가기 어렵기 때문이다. 따라서 택지개발지구 내 공장들이 기존 생산 및 영업질서를 계속 유지할 만한 지역이 어디인지를 찾아 나서는 게 좋다.

예를 들어 화성시 동탄에 수용이 되어 이전해야 할 공장들이 눈에 들어왔다면 그들이 이동하기에 용이한 정남면 방면의 이동 축을 따라가 봐야 대체 지역을 찾을 수 있는 것이다. 즉 전체적인 흐름을 통찰해야 한다.

물류창고와 공장은 산업용 부동산 중 대표적인 종목이다. 세계 경제가 우호적인 환경으로 바뀌게 되면 오피스텔, 주상복합아파트 등으로 몰렸던 자금이 제조기업 등 생산현장으로 흐르게 된다. 따라서 이런 경우, 막차를 타게 되면 수 년 동안 자금이 잠기게 될 위험이 있다. 지는 해와 뜨는 해를 구분해 살펴볼 줄 아는 통찰력이 필요한 지점이다. '복층형 오피스텔, 수익률 12% 확보' 등과 같은 부동산 광고에 현혹되지 말라는 말이다.

자금이 올바로 흘러가야 할 곳, 즉 거품경제가 아닌 실물경제에 기여하는 쪽으로 시야를 돌리고 넓히는 것이 개인의 투자 안정성과 전체 경제의 성장성 모두 좋아지게 하는 기폭제가 될 것이다.

수도권 투자 1순위, 창고임대업

"수도권에 땅을 소유하고 있다면 1순위는 창고업이죠. 목이 좋은 곳에 창고 하나만 있으면 그야말로 땅 짚고 헤엄치기예요. 제조업과 비교할 때 유지관리비, 투자비가 거의 들지 않으면서 한 번 계약을 하면 몇 년간 먹고살 수 있고, 나중에 자식들에게 생계수단으로 물려주기도 쉽고요. 이런 무위험 고수익 사업이 또 없습니다. 물론 땅값이 변수지만요."

수도권에서 20년 이상 물류창고업을 해왔다는 한 관계자의 말이다.

물류창고 공급이 기업화·현대화·대형화되면서 경기도 일대를 중심으로 대규모 물류창고에 기업투자자의 참여가 늘고 물류창고 부동산시장 규모도 커지고 있다. 지역별, 물류창고 규모별 임대료 차이가 커지면서 물류창고 임대차 시장 차별화도 두드러지는 추세다.

물류창고는 주로 어느 곳에 위치해 있을까? 수도권과 충청권 일대 고속도로를 지나다 보면 유독 물류창고가 많은 것을 볼 수 있다. 특히 새로 신설되는 고속도로 인터체인지(IC) 주변의 물류창고부지가 관심을 끈다. 경기도 일대에 있는 창고 중 절반 이상은 농산물 보관창고였으나 지금은 그 숫자가 점점 줄어들고 있으며 대신 다양한 형태의 창고들이 등장하고 있다.

지역마다 물류창고 특색도 다르다. 일단 수도권에는 다양한 업종의 물류창고들이 밀집해 있다. 출판단지가 조성된 경기도 파주에는 서적 창고가 즐비하고, 경기도 광주의 경우에는 가방, 커피, 양주와 같은 제품 창고가 많다. 강남지역에 대한 접근성이 좋아 그 지역에서 소비가 많은 제품들이 들어차 있는 것이다. 대신 화성은 가구 물류창고가 많은 곳으로 유명하고, 충청권으로 가면 전국 접근성이 좋은 천안에는 식자재 창고가 인기다. 즉 성공적인 투자를 위해서는 관련된 환경과 여건에 대해서도 숙고를 해야 한다는 의미에서 그 지역 창고의 성격을 파악해 두는 것이 필요한 것이다.

경기도 지역 창고 매매가는 입지와 규모에 따라 편차가 크지만 지리적으로 수도권에 입지하고 있다는 장점 때문에 다른 지역에 비해 건평 당 100~200만 원 정도 비싼 것으로 파악되고 있다.

그러나 창고는 지리적 위치와 배후 물량, 창고시설 등에 따라 비슷한 규모라고 하더라도 가격 차이가 크다. 경기도 외에는 국내 최대 항구가 있는 부산항 일대의 창고 공급이 활발하고, 그 외에는 군산국가산업단지 또는 지방산업단지, 자유무역지역 등지에 많은 창고가 분포되어 있으며 부동산 거래 물량도 많은 편이다.

창고업 투자의 수익성

할인점·온라인 상거래가 늘면서 물류창고 몸값도 높아졌다. 그렇다면 물류창고에 투자하면 소위 돈을 벌 수 있을까?

2000년 1월부터 창고업 등록제가 폐지되면서 '너도나도' 창고 사업에 뛰어들기 시작했고, 당시만 하더라도 수도권 땅값이 평당 50만 원 이하에 머물고 있을 때여서 땅만 있으면 창고를 지어도 밑질 게 없는 사업이었다.

하지만 지금은 사정이 달라졌다. 수도권 땅값이 크게 뛰었기 때문이다. 물류창고 수익성을 계산해보면 평당 100만 원만 잡아도 1만 평이면 100억 원이 든다. 갈수록 창고가 대형화되는 추세이므로 경쟁력을 갖추려면 이 정도 면적이 필요하다.

이 부지에 주차장과 부대시설을 감안해 500평 규모의 창고를 짓는다고 가정하자. 보통 평당 건축비가 200만 원이 든다고 보면 100억 원이 추가로 들어가는 셈이다. 단순히 계산했을 때 200억 원의 투자비가 필요하다는 얘기가 된다. 웬만한 개인투자자는 엄두도 내기 힘든 액수다. '상가 114'의 ○○○ 이사는 "물류창고 임대료만 따져보면 3~4% 대로 수익률이 높지 않은 편"이라며 "그나마 개통이 예정된 고속도로 IC 인근 물류창고부지는 개통 기대감으로 지가 상승률이 높다."고 설명했다.

창고 경매 낙찰 사례(2019년 현재)

주소	감정가	매각가	매각일	토지면적(㎡)	건물면적(㎡)
경기도 파주지 파평면 장파리	23억 2,461만 8,080	16억 5,000만	2019. 06. 18	4,832	1,404
경기도 시흥시 포동	8억 3,987만 0,400	6억 8,500만	2019. 04. 16	554	311
경기도 평택시 포승면 원정리	87억 7,573만 3,200	54억 1,150만	2019. 08. 12	19,514	6,648

개인 투자는 쉽지 않지만 투자금 부담이 적은 기업들은 그동안 창고투자로 쏠쏠한 재미를 보아 왔다. 금융위기 전인 2006~2007년경 대기업 생명보험사를 중심으로 창고투자가 유망 투자처로 떠올랐다. 삼성생명, 대한생명, LIG 손해보험 등이 실제로 창고투자에 손을 댔다. 직접투자보다는 펀드를 통한 간접투자 방식을 택했다.

한 생보사 관계자는 "보수적으로 자금을 운용하는 생보사 특성상 주식보다 채권, 부동산으로 눈을 돌렸고 당시만 해도 부동산투자는 안정적으로 고수익을 보장받는 투자처로 떠올랐으며, 1순위가 빌딩이었고 그 다음이 창고였다."고 설명했다.

실제로 대한생명은 직접 경기도 이천시 호법면 안평 2리에 6,680평 규모의 창고를 준공해 임대사업을 운용 중이며, 90%를 임대해 매년 7~8%의 짭짤한 수익을 냈다고 한다. 하지만 이 사례 이후로는 창고투자 건수가 급격히 줄었다.

그렇다면 개인이 해볼 만한 창고투자는 없을까? 싸게 구입한 토지가 있다면 창고를 지어 증여를 고려해볼 수 있다.

방법은 이렇다. 그냥 땅을 증여하면 개별공시지가에 따라 높은 증여세를 물지만 땅을 현물로 출자해 법인을 세우고 그 땅에 창고 등을 지어 사업을 하면 세금을 줄일 수 있는 것이다. 왜냐하면 해당 법인을 증여하면, 부동산을 증여하는 것이 아니라 법인의 주식을 증여하는 것이기 때문에 세금이 줄어들 수 있다.

비상장법인의 주식은 순 자산가치와 순 손익가치의 가중평균을 내 산정하므로 부동산을 그대로 증여하는 것보다 훨씬 적은 평가를 받아 절세할 수 있다.

여기에 창고사업이 잘 유지되면 상속자뿐 아니라 증여자 역시 지속적으로 현금 수입을 얻을 수 있다. 단 주의해야 할 점도 있다. 상속·증여세법상 비상장법인 중 자산의 2분의 1 이상이 부동산 과다보유법인인 경우, 오히려 세금이 더 나오기도 한다는 것이다. 또한 설립 후 3년 미만 신설법인이나 최대 주주의 할증평가 등으로 절세효과가 사라질 수도 있다는 점을 인지해야 한다.

물류창고 투자의 미래 전망과 이유

해가 갈수록 심해지는 물류·유통업계의 전쟁에 있어 인프라 시설인 물류센터와 그 입지를 확보하려는 노력은 옛 전쟁터의 '식량창고 쟁탈전'을 보고 있는 것처럼 치열하기만 하다. 특히 이러한 물류센터 확보의 움직임은 교통의 요지인 수도권 위주로 펼쳐지게 되는데, 이는 국내 물류 부동산투자의 성장을 북돋았다.

삼국지에서 '관도대전'은 기세등등하던 원소가 패망하게 된 결정적인 전투로 불린다. 이 관도대전에서 승리하기 위해 조조는 원소군의 물류창고인 '오소'를 급습하여 미리 원소군의 식량과 군수품의 이동을 제한하였고, 이 '오소

전투'를 첫 단추로 조조는 5만 명이 채 되지 않은 병력으로 40만에 육박하는 원소의 대군을 격파하는 기염을 토하게 된다. 이렇듯 물류창고는 한 나라의 존망을 결정할 정도로 큰 역할을 담당하고 있고, 그 입지의 선정 또한 이에 못지않은 파괴력을 지니고 있음을 알 수 있다.

오래 전 역사속의 한 장면으로 치부하고 그냥 넘어가기에는 현재 우리나라에서 일어나고 있는 일들이 심상치 않다. 수도권 주변 물류센터를 선점하고자 하는 물류·유통기업들의 발 빠른 움직임, 물류부동산에 대한 투자액을 늘리는 투자기업들의 노련한 움직임이 포착되고 있다.

유망 서비스 분야별 핵심 성과 목표

분야	대상	2013	2017 목표치
보건·의료	해외 환자/ 연 환자	21만 명/ 66만 명	50만 명/ 150만 명
관광 & 콘텐츠	해외 관광객	1,218명	2,000만 명
교육	우수 외국대학 유치	–	3개 유치
금융	금융업 부가가치 비중	6.7%(2012년)	8.0%
물류	물류산업 매출	92조 원	135조 원
소프트웨어	SW 수출	40억 달러	70억 달러

환경의 조성

박근혜 정부 시절이었던 지난 2014년 8월 12일 '유망 서비스산업 육성 중심의 투자 활성화 대책'을 발표하고 7대 유망 서비스 산업을 육성하기 위한 정책과제들을 선보였다. 7대 유망 서비스산업으로는 일자리 창출과 성장잠재력 제고 효과가 높다고 평가된 보건의료, 관광, 콘텐츠, 교육, 금융, 물류, 소프트웨어 분야가 선정되었다. 특히, 물류의 핵심과제와 목표를 살펴보면 물류 인프라 확충과 물류산업 육성에 중점을 두고, 2013년 기준 92조 원 규모의 시장을 17년 기준 135조 원까지 성장시키고자 하는 계획을 확인할 수 있다. 이는

1년에 약 10%의 성장이 필요한 목표 수치로 측정된다.

물류단지 공급 확대

기존 물류단지의 공급은 1998년부터 시행된 '물류시설개발 종합계획'을 통해 시·도별로 5개년 간 물류단지 '공급 총량'을 결정하여 사후 추가수요 발생 시에도 단지 건설이 불가능하여 물류단지의 적기 공급 및 민간투자에 악영향을 끼쳤던 것으로 나타났다.이에 정부는 '물류단지 총량제'를 폐지하고 실수요만 검증되면 물류단지가 건설이 가능하도록 하는 '실수요 평가제'를 도입했다. 정부는 경기, 전북 등 단지 수요가 있는 지역에 검증단을 보내 실제 수요를 파악, 수요가 존재하는 곳에만 추가적인 허가를 통해 투자 유발효과 및 지역경제 활성화를 시도했다.

고속도로 휴게소를 활용한 물류시설의 구축

물류센터의 입지조건 중 도심 접근성은 상당히 중요한 부분을 차지한다. 하지만 높은 지가 때문에 도심 핵심거점에 화물 배송센터를 확충하는 것은 쉬운 일이 아니다. 그렇기에 현재 국내 대다수의 택배업체의 배송센터가 고속도로 IC 부근에 밀집하고 있는데 이로 인해 교통체증 및 비효율성이 커지고 있다.

인천공항 및 각종 항만 배후단지 활성화 계획

인천공항은 우리나라 동북아 항공물류의 허브로서 그 배후 지역은 자유무

역지역으로 지정되어 많은 물류센터가 입지하고 있다. 그 중 배후단지 2단계 지역은 '자연녹지지역'으로 지정되어 물류시설과 일부 제조업 등으로 입주가 제한되어 있었다.정부는 2014년 12월 해당지역을 '공업지역'으로 용도 변경하여 업종에 제한 없이 모든 제조업 및 공장이 입주가 가능하도록 하였다. 이로써 항공물류가 필요한 대기업의 공장 이전에 제약사항을 없애주었으며, 해당부지의 활용도와 항공 물동량 창출을 제고했다. 또한 2015년 11월 기반시설 건폐율·용적률을 상향하는 등 기업 활동에 인센티브를 제공하는 등 여러 규제를 완화했다.

인천공항 배후단지 (출처 : 인천경제자유구역청)

또한, 부산, 광양, 인천, 평택·당진항 등 우리나라 주요 항만의 배후단지는 현재 높은 수요와 함께 포화상태에 직면해 있다. 정부는 이러한 수요에 발맞추어 2020년까지 개발 계획이었던 1,650만 ㎡ 규모의 배후단지(부산-521만 ㎡, 광양-139만 ㎡, 인천-464만 ㎡, 평택 · 당진-229만 ㎡)를 조기에 공급하도록 변경하였다. 더불어 입주 경쟁력이 과도한 부산, 인천 항만에는 추가적인 배후단지를 구성하는 계획도 수립하여 공급을 더 늘릴 예정이다.

택배산업의 선진화

온라인 쇼핑과 모바일 쇼핑으로 대변되는 전자상거래의 발달로 택배수요가 급증하고 있으나, 영업용 차량수의 제한으로 인한 업무과중, 서비스 품질 저하 등으로 택배산업의 질적 발전을 해치는 모습을 보였다.이에 택배업계가 지속적인 증차를 요구하자, 정부는 2013년~2014년에 약 21,000대의 증차를 추진하였다. 하지만 2015년에는 14년도 증차계획의 일부였던 잔여분 약 2,000여 대에 대한 증차만 진행되었고, 추가적인 증차계획이 없다고 발표하였다. 정부의 택배차량은 적정공급 수준으로 시장 내 수급조절로 충분히 조정이 가능하다는 판단이었다. 이 배분 과정에 있어서 서비스평가와 관련된 인센티브를 부여하여 우선 증차하는 등 서비스 품질 쟁 및 개선을 유도하였다.

시장이 커진다

옴니채널, O2O(Online to Offline)서비스의 확장으로 온라인 & 모바일 시장이 활기를 띄고 있다. 특히 올해는 작년에 비해 모바일 쇼핑이 작년 동월에 비해 50% 이상 폭증하여, 모바일 시장이 활성화에 들어섰다는 것을 알 수 있다. 이에 힘입어 택배시장 규모는 지속적으로 6% 이상의 증가세를 보이고 있다.

기업이 원한다

앞서 언급했듯이 E-커머스 시장의 호황은 택배업으로 직결되었다. 또한 해외직구 및 역직구 시장의 규모도 폭발적으로 성장하여 국내 해외직구 시장은 2013년에 1조 원 규모를 돌파하였고, 한국무역협회는 전 세계 해외직구시장이 2020년 1조 달러로 확대될 것으로 예측하였다. 이에 해외 및 국내 온라인 유통업자와 같이 택배물량이 많은 유통업체들의 택배업에 대한 관심은 날로 높아지고 있다. 이들은 날로 커져가는 물류비의 부담을 줄이고자, 택배 서비스를 아웃소싱하기도 하지만, 자체적이며 효율적으로 소화해낼 수 있는 전략도 구상하고 있다. 이에 핵심이 되는 것이 물류센터 확보이다.

국내 온라인쇼핑 동향(단위 : 십억 원, %)

구분	2014	2014	2015		전년동월(기)비		
		9월	8월p	9월p	2014년	15년 8월p	15년 9월p
소매판매액(A)	359,746	29,904	29,448	31,131	1.7	0.5	4.1
– 온라인 쇼핑거래액(B)	45,302	3,652	4,385	4,319	17.7	12.7	18.3
모바일쇼핑거래액	14,870	1,304	2,026	2,041	126.7	52.9	56.6
비중(B/A)	12.6	12.2	14.9	13.9	–	–	–

(출처 : 통계청, 소매판매 및 온라인 쇼핑동향, 2015. 11)

국내 택배시장 규모 성장 추이(단위 : 만 개, 억 원, %)

연도	물량	증감률	매출액	증감률
2011	129,906	–	32,924	–
2012	140,598	8.2	35,232	7.0
2013	150,621	7.1	37,349	6.0
2014	162,320	7.8	39,757	6.4

(출처 : 2015 물류산업총람 2015. 5, 통계청, 전국사업체조사 종사자 수 2014. 12)

전자상거래 수출(역 직구) 동향(단위 : 천 달러, %)

구분	10	11	12	13	14	15. 8월	전년동기 대비
수출금액	2,105	4,420	10,638	23,960	44,596	86,161	283.5

(출처 : 관세청, 전자상거래 수출 동향, 20153 10)

물류 부동산이 활기를 띠게 되는 요인

첨단을 원한다

앞에서 살펴봤듯이 정부적 정책의 지원, 물류기업들의 M&A, E-커머스 시장의 발달로 인한 유통·물류업체들의 물류센터에 대한 수요가 급증하고 있다. 새로운 임차인들은 첨단 전문 물류기술이 적용되고 각각의 목적에 적합하게 설계된 대규모의 물류센터를 원하고 있으나, 우리나라의 기존 물류단지의 경우 단순 창고 임대식의 시스템에 창고의 크기도 소규모인 케이스가 많아 새롭게 대두되는 수요에 적합하지 않은 모습을 보였다. 기존의 물류센터를 임차하는 대신 준공예정인 부지에 투자경쟁이 몰리거나 직접 부지를 매입하여 단지를 신축하는 등 새로운 공급을 창출해내고는 있지만, 그 공급이 수요를 따라가기는 아직 역부족이다.

리츠를 원한다

최근 1%대의 저금리와 오피스 부동산투자 수익률이 6% 내외로 하락하면서 상대적으로 11% 규모의 고수익률을 기록하고 있는 물류부동산에 관심이 쏠리고 있다.

리츠 투자유형별 자산규모 및 평균 수익률(단위 : 개, 억 원, %)

구분	리츠 수	자산규모	투자비중	평균 수익률	비고
오피스	40	85,587	59.5	6.6	–
호텔	6	4,564	3.2	6.9	–
리테일	19	25,923	18.0	10.1	쇼핑몰 포함
물류	6	3,291	2.3	11.2	–
주택	17	22,327	15.5	14.6	개발사업 포함
기타	1	2,092	1.46	23.1	복합개발 포함
계	89	143,784	100	8.7	

(출처 : 한국리츠협화, 리츠 투자유형별 자산 규모 및 평균수익률, 2015. 02)

국내 물류리츠 투자현황(단위 : 억 원)

리츠명	부동산 취득가액	투자시설
행복마스턴 제1호 기업구조조정 리츠	250	덕원물류센터
이천디씨 기업구조조정리츠	480	이천패션물류단지 내 물류창고
아천디씨2차 기업구조조정리츠	520	이천패션물류단지 내 물류창고
마스턴 제13호 기업구조조정리츠	215	이천패션물류단지 내 물류창고
펨코로지스틱제3호 개발전문위탁리츠	1,089	이랜드 패션통합물류샌터
화도디씨 기업구조조정리츠	792	화도 물류창고
케이원제2호 위탁관리리츠	1,025	목동 트라펠리스 가로변 상가

(출처 : 한국리츠협회, 국내 물류리츠의 현황과 전망, 2015.08)

금융기업 및 투자사들의 활발한 물류부동산 투자와 물류단지의 대규모화는 시장에 새로운 공급을 활성화하였고, 지금까지 해외 투자사 위주로 투자되던 물류리츠 분야에 있어서 국내 투자자들의 대규모 투자가 이루어졌다. 2014년까지 물류투자 영업인가 리츠는 2011년부터 14년까지 5곳뿐이었지만, 2015년 7월 기준 총 7곳이 인가를 받아 역대 최고를 기록하였다. 누적 자산규모로는 2011년부터 14년까지 3,356억 원에서 15년 상반기 4,371억 원으로 뛰었다.현재 운영 중인 국내 리츠들은 기관투자자 중심의 사모 형태로 운영되고 있다. 기관투자자의 특성상 다른 투자그룹에 비해 위험을 헷지하려는 성향이 강하다.

이러한 소극적인 투자의 경향은 최근 물류 리츠의 높은 수익률과 안정적인 운용실적이 지속적으로 공시됨에 따라 안전자산으로 평가받던 인식이 개선되고 있다. 특히 주목할 점은 펀드와 리츠를 활용하여 물류부동산에 대한 국내 연기금 및 공제회의 적극적인 투자활동을 하고 있다는 점이다. 사학연금은 하나자산운용이 경부종합물류센터를 매입하여 운용하는 데에 주요 투자자로서 참가하였다. 또한 과학기술공제회는 한국토지신탁과 함께 에버게인 물류센터를 매입하여 운용 중이다. 그 밖에도 중소 공제회 2곳이 제이알투자운용에 투자하여 김포 티제이물류센터를 매입하였다.

창고와 공장이란 무엇인가?

물류시설에 대한 이해

물류의 다섯 가지 기능 중 보관기능을 하는 것을 물류시설이라고 한다. 물류시설은 화물을 운송해 보관 또는 유통을 위한 시설로 도로, 항만, 철도, 공항 화물터미널 및 창고 등을 말한다. 이러한 물류시설 중에는 특히, 보관을 중심으로 하는 시설로 물류단지, 유통단지, 물류센터. 배송센터, 내륙 ICD와 데포 및 복합화물터미널이 있다.

배송센터는 소매점 및 소비자에 대한 직접 배송기능을 하는 소규모의 집배센터를 말한다, 물류센터와 배송센터를 합쳐 물류거점이라고 한다.

물류시설의 종류

시설명	정의
화물터미널	화물의 집하·하역·분류·포장 또는 통관 등에 필요한 기능을 갖춘 시설물, 복합 화물터미널 : 두 종류 이상의 운송수단 간의 연계 수송을 할 수 있는 규모 및 시설을 갖춘 화물터미널
ICD	내륙컨테이너기지(Inland Container Deport)의 약칭, 항만 및 내륙운송수단의 연계가 편리한 산업지역에 위치한 컨테이너 장치 보관기능, 집하분류기능 및 통관기능을 담당
CFS	Container Freight Station의 약칭, 컨테이너에 화물을 적재하거나 인출하고 일반화물 트럭에 상·하차하는 작업에 따른 환적 및 일시보관 창고
창고	물건의 멸실 훼손을 방지하기 위한 보관시설 또는 보관 장소
화물취급장	당일 집·배송이 이루어지는 택배화물을 취급하는 장소

집·배송센터	유통사업자 또는 제조업자의 사용에 제공하기 위하여 집·배송시설 및 관련업무시설 또는 판매시설을 갖추어 조성한 시설물
공동 집·배송단지	집·배송센터(판매시설을 갖춘 집·배송센터는 제외)를 집단적으로 설치하여 다수의 유통사업자 또는 제조업자가 시설물의 전부
유통단지	유통시설(화물터미널, 집·배송단지, 도소매단지, 농수산물도소매단지)와 지원시설(가공제조시설, 정보처리시설, 금융, 보험, 의료,교육, 연구시설시설)을 집단적으로 설치 육성하기 위하여 지정 개발하는 일단의 토지
농수산물 종합유통센터	농수산물의 수집포장가공·보관·수송·판매 및 그 정보처리 등 농수산물의 물류활동에 필요한 시설 및 이와 관련된 업무시설을 갖춘 사업장
농수산물 도매시장	농수산물을 도배하기 위하여 특별시장·광역시장·시장이 관할구역에 개설하는 시장
농수산물공판장	농·축·수협과 중앙회 또는 공익법인이 농수산물을 판매하기 위하여 개설운영하는 사업장
CY	Container Yard의 약칭. 컨테이너를 보관·집하·배송 등을 하는 장소

창고와 물류센터의 구분

창고는 제품이나 물건을 안전하게 보관하고자 하는 장소다. 이에 반해 물류센터는 보관을 목적으로 하는 단순한 창고가 아니다. 물류센터에서는 보관을 기본으로 하는 동시에 하차 및 입하, 보관과 보충, 파킹, 유통가공, 검품, 포장, 상차 및 출하 등의 복합적인 기능을 수행한다.

창고란 무엇인가?

창고의 종류

창고는 전통적인 물건 보관기능만을 수행하는 것으로, 보관·이용형태에 따라 일반창고, 냉동·냉장창고, 수면창고, 위험물창고 등으로 분류하고 있다.

① 일반창고 : 건축법에 의한 건축물일 것. 상온에서 일반적인 물품을 보관한다. 원재료창고, 제품창고 등이 있다.

② 저장창고 : 지반에 정착한 저장탱크로서 내화구조를 갖추고 있어야 하며 곡물 등 분립체를 사일로Silo에 저장하는 형태가 있다.

③ 야적창고 : 야적이 가능한 토지 또는 공작물일 것. 벽, 울타리, 철조망 등을 설치하여 야적이 가능한 물품을 야적하는 방식이다.

④ 수면창고 : 원목 등 물에 뜨는 보관물을 수면에 보관하는 방식. 창고 주위에 제방 또는 기타 공작물을 설치하여 보관물이 유실되는 것을 방지한다.

⑤ 냉동·냉장창고 : 건축법에 의한 건축물이어야 하고 냉각설비를 가진 단열된 창고로서 생 농산물, 생 축산물, 생 수산물 또는 냉동가공품 등을 섭씨 10도 이하로 보관한다.

⑥ 위험물창고 : 토지 또는 공작물로서 보관하는 위험물의 종류에 따라 소방법, 총포·도검·화약류 등 단속법, 고압가스안전관리법, 유해화학물질관리법 등의 규정에 의한 위치·구조 및 시설기준에 적합해야 한다. LPG·LNG·액체질소 등을 저장하는 고압가스탱크, 휘발유·경유·원유 등을 저장하는 저유탱크 등이 있다.

창고의 구분

구분	내용
52. 창고 및 운송 관련 서비스업	• 화물취급업, 창고시설 운영업, 기타 운송지원 서비스업을 수행하는 산업 활동
521. 보관 및 창고업	
5210. 보관 및 창고업	• 수수료 또는 계약에 의하여, 타인 또는 사업체의 가구, 자동차, 목재, 가스 및 석유, 화학물질, 섬유, 곡물, 냉동물, 식품 및 농산물 등 각종 물품의 보관설비를 운영하는 산업 활동 • 물품 보관과 관련된 분류, 선별 등 물류업무를 수행할 수도 있음. **제외** : 주차시설의 운영, 수화물 임시 보관소, 영화필름 및 영화용 비디오테이프 보관

			52101. 일반창고업	• 온도 조절장치 등 물품 보존에 필요한 특수 시설이 없이 보통 상온에서 보존이 가능한 물품을 보관하는 산업 활동 **예시** : 보통창고 운영, 일반 물품 보세창고 운영
			52102. 냉장 및 냉동 창고업	• 상온에서 부패될 수 있는 물품을 보관하기 위하여 인공적으로 저온을 유지하여 물품을 보관하는 산업 활동 • 이 기업체는 창고 내에 급속냉동시설을 보유할 수 있음 **예시** : 냉장창고 운영, 냉동 물품 보관, 얼음 보관소 운영, 모피 보관(냉동), 냉동식품 보관, 농산물 보관(냉동) **제외** : 일반 농산물 보관, 수수료에 의하여 위탁된 농수산물 및 가공식품을 냉동 처리하는 경우에는 대상 품목에 따라 "10: 식료품 제조업"의 적합한 항목에 각각 분류
			52103. 농산물 창고업	• 벌크상 또는 포장된 농산물을 냉동·냉장 이외의 방법으로 보관하는 산업 활동 **예시** : 곡물창고 **제외** : 농산물의 냉장·냉동 보관
			52104. 위험물품 보관업	• 특별한 안전유지가 요구되는 발화성 또는 인화성 물질 등을 보관하는 산업 활동 **예시** : 가스성, 화물 보관소, 액체 인화물 보관소 • 화학물질 창고 운영, 위험물 창고 운영 • 가스·포장 화물 창고 운영 • 벌크 상태의 석유 및 가스 보관 **제외** : 가스 및 원유의 도매 활동에 결합된 창고 운영
			52109. 기타 보관 및 창고업	• 기타 물품을 보관하는 산업 활동 **예시** : 목재 하치장 운영, 주류 보관창고 운영, 수면 목재창고 운영, 차량 보관소 운영

공장이란 무엇인가?

국어사전에 따르면, 공장은 원료나 재료를 가공하여 물건을 만들어내는 설비를 갖춘 곳을 말한다. 그러나 공장은 규제의 목적과 방법에 따라 여러 가지 법률에서 약간씩 다른 개념으로 표현된다. 흔히 혼용하는 공장과 제조장(혹은 제조업소)에 관한 혼동이 하나의 예다.

현행법상 공장은 산업집적활성화 및 공장설립에 관한 법률(산집법)과 수도권정비계획법(수정법)의 규제를 받고 있다.

제조장은 공장의 한 유형이지만 소규모인 관계로 산집법과 수정법의 적용을 받지 않도록 하고 있을 뿐이고, 양자의 구별에 관해서는 건축법에서 규정하고 있다. 기본적으로는 공장 건축면적(연면적) 500㎡가 기준이 된다.

'산집법' 상 공장의 개념

산집법상 '공장'이란 건축물 또는 공작물, 물품제조공정을 형성하는 기계·장치 등 제조시설과 그 부대시설을 갖추고 대통령령으로 정하는 제조업을 하기 위한 사업장으로서 대통령령으로 정하는 것을 말한다. 대통령령으로 정하는 제조업이란 아이템, 즉 제조품목을 말하는 것으로, 통계청장이 고시하는 표준산업분류에 제조업을 말한다.

이 고시에서는 전 산업을 코드화 하고 있으므로, 제조업인지 여부 및 무슨 제조품목인지 여부는 우선 코드를 확인해야 한다. 통계청 '표준산업분류표'는 '무엇을 가지고(원재료, 영업장소 등)', '어떤 방법으로(주요 영업·생산 활동), '생산·제공하였는가(최종 재화, 용역)'를 종합적으로 고려하여 산업분류를 한다.

'수도권정비계획법' 상 공장

'수정법'상 인구집중시설로 규제를 받는 공장은 산업집적활성화 및 공장설립에 관한 법률 제2조 제1호에 따른 공장으로서 건축물의 연면적이 500㎡ 이상인 것을 말한다.

법 제2조 3. '인구집중유발시설'이란 학교, 공장, 공공 청사, 업무용 건축물, 판매용 건축물, 연수시설, 그 밖에 인구 집중을 유발하는 시설로 대통령령으로 정하는 종류 및 규모 이상의 시설을 말한다.

시행령 제3조(인구집중유발시설의 종류 등) 법 제2조 제3호에 따른 인구집중유발시설은 다음 각 호의 어느 하나에 해당하는 시설을 말한다. 이 경우 제3호부터 제5호까지의 시설에 해당하는 건축물의 연면적 또는 시설의 면적을 산정할 때 대지가 연접하고 소유자(제3호의 공공청사인 경우에는 사용자를 포함한다.)가 같은 건축물에 대하여는 각 건축물의 연면적 또는 시설의 면적을 합산한다. 〈개정 2009.7.27, 2011.3.9〉

1. 고등교육법 제2조에 따른 학교로서 대학, 산업대학, 교육대학 또는 전문대학(이에 준하는 각종 학교를 각각 포함한다. 이하 같다.)

2. 산업집적활성화 및 공장설립에 관한 법률 제2조 제1호에 따른 공장으로서 건축물의 연면적(제조시설로 사용되는 기계 또는 장치를 설치하기 위한 건축물 및 사업장의 각 층 바닥면적의 합계를 말한다.)이 500㎡ 이상인 것.

공장과 제조장의 차이에 관한 건축법상 규정

건축법에서 정하는 건축물의 용도별 구분[건축법 시행령 별표 1]을 보면, 공장용 건축물은 반드시 공장으로만 표시되는 것은 아니다. 공장의 아이템과 규모에 따라 제조장뿐 아니라 제1종 근린생활시설, 제2종 근린생활시설, 위험물저장 및 처리시설, 자동차 관련시설, 분뇨 쓰레기처리시설 등으로도 분류되고 있다.

제조장으로 분류되는 공장은 제2종 근린생활시설로 분류되고, 2종 근린생활시설에 포함되는 공장의 조건은 다음의 요건을 모두 갖추어야 한다.

① 같은 건축물에 해당 용도로 쓰는 바닥 면적의 합계가 500㎡ 미만일 것.

② 물품의 제조·가공 수리에 계속적으로 이용되는 건축물일 것.

③ 대기환경보전법, 수질 및 수생태계 보전에 관한 법률 또는 소음·진동관

리법에 따른 배 출시설의 설치허가 또는 신고의 대상이 아닌 것 혹은 같은 법에 따른 설치허가 또는 신고대상 시설이지만 귀금속·장신구 및 관련 제품 제조시설로서 발생되는 폐수를 전량 위탁 처리하는 것을 말한다.

공장과 창고투자에 대한 장점과 유의사항

공장 및 창고투자 방법으로는 건물이 있는 상태로 매입을 하는 방법과 땅을 매입해서 건축을 하고 임대를 하는 두 가지의 방법이 있다고 앞에서 이야기했다.

기존의 건물을 매입하는 방법은 여러 복잡한 인·허가의 과정과 건축과 관련된 복잡한 민원 등을 싫어하는 투자자들이 선호하고, 땅을 매입해서 건축을 하는 경우는 직접 필요에 의한(원하는 대로 배치할 수 있기 때문) 투자자들이 많다. 땅에 대해서 구체적으로 배워보고자 하는 이들 또한 선호하는 방법이다.

일반적으로 건물을 직접 매입하는 것보다는 땅을 매입해서 건축하는 방법이 전체 비용을 줄일 수 있다.

앞에서 임대수익을 담보하지 못하는 땅 투자로 엄청난 투자수익을 올리는 시기는 지나갔다고 이야기한 바 있다. 쌀 몇 가마를 얻자고 4억, 5억을 묻어두는 투자는 끝났다는 것이다.

개발제한구역의 임야 또는 농지, 농림지역의 농지 등 자본을 투입해 매입한 뒤 매매차익을 얻고자 하는 투자는 더 이상의 대안이 될 수 없다. 대안은 땅을 매입해 공장이나 창고를 지어서 임대하는 것이다.

이런 면에서 공장과 창고투자는 일반 투자자들이 잘 모르고 있거나 어렵게 여겨 투자에 나서지 않는 블루오션이라고 할 수 있다.

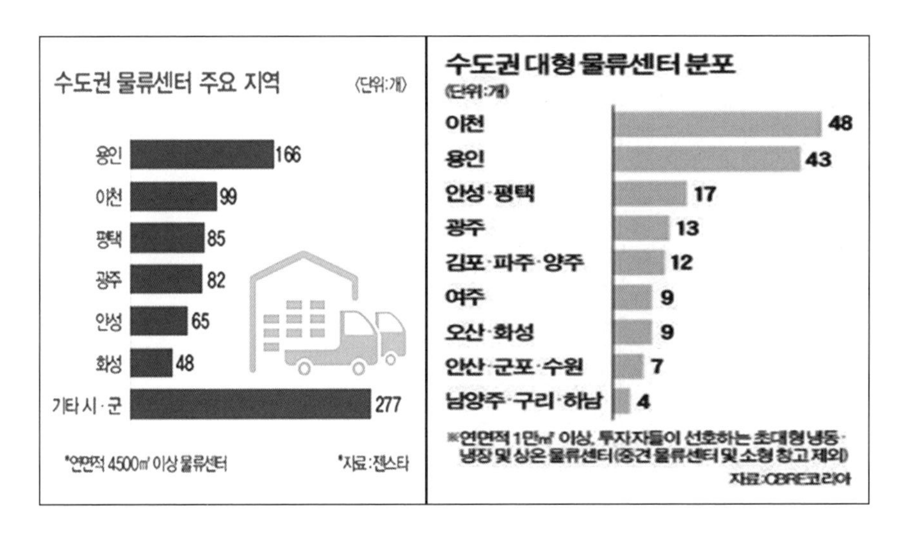

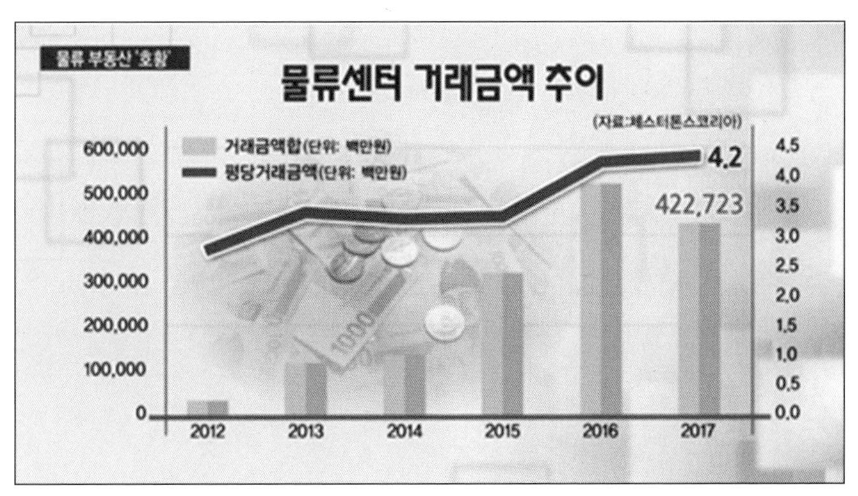

공장과 창고투자에 대한 장점

이제 창고와 공장 같은 산업용 토지투자가 갖고 있는 장점을 몇 가지 소개하고 본격적으로 땅을 매입해 공장이나 창고를 짓는 실무적 절차에 대해 간략하게 다뤄보고자 한다.

첫째, 임대수익을 볼 수 있다.

창고와 공장의 임대수익률은 보통 3~3.5% 정도가 일반적이다. 일반적인 상가나 수익성 부동산의 수익률에는 미치지 못하지만 은행에 예치해 놓는 정도의 임대수익 정도는 올릴 수 있으며, 향후 얻어지는 지가상승분이 이 투자 방법의 매력이라 할 수 있을 것이다.

창고 투자금액 대비 수익률 예시

우선 창고를 지을 수 있는 지역(예를 들어 1종 일반주거지역)의 땅을 구입해야 한다. 현재의 추세로 땅 값은 평당 300만 원선을 보면 될 것이다. 샌드위치 판넬로 공사를 할 경우 평당 약 150만 원에서 160만 원선이면 건축이 가능하며, 건폐율이 60%이므로 땅은 약 200평 정도는 되어야 한다.
따라서 소요자금을 대략적으로 계산해 보면 다음과 같다.

1. 땅값 : 300만 원 x 200평 = 6억
2. 건축비 : 100평 x 2층 = 200평 x 150만 = 3억

결론 : 약 9억 원의 자금이 소요되며 임대료는 평당 3만 원선으로 보면 된다. 즉 200평에 대한 수익으로 월 600만 원 정도를 올릴 수 있다.

둘째, 관리가 수월하다.

주택은 시간이 지나면서 도배를 새로 해 줘야 한다거나 가끔은 비가 새느니 마느니 그리고 곰팡이가 피었느니 하며 관리의 어려움이 따른다. 하지만 공장이나 창고는 겨울에 변기가 깨졌느니 수도가 얼었느니 하는 정도의 관리업무 외에는 별다른 관리가 없어도 임대를 놓을 수 있는 장점이 있다.

셋째, 세법상의 이익이 있다.

일단의 토지투자는 직접 농사를 짓지 않으면 비사업용 토지로 분류돼 60%

라는 징벌적인 세금이 부과될 수도 있다.

하지만 건물을 임대한다면 사업용 토지로 분류돼 장기보유공제를 적용받을 수 있으므로 세법상 유리하다.

넷째, 토지투자의 특성인 자본적인 이득을 볼 수 있다.

자본투자에 따른 이득은 무엇보다도 토지투자의 가장 핵심 요소다. 시간이 지나서 주변이 개발된다든지 하는 외부적인 요인에 의한 차액의 실현이 가장 중요한 장점이라 할 수 있다.

이제는 장점을 소개했으므로 주의할 점을 몇 가지만 소개하도록 한다.

공장과 창고투자에 대한 유의사항

첫째, 넓은 도로가 중요하다.

아무래도 수월하게 임대를 하기 위해서는 대형 차량이 쉽게 출입할 수 있는 도로가 반드시 필요하다. 공실률이 높은 공장, 창고의 대부분은 도로가 좁다.

둘째, 주변에 주택이 없어야 한다.

대형 차량이 이동하거나 기계를 돌리게 되면 소음이 발생할 수 있으므로 주택이 있으면 민원에 시달리게 된다.

셋째, 주변의 발전 가능성이 중요하다.

임대가 잘 된다고 해도 주변이 발전 가능성이 적으면 의미가 없다. 즉 시간이 지나도 땅값이 오르지 않으면 의미 없는 투자가 되기 때문이다.

넷째, 대중교통이 있으면 더욱 좋다.

공장이나 창고에서 일할 직원들을 쉽게 구하기 위해서는 대중교통이 중요하다.

한편, 창고와 공장에 투자하기 위해서는 관련 법규 및 건축에 대한 이해도 필요하다. 다음 장에서는 온갖 규제를 받고 있는 토지들 중에서 어떤 땅에 투자가 가능하고 또한 어떻게 창고나 공장을 지어야 하는지에 대해 이야기하고자 한다.

건축에 대한 부분은 공장을 중심으로 설명하고자 하는데, 공장을 지을 수 있다면 주택이나 창고는 대부분 별다른 문제가 없기 때문이다.

PART. 02

공장과 창고부지 투자 가이드

공장부지 투자

산업용 부동산, '공장'이 뜬다

공장이 임대수익용 부동산으로 급부상하고 있다. 서울을 비롯한 수도권의 경우 공장 총량제로 인해 공장의 신규 진입이 까다로워짐에 따라 기존 공장을 매입하거나 경매로 취득하려는 수요자들의 발길이 끊이질 않고 있기 때문이다.

그동안 공장은 주로 직접 영업을 위해서나 시세차익을 누리기 위해 취득하는 것이 목적이었다. 그러나 최근 수 년간 수도권 산업단지 곳곳에 아파트형공장이 속속 들어서면서부터 임대사업을 위한 투자처로 인기가 급부상하고 있다.

경매로 공장을 취득할 때의 장점은 무엇보다 시세에 비해 저렴한 가격에 취득이 가능하다는 점이다. 공장 경매물건 낙찰가율은 2012년 기준 전국 68.62%를 기록했다.

물론 서울의 경우 공장 경매물건의 희소성(동기간 약 300건), 입지적 우수성으로 인해 낙찰가율이 78.56%까지 치솟았지만 수도권 전체로는 67.77%로 토지나 근린상가 다음으로 가격경쟁력이 확보되어 있는 종목이다. 공장 경매물건은 2012년 기준 전국적으로 6,540건 정도가 경매시장에 등장했고, 이중

2,780건이 수도권 물량이다.

공장은 한번 임대가 되면 임대차관계가 지속되어 비교적 안정적인 임대수익을 바라볼 수 있다는 장점이 있다. 특히, 산업단지 내에 속한 공장의 경우 이미 공장으로서의 입지가 검증된 곳이고, 물류 기반시설이 두루두루 잘 갖춰져 있기 때문에 임대나 실수요 차원에서 찾는 사람들이 많다.

수도권의 경우 공장총량제 규제로 인해 공장신축이 사실상 어려울 뿐만 아니라 신축이 가능하다고 하더라도 각종 인·허가를 받는 데 상당한 기간이 소요되지만 경매를 통해 기존 공장을 인수하는 경우에는 까다로운 인·허가 과정을 생략하고 기존 공장을 바로 가동할 수 있다는 장점이 있다.

끝으로, 공장은 공장저당법에 의거 공장의 토지, 건물 및 기계·기구류가 공장재단을 형성하여 함께 경매에 부쳐지므로 토지, 건물 외에 기계·기구류를 함께 취득할 수 있는 장점이 있다.

다만 간혹 공장 내에 고가의 기계·기구류가 있는 경우, 이는 리스 품목이거나 제3자의 소유일 가능성이 있기 때문에 경매에서 제외되고 추후 이들에 대한 명도 및 보관에 대한 문제가 생길 수는 있다. 리스 품목이거나 제3자 소유물건인 경우 감정평가서에 해당 기계·기구류가 감정에서 제외되므로 감정평가 목록을 확인하면 될 일이다.

공장을 취득하는 것 위에서 예를 든 것과 같은 장점만 있는 것은 아니다. 우선 오염물질을 배출하는 공장의 경우 불법 매립되거나 방치된 산업폐기물에 대한 처리 부담은 고스란히 낙찰자가 떠안게 된다. 산업폐기물 규모가 크면 그 처리비용이 공장 취득가에 버금갈 수 있기 때문에 주의해야 한다.

또한 근로임금채권(체불임금)으로 인해 근로자들이 농성을 하고 있는 공장이 있으면 근로자와의 대치과정에서 불상사가 일어나거나 명도가 장기화될 수 있으므로 이점 역시 유의해야 한다. 임차인이나 소유주가 점유하고 있는 공장보다는 채권단이 관리하고 있는 공장이 명도하기가 훨씬 더 수월하다.

산업단지 내에 속한 공장의 경우에는 영위하고자 하는 업종이 산업단지 내 입주 가능한 업종이어야 입주계약을 체결할 수 있다는 것도 염두에 둘 일이다. 경매 취득 후 대금납부일로부터 6개월 이내에 입주계약을 체결하지 못하면 6월 경과일로부터 1년 이내에 반드시 제3자에게 해당 공장을 매각하여야 한다. 입주희망 업종에 대한 입주가능 여부는 산업단지관리사무소 및 한국산업단지공단(www.kicox.or.kr) 각 지사(또는 지역본부) 입주경영팀에 문의해보면 알 수 있다.

이처럼 공장은 단점보다는 장점이 더 부각되는 종목이지만 산업단지 내에 있는 공장을 경매 또는 매매로 취득한 후 임대사업을 하기 위해서는 일정한 제한이 있다. 즉 경매 취득 후 곧장 임대사업을 할 수 있는 것이 아니라 취득자 명의로 산업단지 입주 업종에 맞는 공장설립 완료 신고를 하거나 사업개시 신고를 완료한 후 관리기관과 입주계약을 체결하고 나서야 임대사업이 가능하다는 점이다.

취득자가 애당초부터 임대사업을 목적으로 매입했다기보다는 제조업이든 지식산업이든 사업을 영위하기 위해 공장을 취득하려 했다는 것을 증명하기 위한 최소한의 절차인 셈이다.

사업개시 신고를 한 후 얼마 동안 영업을 해야 하는지에 대한 명문 규정이 없기 때문에 사업개시 신고 후 곧장 임대사업을 할 수는 있으나, 실무상 사업개시 여부(공장시설 구비, 인테리어 등)에 대한 실사를 나오게 되므로 최소한 6개월 내지 1년 정도 공장영업 후 임대사업을 하는 것이 안전하다고 볼 수 있다. 신고한 영업을 하기 위한 노력을 했음에도 사업이 부진해 부득이 공장을 임대사업으로 전환할 수밖에 없었음을 보여주는 것이기도 하다.

임대사업을 하는 경우 임차인이 사업을 영위하는 업종 역시 산업단지에 입주 업종에 적합해야 함은 물론이고, 임대계약기간은 5년 이상으로 해야 한다. 다만, 임차인의 요청이 있는 경우에는 1년 이상으로 하고 임대계약기간이 만료되기 6개월 전부터 2개월 전까지 사이에 임차인이 계약 갱신을 요구할 경우 전 임대계약과 동일한 조건으로 5년까지 갱신할 수 있음은 상가건물 임대차와 유사하다.

기계·기구류가 전체 감정평가액에서 차지하는 비중이 지나치게 크다면 이 역시 주의를 요하는 사항이다. 매수인이 사업을 영위하고자 하는 업종에 맞는 기계·기구류가 설치돼 있다면 모를까 그렇지 않다면 기계·기구류는 고철덩어리로 처분할 수밖에 없기 때문에 최소한 기계·기구류 감정평가액 이상 유찰이 거듭되고 나서야 입찰을 검토해보는 것이 바람직하다.

불과 얼마 전 까지만 해도 공장 경매물건은 자본 및 경영여건이 상대적으로 열악한 중소기업 운영자들이 사세확장의 수단으로 응찰하는 경향을 보여 왔다. 하지만 최근에는 공장임대업을 새로운 재테크수단으로 삼는 일반인들의 응찰이 늘어나고 있는 추세이다.

공장 경매물건은 그 특성상 경기변동에 따라 매물 증감의 기복이 심한 편이다. 감정가 2~3억짜리 비교적 소규모 공장에서부터 10억 원 이상의 대형 물건까지 다양한 물건이 경매에 나오는데 최근 시장금리 상승 기조가 지속되고 있고, 불황이 심화됨에 따라 공장매물은 앞으로 꾸준히 증가될 것으로 보인다.

수도권의 경우, 공장 총량제에 묶여 있어 새로운 공장의 신축이 사실상 힘들 뿐만 아니라 설사 신축이 가능하다 해도 각종 인·허가를 받는 데 통상 1~2년 이상의 기간이 소요된다. 따라서 임대수요가 많은 관계로 안정적인 임대수익을 얻을 수 있고, 산업단지 외에 위치한 공장은 각종 개발사업 등의 여파로 지속적인 지가상승이 이루어지다 보니 매각 시 상당한 시세차익을 챙길 수 있어 일반인에게도 유용한 재테크수단으로 인식되고 있다.

최근 수도권, 충청권을 비롯하여 전국 각지에서 국가 또는 지자체별로 산업단지 조성이 매우 활발하게 이루어지고 있는 것이 사실이지만 입주비용이 만만치 않아 소규모 공장에게는 '그림의 떡'이기 때문에 향후에도 이러한 현상은 상당한 기간 동안 지속될 것으로 보인다.

아울러 공장물건은 일반 부동산과 달리 사업용으로 분류되기 때문에 비록 규모가 크더라도 종합부동산세 과세대상에서 제외되고, 취득 시 낙찰가 중 기계설비에 대해서는 등록세, 취득세 등이 비과세되기 때문에 '재테크'와 '세테크' 두 마리 토끼를 잡을 수 있다(경락대금에서 취득세, 등록세 등 세금을 면제받으려면 지방세 납부 시 경락대금완납증명원과 해당 사건의 감정평가서 사본을 첨부해 제출하면 된다. 낙찰가에서 전체 감정평가금액 중 기계기구가 차지하는 비율에 해당하는 금액을 공제한 금액을 과표로 본다).

자기자본 대비 약 40%의 투자수익을 올린 사례

경기도 수원에 사는 정 씨는 지난 20년간의 공직생활에서 은퇴한 후 퇴직연금과 여유자금을 활용하여 법원경매를 통해 짭짤한 투자수익 올린 재테크 전문가이다. 하지만 얼마 전부터 경매 대중화의 진전에 따라 경쟁률이 치열해지다 보니 주거용 물건이나 토지 물건의 경우, 낙찰을 받는다 해도 수익률이 떨어져 점차 경매의 매력이 반감되었다. 그러던 차에 정 씨는 공장 경매물건에 관심을 집중하다가 적당한 물건을 발견하였다.

화성시 팔탄면에 소재한 3305㎡(1,000평)짜리 공장으로 건축된 지 2년이 채 안 되어 비교적 관리상태가 양호한 전자관련 회사였다. 감정가 6억 5천만 원에서 2회 유찰되어 최저입찰가는 4억 2천만 원까지 떨어져 있었다.

현장답사 결과, 공장 진입로가 없어 인근 공장을 통해 출입하는 문제 외에는 특별한 하자가 없었다.

관련 공부公簿를 발급받아 확인한 결과, 지적도상 3미터 도로에 접해 있었지만 현황 상에는 도로가 없어 이를 복구한다면 공장의 가치가 크게 높아질 것으로 판단되었다. 하지만 도로를 복구하기 위해서는 이를 넓혀야 하는 문제가 생겼다. 최소한 4미터 정도는 되어야 차량이 원활하게 진출입할 수가 있기 때문이었다. 인접 토지소유주들과 협의를 해보니 모두가 찬성이었다.

응찰을 결심한 정 씨. 입찰일에 7명과 경합하였지만 감정가의 78%인 5억 700만 원을 써내 최고가매수신고인으로 선정되었다. 무사히 잔금납부와 소유권이전등기를 마친 정 씨는 체불임금 문제로 공장 직원들의 명도저항에 있어 다소 시간이 걸렸지만 추가 부담 없이 대금완납 후 2개월 만에 명도를 마치고 인근에 있는 공장전문 중개업소의 소개로 임대차 계약을 체결하였다.

정 씨는 잔금이 부족해 은행에서 1억 원을 대출 받았는데 매월 받는 임대료로 이자를 납부하고도 월 300만 원 정도의 수익이 발생되었고, 낙찰 받은 지 1년이 조금 지난 후 8억 5천만 원에 공장을 매각한 정 씨는 양도세 및 부대비용을 공제하고도 투입한 자기자본 대비 약 40% 정도의 투자수익을 실현하였다.

공장입지

시설과 입지문제는 필자의 주 무대가 수도권이기 때문이기도 하고, 주요 시장 또한 수도권이므로 수도권을 중심으로 설명하도록 한다.

대개 공장이 입지하는 지역은 고양시부터 시작해서 왼쪽으로 돌아간다. 즉 고양시, 파주시, 김포시, 화성시, 평택시, 안성시 일부, 용인시 일부 등이 공장이 주로 입지하는 지역이다. 따라서 공장부지를 고를 때는 해당 지역을 중심으로 찾아야 한다.

공장 투자법

공장 투자는 크게 3가지로 구분할 수 있다. ① 준공된 공장과 ② 허가받은 공장부지 그리고 ③ 허가받을 수 있는 부지 등이다.

입지하고자 하는 공장의 업종에 따라 요구하는 건물의 기준이 조금 다른데, 일반적인 공장들은 건물의 상태를 크게 따지지 않는다. 다만 전자 분야의 업종들은 대부분 깨끗한 상태의 공장건물을 필요로 한다. 따라서 사전에 반드시 수요업체의 업종을 확인해 두어야 한다.

준공된 공장의 투자

부지정리 및 토목공사가 이미 완료되어 현재 가동 중에 있거나 가동 전 단계에 있는 공장을 말한다. 공장은 토지와 건물로 나뉘어 있지만 시장에서 거래 되는 가격은 토지와 건물을 포함해 일괄적으로 제시되고 있다. 이러한 준공된 공장에 투자하거나 중개할 경우 확인해 두어야 할 사항은 다음과 같다.

① 토지면적 : 토지면적은 대개 공장부지의 면적과 도로부지 면적으로 나뉜다. 투자 대상 토지의 면적을 지목 기준으로 '장'과 '도'로 명확히 구분해야 하는 이유는 추가로 건축할 수 있는 여지가 얼마나 되는가를 판단하기 위한 건폐율과 용적률을 산정하는 데 있다.

제2종 근린생활시설(일명 근생제조)로 허가를 받아 제조를 영위하는 소규모 공장은 지목이 '장'이 아닌 '대'로 표시가 된다. 토지대장을 발급 받으면 모두 확인할 수 있다.

가. 지목이 전부 '장'인 경우 : 국도나 지방도 등에 직접 접한 토지는 도로부

지의 면적이 별도로 존재하지 않고 전부 공장부지로만 되어 있을 수도 있다. 투자대상 면적 전부가 건폐율과 용적률 산정의 기준이 된다.

나. 지목이 '장'+'도'인 경우 : 가장 일반적인 경우이다. 공장부지와 진입로인 사도로 구성되어 있다. 사도인 도로는 여러 사업체가 공유할 경우, 도로부지의 면적을 지분으로 소유하는 경우도 있다. 이 경우 도로부지를 제외한 '장' 부지의 면적만이 건폐율과 용적률 산정의 기준이 된다.

② 토지의 용도지역 : 일반적인 업종의 공장부지는 용도지역 기준으로 계획관리지역에서만 허가를 받을 수 있으므로 대부분의 경우 공장부지는 토지이용계획확인서에 '계획관리지역'으로 표시된다.

그리고 이런 경우가 표준이 되며 가치평가의 기준이 된다. 세분화되기 전에는 관리지역에서 공장부지 허가가 가능하였으나 대개의 경우, 이런 부지들은 세분화 과정에서 계획관리지역으로 분류가 되었다.

지목은 '장'인데 용도지역은 보전관리지역이나 생산관리지역으로 표시되는 경우가 있다. 이런 경우는 관리지역 세분화 전에 허가를 받았던 공장인데 세분화 과정에서 그만 계획관리지역으로 분류되지 못하고 보전이나 생산관리지역으로 분류된 경우에 해당한다.

기왕에 공장을 영위하고 있는 사업자는 문제가 없으나, 부지를 다른 사람에게 매매할 때에는 문제가 발생한다. 신규로 공장허가를 받을 때는 현재의 업종보다 공해도가 낮은 업종만이 진입할 수 있는 것이다.

용도지역과 공장부지의 상관관계를 좀 더 알아본다면, 도정공장·식품공장 등 제조업은 생산관리지역에서도 허가가 날 수 있는 업종이다.

생산녹지지역에서는 도정공장·식품공장·제1차 생산품 가공공장과 읍면지역에 건축하는 첨단업종의 공장이 가능하고, 자연녹지지역에서는 도정공장·식품공장 등의 제조업 및 읍면 지역에 건축하는 첨단업종의 공장이 가능하다. 다만, 이러한 사항은 해당 시·군의 조례로 정해져 있기 때문에 도시계획조례를 보고 용도지역에서 건축할 수 있는 건축물을 찾아 해석할 수 있어야 한다.

농림지역의 농업진흥지역이나 보전산지에서도 가끔 '장'이 보이는 경우가 있다. 그런 업종들은 농지법과 산지관리법에서 해당 진흥지역이나 보전산지에서 허용되는 농업이나 임업 관련의 상품의 가공이나 제조와 관련된 제한적인 시설로 허가받은 경우에 한한다.

지목은 '장'으로 동일할지 모르지만 용도지역과 결부된 가치에는 계획관리지역에 존재하는 공장부지와는 큰 차이가 난다.

③ 토지의 법면(절개지) : 임야를 전용하여 개발한 공장부지의 경우, 법면 등으로 감소된 부분을 제외한 실제로 사용이 가능한 토지면적이 얼마나 되는지도 중요하다. 장부상 면적은 같을지라도 법면이 많고 높다면 현실적으로 그만큼 사용할 수 있는 면적이 줄어들 수 있는 것이다.

④ 도로 : 도로는 폭과 경사도, 좌우로 굽은 정도 등이 점검하여야 할 사항이다. 해당 부지에 들락거릴 수 있는 트레일러나 트럭 차량의 크기 등을 정리해 놓아야 한다.

⑤ 건축물 : 건축물은 면적을 기본으로 하여 높이, 준공년도 등의 정보를 정리해 놓아야 한다. 건축물의 높이는 건축물대장을 통해서 확인할 수 있다.

⑥ 동력·용수·호이스트 : 사용하는 전기의 동력과 용수(수도 또는 지하수), 호이스트 등의 설치 정보가 매수자들이 궁금해 하는 중요한 사항이다.

⑦ 가격의 안분 : 매매가격은 토지와 건물 분을 합하여 제시되지만, 실제로 계약을 할 때는 토지 가격과 건물 가격을 안분하여야 한다. 대개 가격의 안분은 매도자가 담당 세무사와 협의를 거친 후 제시하게 된다.

그에 따라 매수자가 부담하여야 할(물론 나중에 환급받게 되지만) 건물 분의 부가가치세가 결정되는데, 예를 들면 15억짜리 공장으로서 토지가 10억, 건물이 5억이라면 매수자는 실제로 건물에 대한 부가가치세 5천만 원이 포함된 15억 5천만 원을 준비해야 하는 것이다.

이러한 절차는 계약 시부터 적용되어 매수자는 매도자에게 건물 분의 부가가치세를 별도로 지급해 주어야 하며, 매도자는 매수자에게 건물 분에 대한 세금계산서를 발행해 주어야 하는 것이다.

매수자는 해당 세금계산서를 준비해 세무서에 조기 환급을 신청함으로써 부담한 부가가치세만큼 환급받을 수 있다.

허가받은 공장부지의 투자

부지정리 및 토목공사가 완료된 부지와 그렇지 않은 부지의 두 가지 종류가 있다. 두 부지의 가격 차이는 이론상으로는 부지정리 및 토목공사에 필요한 비용에 공사기간을 감안한 시간비용 부분만큼 차이가 나는 게 맞다. 하지만 현실적으로는 그보다는 조금 더 크게 차이가 난다. 허가받은 부지에서 정리해 두어야 할 사항은 다음과 같다.

① 개발행위허가(알림) 공문 : 개발행위허가에 따른 면허세, 이행보증금, 농지보전부담금(대체산림자원 조성비)을 기간 내에 납부하고 허가증을 수령하라는 내용이 표시되어 있다.

② 개발행위허가증 : 개발행위허가(알림) 공문에 있는 비용을 전부 납부해야 수령할 수 있으며, 허가사항(위치, 면적, 허가대상 시설, 허가자 명의)과 허가조건이 명시되어 있다. 비용 납부와 관련하여 반드시 개발행위허가증을 확인하여야 한다.

③ 공장설립승인서 : 허가업종과 토지 면적(공장용지 면적+도로), 제조시설 면적, 부대시설 면적 등이 표시되어 있다. 공장설립승인의 기간도 확인하여야 한다.

④ 산지(농지)전용허가증 : 부지 전체 면적과 산지전용 면적, 산지전용 목적, 산지전용 기간 등이 표시되어 있다. 기간이 연장된 경우도 표시되어 있다. 공장설립승인 기간과 산지(농지)전용 허가기간은 근접하지만 불일치하는 경우가 많아서 각각의 일자를 확인해야 한다.

⑤ 건축허가서 : 대개의 경우는 건축허가를 제외한 개발행위허가까지만 되어 있지만, 경우에 따라서는 건축허가까지 받아 놓은 부지가 있다. 이런 경우에는 건축허가를 받아서 허가일자, 건축면적, 연면적, 동수 등을 확인해야 한다.

⑥ 토지이용계획도면 : 전체적인 허가 개요가 도면과 함께 잘 표시되어 있어 허가 부지를 이해하는 데 도움이 된다.

⑦ 허가받은 부지에 투자할 경우(명의변경 시) 유의사항 : 부지의 소유자와 허가명의자가 다른 경우가 많고, 부지의 소유권과 허가권은 별도의 권리이다. 따라서 매매계약서에 반드시 허가서의 명의변경(명의변경용 인감증명을 첨부)을 해 준다는 내용을 명기하여야 한다. 가끔 실수로 내용을 빠뜨려 놓아서 허가서 명의변경에 애를 먹는 경우가 발생하기도 한다.

공장으로 허가를 받을 수 있는 부지의 투자

토지시장에만 있는 독특한 제도인 연접개발제한 때문에 수도권에는 공장으로 허가를 받을 수 있는 부지가 현실적으로 많지 않다. 다만 수도권 지역에서 조금 벗어나면 공장 허가를 받을 수 있는 부지가 어느 정도 존재한다.

다음과 같이 '지목변경 5단계'로 공장부지로 허가가능성 여부를 확인해볼 수 있다.

• 공장 설립 절차

공장 설립 절차는 일반적으로 다음과 같이 3단계로 이루어진다.

공장 설립 승인 ➡ 공장건축 ➡ 공장 등록

• 공장 설립 소요기간

공장 설립 승인	공장 등록
• 일반 공장 설립 : 20일 승인권자의 권한에 속하는 경우 : 14일 의제처리 없을 시 : 7일 • 창업 사업 계획 : 20일	• 공장 설립 완료 신고 기계 장치 설비 완료 후 2개월 이내 (부분 등록 및 건축물 등록도 가능) • 공장등록 통보 : 3일 이내

① 1단계 : 용도지역과 건축할 수 있는 건축물

어떤 토지가 공장 허가를 받을 수 있는지 여부는 우선 용도지역에 의하여 결정된다. 해당 용도지역에서 건축할 수 있는 건축물에 공장이 열거되어 있어야 나머지 검토가 가능한 것이다.

허용행위 열거는 두 단계로 되어 있다. 먼저 국토계획법에 의하여 허용되는 경우가 있고, 두 번째로 해당 시·군의 조례에 의하여 허용되는 경우다. 둘 중에 하나에만 열거가 되어 있다면 공장의 입지가 가능하다. 따라서 반드시 해당 시·군의 도시계획조례를 확인해 보아야 한다. 공장부지로 개발할 수 있는 가장 대표적인 용도지역은 계획관리지역이다.

② 2단계 : 연접개발제한

용도지역에서 공장의 입지가 허용되더라도 연접개발제한에 걸리면 단독주택과 제1종 근린생활시설 외에는 허용되지 않는다. 연접개발제한의 저촉 여부는 도시계획과나 산림과에서 확인할 수 있다.

③ 3단계 : 진입로

4미터 이상의 도로법상 도로에 접해 있어야 개발허가를 받을 수 있다. 따라서 2단계까지의 검토를 통해서 공장의 입지가 가능하다면 어떻게 진입로를 확보할 것인가를 반드시 사전에 정리해 놓아야 한다. 만약 전문중개사라면 그렇게 해야 해당 토지의 중개를 성사시킬 가능성이 높아진다. 이른바 기획중개를 하는 것이다.

④ 4단계 : 군사기지 및 군사시설보호구역 등

4단계의 규제는 지역에 따라 나타날 수도 있고 나타나지 않을 수도 있다. 일반적으로 공장부지의 개발이 주된 개발행위로 행해지는 수도권의 고양, 파주, 김포, 화성, 평택은 군사기지 및 군사시설보호구역이나 비행안전구역의 규제가 토지이용계획확인서에 빈번하게 나타나는 곳이다.

따라서 해당지역의 토지는 위임지역에 해당하는지 여부나 군으로부터 동의를 얻을 가능성 여부 등을 사전에 타진해 놓아야 한다. 그리고 토지소유주를 이해시켜 '군 동의 조건부 매매'로 가야 한다.

⑤ 5단계 : 하수처리(일명 퇴수로)

해당 공장부지에서 나오는 하수를 어느 관로를 통해서 처리할 것이냐의 문제를 말한다. 대개의 경우는 무난히 해결책이 나오지만 어떤 경우에는 진입로보다 오히려 퇴수로를 확보하는 것이 더 어려운 경우도 가끔씩 있다. 전문적인 문제이기 때문에 토목설계사무소에 문의해서 해결 방안을 확보해 놓아야 한다.

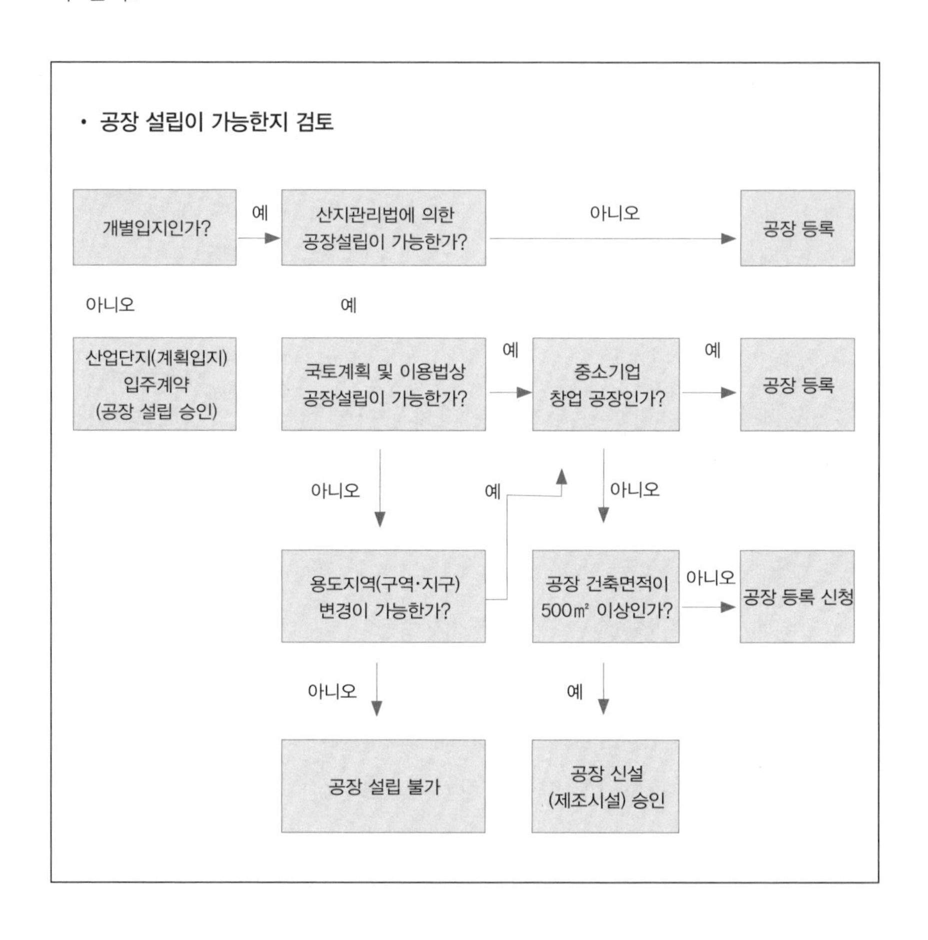

공장 인·허가 프로세스

공장 인·허가 절차

구분	진행순서	검토사항
공장 입지 선정	공장입지(개별·계획)의 결정 ↓	• 용도지역 및 산업단지
	입지 조사·분석(지역·업종) ↓	• 토지서류 구비 토지이용계획확인서 지적도·토지(임야)대장 등기부등본
	입지 결정 ↓	• 입지적정성(공장 승인 여부) • 환경관련 검토 • 건축허가 가능 여부 • 물류 및 인력 수급 타당성
공장 설립 신청 및 승인 (인·허가)	공장설립사업계획서 작성 ↓ 구비서류준비 ↓ 토목측량설계 ↓ 공장설립 승인(입주계약) 신청 (공장설립 민원실·산업단지관리기관) ↓	• 신청 관련 서류 (개별입지) • 의제처리 포함 • 지자체 : 복합 민원 심의 • 산업단지관리 기관, 입주 계약
	공장설립 승인 또는 입주 계약 ↓	• 공장 설립 인·허가 부서
공장 건축 및 완료신고	토목공사 및 건축 허가 ↓ 토목공사 및 건축 사용 검사 ↓	(개별입지)
	토목대장·건축물대장 확인 ↓	• 공장에 제조시설 설치
	공장 설립 완료 신고 ↓	• 기계설치 완료 후 2개월 이내
	공장 설립 관리 정보망(FFMIS)에 공장 등록	• 공장설립 완료신고 및 승인 사항과의 일치 여부 확인 • 완료 신고 접수 후 3일 내 통보

공장 허가와 한국표준산업분류상 업종코드

산업 분류는 사업체에서 수행하는 주된 산업 활동의 특성(산출물, 원재료, 제조공정 및 방법, 기능 및 용도, 제공하는 서비스 및 제공 방법 등)에 따라 산업을 분류하는 것을 말하며, 통계청에서는 한국표준산업분류를 업종마다 5자리 숫자코드로 분류하여 서비스를 제공하고 있다.

표준산업분류는 해당 토지에 입지할 수 있는 제조업의 종류와 밀접한 관련이 있다. 따라서 허가받은 부지의 중개나 허가받을 수 있는 부지에 투자를 하거나 중개를 하게 되는 경우, 입주하고자 하는 회사의 업종코드를 참조하여야 하는 경우가 많다. 이런 경우 통계청 홈페이지에 접속해 통계 분류에 들어가 조회를 해볼 수 있다. 예를 들면 전자악기 제조는 '제조'로 검색해 들어가면 업종코드 33203에 해당한다.

공장 중개와 공장등록증

공장의 중개 특히, 임대와 관련해 가장 많이 요구하는 사항 중 하나는 공장등록이 가능해야 한다는 것이다. 건축면적이 500㎡ 이상이어야 한다는 조건은 공장등록이 의무사항이다. 500㎡ 미만인 공장은 선택사항이지만 벤처인증, 관급공사입찰, 대기업 납품 등 사업과 관련된 대부분의 경우 공장등록증을 제출하도록 요구한다. 따라서 제조업은 공장등록이 필수사항이라고 할 수 있다.

상식적으로 보아서 정상적인 곳에 입지하는 공장, 즉 도시지역의 공업지역에 입지하거나 계획관리지역의 지목이 공장인 곳에 입지하는 경우에는 공장등록에 특별한 문제가 없다. 지목이 '대지'일지라도 제조업소(제2종 근린생활시설)로 허가를 받은 곳에는 환경문제나 대기환경문제 등에 제한을 받는 업종이 아니라면 공장등록을 받을 수 있다. 이런 형태의 공장을 '근생제조'라고 한다.

다만 건축물대장상 건축물이 주택 등이 아닌 제조업소(제2종 근린생활시설)로 표시되어 있어야 한다. 창고건물도 임차하여 제조를 할 수는 있지만 공장등록은 되지 않는다는 것에 유의하여야 한다. 미심쩍은 부분은 기업지원과에 문의하면 공장등록이 가능한 건축물인지 여부를 확인해 준다.

공장부지 한 방에 찾기

과거에는 통상 몇 개월 이상 걸리던 공장부지를 선정하는 작업이 쉬워졌다. 전국 모든 지역을 대상으로 적정한 공장부지를 검색하고 입지 타당성을 분석할 수 있는 기업입지지원시스템인 '스핑크스 인디' 서비스가 있기 때문이다.

'스핑크스 인디'는 전국 모든 토지에 대해 상수원보호구역, 개발제한구역 등 법적 규제사항의 저촉 여부를 확인할 수 있는 것은 물론 건축이 가능한지 여부를 확인할 수 있고, 주변 공공시설 및 교통 여건이나 지역 여건을 확인할 수도 있다. 또한 환경영향평가를 사전에 한 번의 검색을 통해 확인할 수 있는 GIS 시스템이다.

이 서비스를 받고자 하는 기업과 일반인은 각 시·도의 '기업입지지원단' 또는 LH 지역본부의 '기업입지정보서비스센터'에 소정의 신청양식을 제출하면, 원하는 최적의 입지 정보를 하루 안에 서비스를 해 준다.

공장부지나 산업단지 검토 등에 소요되는 시간과 비용을 절감할 수 있고 특히, 개별 기업은 공장설립이 불가능한 토지를 매입하는 위험을 사전에 예방할 수 있어 잘못된 투자에 따른 시행착오를 최소화할 수 있다.

농업용 창고 투자

일반창고와 농업용 창고

창고는 크게 일반창고와 농림축수산업용 창고(일명 농업용 창고)의 두 가지로 구분할 수 있고, 일반창고와 농업용 창고의 구분은 용도지역을 보고 판단할 수 있다.

건축법상의 창고는 일반창고와 농업용 창고의 구분이 없이 그냥 창고로만 되어 있으며, 해당 창고의 건축물대장을 발급받아 보면 오로지 창고로만 표시되어 있어서 전문적인 지식이 없으면 해당 창고가 일반창고인지 농업용 창고인지 구분하기 어렵다.

그러나 도시계획조례에서는 창고를 일반창고와 농업용 창고로 엄격하게 구분하고 있다. 또한 농업용 창고는 용도지역을 불문하고 건폐율을 시·군 조례에 의하여 50% 또는 60%로 허용되기 때문에 건폐율을 보고 판단하기도 한다.

농업용 창고의 농지전용

창고시설 구분은 창고(냉동 · 냉장 포함), 하역장, 물류터미널, 집·배송터미널 등으로 구분하여 건축이 가능한지 여부를 법률로 정해 놓았다.

농업용지도 가능한 지역이 있다. 일반적으로 창고 신축이 불가한 지역은 전용주거지역과 자연환경보전지역으로 되어 있으며 농지는 농지법 적용을 받아 농업용 창고 이외의 용도는 건축이 불가능한 것으로 되어 있다. 다만 이 또한 시·군·구에 따라 다를 수 있으므로 지자체에 문의해 건축을 할 수 있는지 확인하도록 해야 한다.

① 계획관리지역에 농가창고를 건축할 경우, 지목은 '창', 즉 창고용지로 바뀐다. 단, 농림지역의 토지를 거쳐 진입할 경우, 분할된 진입로는 '도'가 된다. 따로 '도로'를 분할하여 진입하지 않는다면 '창'을 따로 분할하여 '도'가 된다.

② 계획관리지역의 토지 중 일부를 전용하여 100㎡의 건축을 한다면 계획관리지역의 건폐율은 40%이므로 최소 부지 면적은 250㎡ 이상이 되어야 한다. 전용을 받은 250㎡ 부분만 창고용지가 되며 나머지는 농지로 남게 된다.

③ 농업용 창고의 용도변경은 향후 용도지역이 무엇인지 확인해야 한다. 현 상태 그대로 계획관리지역이라면 큰 문제는 없을 것으로 보이나 일부 농림지역, 예를 들어 진흥구역의 토지라면 전용을 받아야 하므로 이 부분에서 담당 공무원의 판단이 중요할 것 같다. 시간이 지나서 변경이 가능한 것이 아니라 변경 당시 충족 조건(용도지역, 용도지구와 농지법 저촉 여부)을 충족해야 용도변경이 가능하다.

④ 농업용 창고로 건축할 경우 농지전용부담금은 면제(혹은 감면)가 되며 농가창고 건축 요건은 농업인(자경)으로 한정돼 농지원부가 있어야 가능하다. 이외에 일반창고를 농지전용을 한다면 공시지가의 30%인 ㎡당 3,000원을 농지전용부담금으로 납부해야 한다. 이외에 지역개발공채, 면허세, 공사비예치금

등이 부과되며 이는 공사비에 따라 차이가 있다.

⑤ 창고 건축비는 건축물 설계에 따라 다르지만 일반적으로 천정과 기둥만으로도 건축 행위가 가능하다.

농업용 창고의 용도변경

농지법 제32조에 의하여 농업용 창고인 경우 농업진흥구역에서도 건축할 수 있으나 일반창고는 건축할 수 없게 되므로 농업용 창고를 일반창고로 전환할 수 있는 지역인지부터 확인하여야 한다. 만일 일반창고로 전환되면 용도가 변경된 만큼 취득세가 새로이 부과될 것이고, 건축물관리대장의 '용도란'도 변경되고 등기부등본도 변경등기를 행하여야 한다.

농업용 창고를 몇 년 이후 용도변경을 할 수 있는지는 정해진 바 없으며, 단지 보조금을 받았을 경우 일정기간 그 용도로 이용해야 할 의무를 부담해야 한다.

용도변경 없이 일반창고로 사용할 경우에는 농지법 제58조 제1호에 의하여 5년 이하의 징역 또는 2천만 원 이하의 벌금에 처해질 수도 있다.

농업용 창고에 대한 농지법 적용

① 농업용 창고는 농업인 또는 농업 법인이 자기가 생산한 농산물을 건조·보관하기 위하여 설치하는 시설을 말한다.

② 농업인 또는 농업법인이 농업경영에 사용하는 비료·종자·농약·농기구

등의 농업 자재를 생산 또는 보관하기 위하여 설치하는 시설도 농업용 창고에 해당된다.

※ 농업인이나 농업법인이 아닌 농협에서 비료나 농기계 등을 보관하기 위한 시설은 일반창고에 해당되어 농업진흥구역에 설치할 수 없다.

※ 타인이 생산한 농산물을 보관하는 시설은 일반창고에 해당되어 농업진흥구역에 설치할 수 없다.

③ 농업인이나 농업법인이 자기가 생산한 농산물이나 농기계 등을 보관하기 위한 농업용 창고는 주소지에 관계없이 농지소재지 시·군·읍·면이나 이와 연접된시·군·읍·면에 설치할 수 있다.

④ 농업용 창고의 면적은 본인이 생산한 농산물이나 보유하고 있는 농기계 등을 보관할 수 있는 면적만큼 농지를 전용하여 설치할 수 있다.

※ 자기가 생산한 농산물에는 수산물이나 임산물은 포함되지 않는다. 그러므로 자기가 생산한 임산물이나 임업 자재 등을 보관하기 위한 시설인 임업용 창고는 농업진흥구역에 설치할 수 없다.

가설건축물 농막(창고) 축조신고 실무

가설건축물이란?

가설건축물이란 임시로 지은 건축물을 의미하며, 정식 건축물이 아니므로 건축물관리대장에 등재되지 못하고 허가권자가 가설건축물대장을 작성하여 관리되기 때문에 등기하는 것도 불가능하다. 가설건축물도 허가를 받아야 지을 수 있는 것과 신고만으로 지을 수 있는 것이 있다.

가설건축물 또한 건축법에서 정하는 건축물의 정의와 같다. 가설건축물에 대하여는 건축법 제20조에서 규정하며, 건축법 시행령 제15조에서 그 설치 목적과 구조, 용도 및 존치 기간 등에 있어 임시적, 한시적으로 사용하기 위한 일정 용도와 규모 등을 규정하고 있다.

허가를 받아야 하는 가설건축물

허가를 받아야 하는 가설건축물은 도시계획시설이나 예정 시설에 짓는 경우다. 이는 도시계획시설로 묶어 장기간 재산권 행사를 못하는 경우 도시계획시설 설치 전까지 한시적으로 가설건축물 설치를 허가하는 것으로, 해당 지역 건축조례가 정하는 바에 따라 시장·군수·구청장에게 허가를 득하면 가능하다.

이 경우 가설건축물 설치기준은 철근 콘크리트조 또는 철골 철근 콘크리트조가 아니어야 하고 층수는 3 층 이하로서, 허가기간은 3년 이내이다. 다만 도시계획사업이 시행될 때까지 연장이 가능하다. 면적 제한은 없다. 단, 건축물의 용도는 지역·지구에서 허용하는 범위와 같다.

건축 후 전기, 수도, 가스 등 새로운 간선 공급설비를 설치할 필요가 없어야 하며 공동주택, 판매시설 등의 분양을 목적으로 건축하는 건축물이 아니어야 한다. 지자체는 도시계획이 결정되면 이때부터 2년 이내에 구체적인 사업집행계획을 세워야 하는데, 예컨대 서울시의 경우 도시계획 결정 후 2년이 지나도 구체적 집행계획이 수립되지 않으면 가설건축물을 지을 수 있도록 건축조례에서 허용하고 있다.

신고만으로 축조할 수 있는 가설건축물

공사용 등 임시 목적으로 짓는 가설건축물은 허가를 받지 않고 신고만으로 지을 수 있다. 시행령에서는 이 경우 구체적으로 지을 수 있는 가설건축물의 유형으로 모델하우스, 재해복구용 건축물, 임시 사무실인 컨테이너, 10㎡ 이하인 조립식 경비초소, 높이 8미터 이하의 조립식 차고 등을 열거하고 있으며, 지방자치단체별로 조례에 약간 범위를 달리하여 규정하고 있다.

따라서 가설건축물을 지을 수 있는 경우와 개별적인 조건은 각 지자체 조례에 따라 적용된다. 서울시에서는 화원·운동시설의 관리사무실, 공장의 제품 야적장, 기계보호시설 등을 허용하고 있다.

신고만으로 짓는 가설건축물은 착공 5일 전에 사용시기를 정해 신고하면 지을 수 있다. 가설건축물축조신고서와 해당 필지의 배치도만 있으면 되며, 배치도에 가설건축물 위치를 그려서 제출하면 된다.

첨부서류는 해당 지번 토지대장, 토지이용계획확인원, 토지등기부등본이다. 신고의 존치기간은 2년이며, 연장할 수 있고, 최소 존치기간의 제한은 없다. 신고대상 가설건축물은 허가대상과는 달리 건폐율·용적률·높이·의무조경시설 등 건축기준을 따로 요구하지 않는다.

이동식 주택에 대해서는 건축법상 별도의 규정이 없는 상황이다. 그래서 일반적으로 방갈로나 이동식주택을 컨테이너에 준해서 규정을 해석할 수 있다. 물론 6평 반 이하일 경우에 기준을 두어야 한다. 건축법상 가설건축물에 해당되므로 읍·면·동사무소에 가설건축물 신고를 해야 하며, 따라서 허가사항이 아닌 신고사항이므로 절차가 간소해지는 이점이 있다. 단, 지역에 따라서는 일반 건축물과 똑같이 취급하고 있는 곳도 있어 별도의 건축허가를 받아야 하기 때문에 사전에 가능 여부를 알아보는 것이 좋다.

또한 그린벨트지역의 농지 및 산림지, 도시 내 건물 옥상에는 설치조건이 불가능하거나 까다로워 설치할 시·군·구청의 건축과 또는 이와 연계된 부서인 산업계 등에 문의한 후 결정하는 것이 좋다. 또한 관련 법규에 전기, 수도 등을 요하지 않아야 한다는 요건이 있으나 지역에 따라서는 위치할 자리에 전기나 물을 연결하여 쓸 수 있는 기반시설이 설치되어 있다면 가능한 곳도 있다.

업체에서는 주택 내부에 전기와 급·배수시설을 하고 기존의 시설물에 연결해 주는 일만을 수행하고 있기 때문이다. 가설건축물의 연장은 존치기간 만료 7일 전에 시장·군수·구청장에게 신고함으로 존치기간을 연장할 수 있다.

가설건축물 축조신고 서류

① 가설건축물 축조신고서 1부
② 배치도 1부(가설건축물의 위치 및 인접 대지 경계선과의 이격거리 명시)
③ 가설건축물 평면도 1부(주요 구조 및 용도, 치수 기재)
④ 면허세 영수증 사본 1부
⑤ 지역개발공채 매입필증원본 1부

가설건축물 축조 관련 법규

제15조【가설건축물】 ① 법 제15조 제1항의 규정에 의하여 도시계획시설 또는 도시계획시설 예정지에서 건축을 허가할 수 있는 가설건축물은 다음 각 호의 기준에 적합한 것으로서 건축조례가 정하는 바에 의한다.

1. 철근 콘크리트조 또는 철골 철근 콘크리트조가 아닐 것.
2. 존치기간은 3년 이내일 것. 다만, 도시계획사업이 시행될 때까지 그 기

간을 연장할 수 있다.

3. 3층 이하일 것.

4. 전기·수도·가스 등 새로운 간선 공급설비의 설치를 요하지 아니할 것.

5. 공동주택·판매시설 등의 분양을 목적으로 건축하는 건축물이 아닐 것.

6. 도시계획법 제14조의 2 의 규정에 적합할 것.

가설건축물 축조 신고

1. 민원인이 해야 할 사항

가. 신청서 및 구비서류

1) 종류

① 가설건축물 축조신고서 1부

② 배치도 및 평면도 각 1부

③ 토지등기부등본 1부(타인의 토지에 축조할 때는 토지소유주의 토지사용승낙서 및 인감증명 1부를 첨부)

※ 토지등기부등본 발급 : 군 등기소 또는 군 종합민원처리과 내에 비치된 등본자동발급기 이용.

2) 제출처 및 처리기한

제출처	처리기한	
	법정	단축
군 종합민원처리과 (건축민원담당)	1일	

나. 수수료 : 면허세(500㎡ 미만 : 6,000 원, 500㎡ 이상 1천 ㎡ 미만 : 8,000 원 등)

2. 민원인 유의사항

가설건축물 축조신고를 하지 아니하거나 허위로 신고한 자는 200만 원 이하의 벌금에 처해진다.

[별지 제8호 서식]

<table>
<tr><td colspan="3">가설건축물축조신고서</td><td colspan="3">신고번호(년도, 구분, 신고 일련번호)</td></tr>
<tr><td rowspan="3">건축주</td><td>성명</td><td colspan="4"></td></tr>
<tr><td>주민등록번호</td><td colspan="2"></td><td>전화번호</td><td></td></tr>
<tr><td>주소</td><td colspan="4"></td></tr>
<tr><td rowspan="2">대지현황</td><td>대지 위치</td><td colspan="2"></td><td>지번</td><td></td></tr>
<tr><td>대지 소유 구분</td><td colspan="2"></td><td>면적</td><td></td></tr>
<tr><td colspan="3">Ⅰ. 전체개요</td><td colspan="3"></td></tr>
<tr><td>건축면적(㎡)</td><td colspan="2"></td><td>연면적(㎡)</td><td colspan="2"></td></tr>
<tr><td>존치기간</td><td colspan="5"></td></tr>
<tr><td colspan="3">Ⅱ. 동별개요</td><td></td><td></td><td></td></tr>
<tr><td>동별</td><td>구조</td><td>용도</td><td>건축면적(㎡)</td><td>연면적(㎡)</td><td>지상 층수</td></tr>
<tr><td></td><td></td><td></td><td></td><td></td><td></td></tr>
<tr><td colspan="6">건축법 제15조 제2항 및 건축법 시행규칙 제 13 조의 규정에 의하여 위와 같이 가설건축물축조신고서를 제출합니다.
2019년 월 일
건축주 서명 또는 인
곡 성 군 수 귀하</td></tr>
<tr><td colspan="6">구비서류</td></tr>
<tr><td colspan="6">1. 배치도 1부. 2. 평면도 1부</td></tr>
<tr><td colspan="6">신고안내</td></tr>
<tr><td>제출하는 곳</td><td colspan="2"></td><td>처리부서</td><td colspan="2"></td></tr>
<tr><td>수수료</td><td colspan="2"></td><td>처리기간</td><td colspan="2"></td></tr>
<tr><td colspan="6">근거법규</td></tr>
<tr><td>건축법
재15조 제
2항</td><td colspan="5">• 시장·군수·구청장에게 신고하여야 할 가설건축물
• 재해가 발생한 구역 또는 그 인접구역으로서 시장·군수·구청장이 지정하는 구역 안에서 일시 사용을 위하여 건축하는 것.
• 시장·군수·구청장이 도시미관이나 교통소통에 지장이 없다고 인정하는 가설흥행장·가설전람회장, 기타 이와 유사한 것.
• 공사에 필요한 규모의 범위 안의 공사용 가설건축물 및 공작물
• 전시를 위한 견본주택 기타 이와 유사한 것.
• 시장·군수·구청장이 도로변 등의 미관 정비를 위하여 필요하다고 인정하는 가설점포(물건 등의 판매를 목적으로 하는 것을 말한다.)로서 안전·방화 및 위생에 지장이 없는 것.
• 조립식 구조로 된 경비용에 쓰이는 가설건축물로서 임시사무실, 창고 또는 숙소로 사용되는 것(건축물의 옥상에 건축하는 것을 제외한다.).
• 조립식 구조로 된 외벽이 없는 자동차 차고로서 높이 8m 이하인 것.
• 컨테이너 또는 폐차량으로 된 가설건축물로서 임사사무실, 창고 또는 숙소로 사용되는 것(건축물의 옥상에 건축하는 것을 제외한다.).
• 도시계획구역 중 주거지역, 상업지역 또는 공업지역에 설치하는 농·어업용 비닐하우스로서 연면적이 100㎡ 이상인 것.
• 연면적이 100㎡ 이상인 간이축사용, 가축운동용, 가축의 비 가림용 비닐하우스 또는 천막 구조의 건축물
• 농·어업용 고정식 온실, 공장 안에 설치하는 창고용 천막 기타 이와 유사한 것.
• 유원지 종합휴양사업지역 등에서 한시적인 관광문화행사 등을 위하여 설치하는 찬막 또는 경량 구조물
• 기타 건축조례로 정하는 건축물</td></tr>
<tr><td colspan="6">유의사항</td></tr>
<tr><td>건축법
제80조</td><td colspan="5">가설건축물축조 신고를 하지 아니하거나 허위로 신고한 자는 200만 원 이하의 벌금에 처하여 진다.</td></tr>
</table>

가설건축물(농막) 축조신고 사례

신고서 1부, 배치도 1부, 평면도 1부를 첨부해 면사무소의 산업계 건축과에 제출하였고, 건축과와 농지담당 공무원과 협의해 신고처리가 완료되었다는 통보를 받았습니다. 신고수수료로 7,000원이 들었고, 처리기간은 5일 정도 소요되었습니다. 신고필증을 찾을 때 면허세 및 취득세도 있다고 하더군요. 이 신고필증을 받은 후에 컨테이너를 가져다 놓아야 합법합니다.

서류와 관련해 축조신고서를 작성하는 데는 어려움이 없었습니다. (해당 내용을 기록하시고 존치기간은 2년입니다.)

배치도는 지적도를 복사해 사이즈에 맞게 인접 대지와의 거리를 표시해 주면 됩니다. (특별한 양식이 없습니다.) 단 경계에 너무 붙여 그리지 말아야 합니다. 소방법 등으로 인접 건물과도 이격이 있어야 합니다.

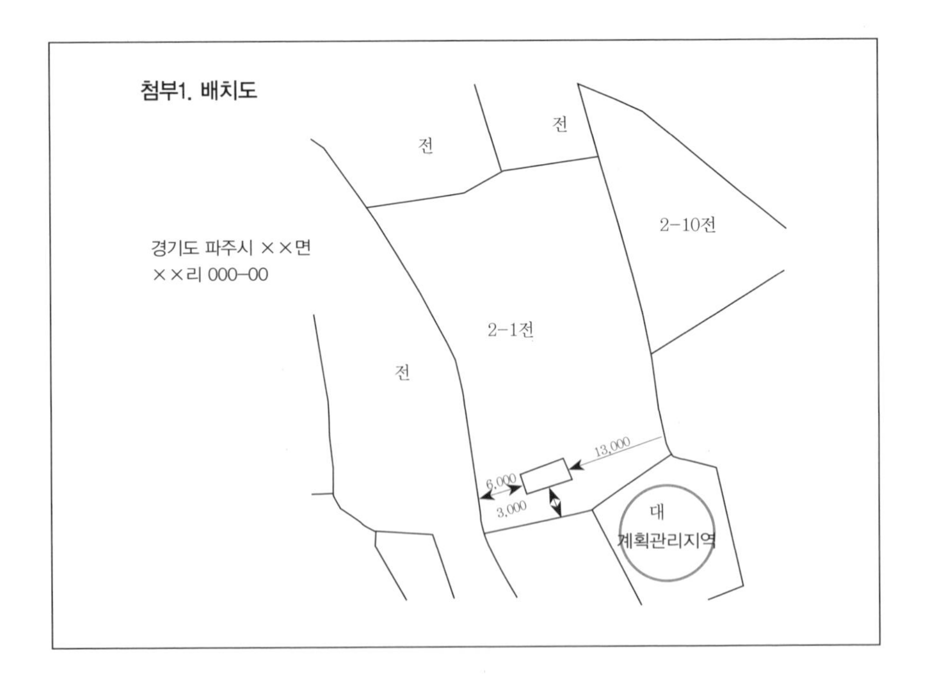

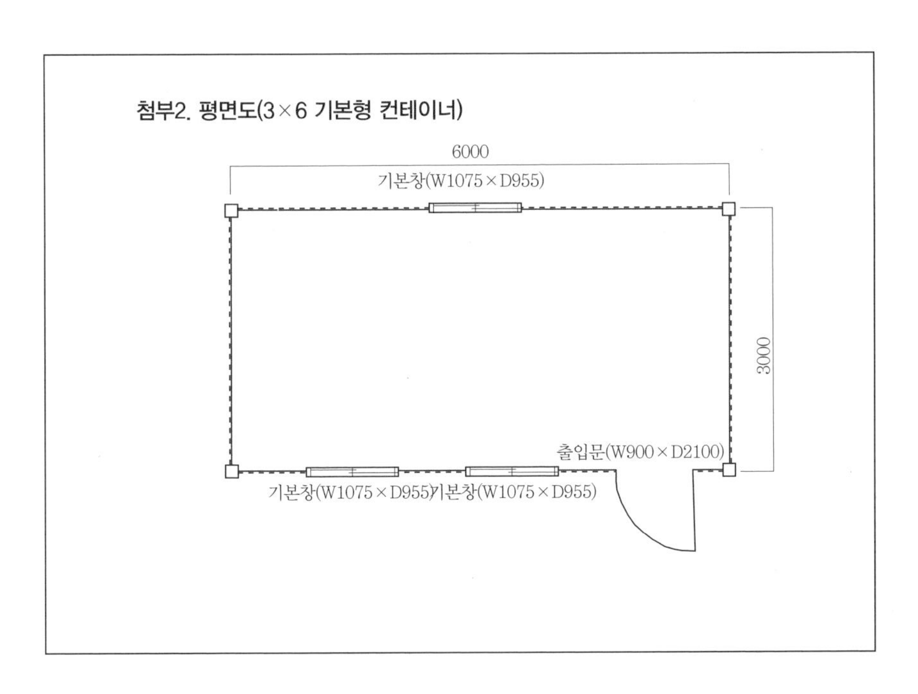
첨부2. 평면도(3×6 기본형 컨테이너)
6000
기본창(W1075×D955)
3000
출입문(W900×D2100)
기본창(W1075×D955)
기본창(W1075×D955)

http://blog.naver.com

농업용 창고 신축사업계획서 작성예시

농업용 창고 신축사업계획서

Ⅰ. 위치

전남 ○○군 ○○면 ○○리 ○ '○○번지

Ⅱ. 사업목적

생약초 재배환경조성을 위한 농업용 창고 신축

Ⅲ. 사업개요

1) 사업명 : 농업용 창고 신축사업

2) 사업자주소 : 성 명 :

3) 시설개요

구분	계	개요	비고
총 부지면적	1,015㎡		
건축면적	90㎡	건폐율 : 8.9%	
연면적	112㎡	용적률 : 11%	
구조	철구조	샌드위치 판넬	
층 수/ 동 수	1층	직사각형/ 1동	
부대시설		해당사항 없음	

4) 사업기간 : 2013년 2월~2013년 6월

5) 소요자금 : 20,070,000원

6) 이용계획 : 생 약초 보관 및 씨앗관리·농기구 보관

Ⅳ. 토지현황

소재지	지번	지목	면적(㎡)	소유자	주소	비고
		전	1,015㎡			

Ⅴ. 토지 이용 세부계획

구분	면적(㎡)	비율(%)	비고
계	1,015㎡	100%	
건축면적	90㎡	8.9%	
기타	925㎡	91.1%	

Ⅵ. 공사계획

〈전체 공사예정 공정표 : 공사기간 2013. 2. ~ 2013. 6.〉

구분 / 공정	비율	착공일로부터 4개월					비고
		2월	3월	4월	5월	6월	
설계							
인·허가							
토목공사							
건축공사							
설비공사							
전기 및 통신공사							
준공검사							
사용승인							

Ⅶ. 소요자금 및 조달

1. 소요자금

구분	금액(원)	비율	비고
합계	20,070,000원	100%	
설계, 감리비	1,200,000원	6%	
토목공사비	4,000,000원	20%	
건축공사비	14,870,000원	74%	

2. 조달계획

구분	금액(원)	비율	비고
합계	20,700,000원	100%	
자기자본	10,700,000원	53%	
보조	10,000,000원	47%	

창고·공장투자 입지 분석

창고투자를 위한 적지는 어디인가?

현재 시점에서 수도권 창고투자 유망지로는 광주시, 평택시, 고양시, 용인시, 이천시 순으로 창고시설이 많은 것으로 분석된다. 경기도 내에 있는 창고의 약 89%는 연면적 1,000㎡ 미만의 소규모 창고이다. 가평군, 양평군, 연천군, 과천시, 의정부시 등은 1,000㎡ 미만의 소규모 창고 비율이 전체 창고의 90% 이상이다. 용인시, 광주시는 연면적 1,000㎡ 이상의 중대규모 창고가 다수 분포하는 것으로 나타났다.

최고의 접근성을 가진 곳은 어디인가?

2015년 11월 국토교통부의 자료에 따르면 한국의 임대용 물류창고업은 총 2,240개가 등록되어 있으며, 이중 944개에 해당하는 42%를 차지하는 창고가 서울, 인천, 경기 즉 수도권에 집중되어 있다. 특히, 경기도의 물류센터 면적은 최근 5년 사이 연평균 7.8%씩 꾸준히 증가하고 있는 추세이다. 올해 경기도에서만 74만 ㎡의 물류시설이 추가로 공급되어 총 1,202만 ㎡가 물류센터 부지에 이용된다. 수도권의 경우 서울과의 접근성이 뛰어나 고속도로 IC 중심으로 물류센터가 위치하고 있으며, 전체적으로 지방에 비해 높은 지가 및 임대료를 형성하고 있다.

수도권 북부지역

상수원 보호구역이 넓게 분포하고 있어 영업용 물류센터로의 건립허가가 사실상 불가능한 지역이다. 이 지역에 건립된 일부 물류센터는 자가물류 기능을 위한 역할을 담당하고 있을 뿐이다. 그린벨트가 해제되기 전에는 발전하기 힘들겠지만, 그린벨트가 해제될 가능성도 극히 낮다.

수도권 서부지역

인천-김포 부근은 서울과의 접근성과 국제 화물 운송의 중추적 역할을 하는 인천항만의 입지로 발달된 물류시설과 높은 지대를 형성하고 있다. 반면, 화성시 부근은 그린벨트로 지정되어 있어 개발이 어렵다. 근래에 서해안 고속도로와 신규 고속도로의 개발 및 개통으로 이전보다 서울 접근성이 용이하게 되어 포승공단 등지 및 평택항을 중심으로 물류센터가 입지하고 있다. 앞으로도 발전할 여지가 많은 지역이다.

수도권 남동부지역

다른 지역에 비해 상대적으로 인허가 받기가 용이하며 경부고속도로, 중부고속도로, 영동고속도로 등 수도와의 접근성도 뛰어나 현재 수도권 대부분의 물류센터가 이 지역에 위치해 있다.

이 지역은 접근성과 지가를 기준으로 크게 4가지 구획으로 나누어 살펴볼 수 있다. 남양주-신갈을 경계로 나뉘는 일대는 서울 바로 남쪽에 위치해 있고, 서해안고속도로, 경부고속도로, 영동고속도로에 걸쳐 있어 지리적 접근성이 탁월하다. 그렇기에 임대료 및 매매가격이 가장 높게 형성되어 있다. 용인-이천을 등지로 한 구획은 영동고속도로 및 중부고속도로를 중심으로 발전해 있다. 서울과의 접근성 역시 이전 지역에 비해 떨어지지 않지만 특히, 임대료 및 지가가 서울 남쪽 구획보다 저렴하게 형성되어 있기 때문에 가장 수요가 많고, 투자자들도 몰리고 있다. 실제로 2015년 1분기에 인허가 된 물류센터 중 절반에 해당하는 건이 용인과 이천 지역을 중심으로 이루어졌다. 여주-안성 구획은 평택-제천고속도로, 서해안고속도로를 따라서 발달한 시장으로 기존의 낙후된 물류창고, 시설들이 아직 많이 남아 있는 지역이다. 부근 지역의 신

도시개발로 인해 다른 구획 대비 지가가 급등한 것이 요인이 되어, 적절한 투자자가 나오지 않아 기존 낙후시설들을 재개발하는 데 어려움을 겪고 있다. 그 아래인 천안 부근은 수도권 물류센터 중 가장 바깥쪽에 위치하였으며, 지리적 접근성이 위 지역들에 비해 다소 떨어져 임대료 및 매매가격이 가장 낮게 형성되어 있다.

전국 물류창고업 현황(단위 : 개)

소재지	합계	물류창고업		보관장소
		보관시설		
		일반창고	냉동냉장	
합계	2,240	1,572	307	361
강원도	26	222	2	2
경기도	686	565	29	92
경상남도	410	277	79	54
경상북도	82	44	14	24
광주광역시	62	49	11	2
대구광역시	47	37	4	6
대전광역시	62	35	4	23
서울특별시	86	49	8	29
세종특별자치	62	57	3	2
울산광역시	16	15	0	1
인천광역시	46	27	7	12
부산광역시	196	129	13	54
전라남도	112	43	41	28
전라북도	97	66	13	18
제주특별자치도	69	30	37	1
충청남도	90	70	11	9
충청북도	91	57	30	4

(출처 : 국가물류통합정보센터, 물류창고업현황, 2015. 11)

상온 물류시설 및 월 임대료 현황(단위 : 천 원/ 3.3㎡)

지역	서울	김포	인천	남양주	광주 곤지암	동탄	용인	이천	평택	여주	안성	천안
임대료	40~50	35~45	30~35	30~33	27~30	25~28	24~28	23~27	23~25	20~23	20~22	18'20

(출처 : 세빌스코리아, 스포트라이트 한국물류마켓, 2015. 09)

전국 창고 종류별 현황

일반창고	냉동/ 냉장 창고	보관장소(야적장)
70%(1,572)	14%(307)	16%(361)

지역별 창고분포 현황

시·군	창고 수	분포비	시·군	창고 수	분포비
가평	625	3.18%	양양	97	0.49%
고양	1,577	8.03%	양주	427	2.17%
과천	100	0.51%	양평	963	4.90%
광명	30	0.15%	여주	897	4.57%
광주	2,545	12.96%	연천	392	2.00%
구리	60	0.31%	오산	186	0.95%
군포	73	0.37%	용인	1,501	7.64%
김포	692	3.52%	의왕	60	0.31%
남양주	1,053	5.36%	의정부	104	0.53%
동두천	81	0.41%	이천	1,326	6.75%
부천	55	0.28%	파주	756	3.85%
성남	56	0.29%	평택	1,945	9.90%
수원	436	2.22%	포천	606	3.09%
시흥	223	1.14%	하남	328	1.67%
안산	310	1.58%	화성	1,032	5.25%
안성	1,105	5.63%	합계	19,641	100%

지역별규모별 창고분포 현황

시·군	1,000㎡ 이하		1,000㎡ 이상		합계	시·군	1,000㎡ 이하		1,000㎡ 이상		합계
	개소	비율	개소	비율			개소	비율	개소	비율	
가평	622	99.52%	3	0.48%	625	안양	87	82.08%	19	17.92%	106
고양	1,535	96.72%	52	3.28%	1,587	양주	397	91.69%	36	8.31%	433
과천	99	99.00%	1	10.0%	100	양평	960	99.69%	3	0.31%	963
광명	28	93.33%	2	6.67%	30	여주	841	90.53%	88	9.47%	929
광주	2,214	83.23%	446	16.77%	2,660	연천	388	98.98%	4	1.02%	392
구리	57	90.48%	6	9.52%	63	오산	166	83.42%	33	16.58%	199
군포	53	63.10%	31	36.90%	84	용인	1,240	71.18%	502	28.82%	1,742
김포	659	94.68%	37	5.32%	696	의왕	53	79.10%	14	20.90%	67
남양주	1,026	95.80%	45	4.20%	1,071	의정부	102	98.08%	2	1.92%	104
동두천	79	97.53%	2	2.47%	81	이천	1,191	82.42%	254	17.58%	1,445
부천	53	92.98%	4	7.02%	57	파주	701	89.53%	82	10.47%	783
성남	46	74.19%	16	25.81%	62	평택	1,832	91.14%	178	8.86%	2,010
수원	414	92.20%	35	7.80%	449	포천	589	96.56%	21	3.44%	610
시흥	204	87.55%	29	12.45%	233	하남	317	95.77%	14	4.23%	331
안산	300	94.64%	17	5.36%	317	화성	919	83.93%	176	16.07%	1,095
안성	1,018	86.42%	160	13.58%	1,178	합계	18,190	88.72	2,312	11.28%	20,502

경기도 내 그린벨트 현황과 불법창고 현황

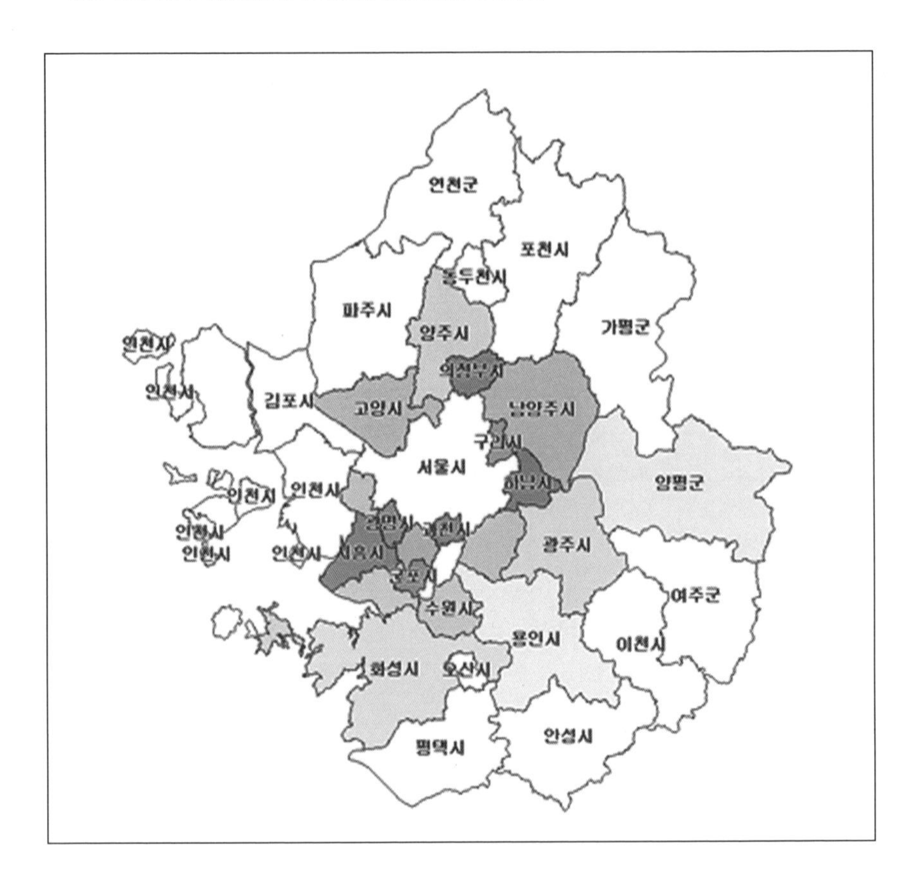

하남시, 남양주시, 구리시가 가장 많음. 공통적으로 그린벨트 비율이 높고, 서울 인접 시·군임.

구분	면적	비율	구분	면적	비율
수원시	108	0.0%	의왕시	0	0.0%
성남시	0	0.0%	하남시	2,942,220	73.0%
의정부시	0	0.0%	용인시	0	0.0%
안양시	301	0.0%	파주시	0	0.0%
부천시	0	0.0%	이천시	0	0.0%
광명시	65,208	1.6%	안성시	0	0.0%
평택시	0	0.0%	김포시	0	0.0%

동두천시	0	0.0%	화성사	0	0.0%
안산시	25,452	0.6%	광주시	0	0.0
고양시	76,448	1.9%	양주시	3,700	0.1%
과천시	0	0.0%	포천시	0	0.0%
구리시	367,830	9.1%	여주군	0	0.0%
남양주시	459,610	11.4%	연천군	0	0.0%
오산시	0	0.0%	가평군	0	0.0%
시흥시	91,870	2.3%	양평군	0	0.0%
군포시	0	0.0%	합계	4,032,684	100.0%

경기도 물류단지 수요 분석

수도권 시·군별 창고시설 부지면적 분포도

구분	물동량 기준 소요 면적	정책적인 수요			물동량+정책 기준소요면적
		소규모 창고 훌수	GB내 불법창고 훌수	소계	
경기 동부	–366,508	1,115,183	1,700,943	2,816,126	2,449,618
경기 서부	1,513,077	400,246	91,438	491,684	2,004,761
경기 남부	2,954,694	698,657	–	698,657	3,653,351
경기 북부	1,243,130	795,482	223,989	1,019,471	2,262,601
합계	5,344,394	3,009,568	2,016,370	5,025,938	10,370,332

창고와 공장의 건축

창고설립 과정 분석

땅을 사서 창고나 공장을 짓기 위해서는 첫 번째로 올바른 파트너를 선정하는 것이 무엇보다 중요하다.

많은 경험을 가지고 있어서 토지를 매입하거나 건축을 해본 경우라면 이야기가 다르겠지만 소위 업자가 아닌 이상에는 평생에 한 번하기도 어려운 일이 대부분이다. 당연히 큰 어려움을 느낄 수밖에 없다. 고생을 많이 해본 사람들이 다시는 건축을 하지 않겠다고 하는 말을 많이 들어보았을 것이다.

그렇다면 그 이유는 무엇일까?

땅은 어떤 합리적인 가격이 없고, 따라서 매입을 할 때부터 혹시 속아서 사는 것은 아닌지 온갖 의심을 갖게 되기 마련이다. 어쨌든 땅을 잘 매입했다고 해도 이제는 인·허가가 문제가 따라온다. 그리고 설계에서부터 업자 선정과 시공을 하는 과정에서 생각지도 못했던 온갖 문제들이 터져나오기 일쑤다. 운이 좋아서 정말 성실한 사람을 만나면 다행이지만 그렇지 않은 경우가 더 많다. 잘 아는 사람이라고 소개를 받긴 했는데 공사는 마음에 안 들고 이런저런 이유를 들어서 공기를 늦추고, 심지어는 추가로 공사비를 요구하는 것이 다반사다.

측량 또는 건축 설계도 마찬가지다. 사촌이 설계사라고 설계를 부탁했는데 현장과 맞지 않는 설계로 일만 힘들게 하는 경우가 많다. 고객의 입장에서 보면 잘 아는 사람이 건축사라 하면 당연히 신뢰를 갖고 일을 맡길 수밖에 없을 것이다. 하지만 변호사도 그 지역에서 활동하는 사람이 실무 능력이 뛰어나듯 건축과 관련해서도 그냥 설계해서 그대로 시공하면 아무 문제가 없으나 현실 속에선 설계대로 시공하는 것보다 더 나은 점이 생기면 변경을 해서 시공을 할 수 밖에 없는 경우가 거의 대부분이다. 따라서 문제가 생겼을 경우 현지에서 활동하는 설계사가 문제를 해결하는 능력이 훨씬 뛰어나다.

알고 지내는 설계사나 건축업자와 일을 하지 않는다면 "그 다음에 생기는 일에 대해서는 저에게 책임을 물을 수 없습니다." 라고 이야기한다. 고객의 입장에선 거의 협박으로 들릴 것이라 생각한다. 하지만 일을 하는 실무자 입장에선 당연한 이야기다.

필자는 잘 알고 지내던 분으로부터 설계서를 받았는데, 현장과 맞아 일일이 수정하고 변경하느라 들인 비용과 시간이 더 들었던 경험이 몇 번이나 있었다. 하물며 시공이라면 더 말해봐야 잔소리다.

실무에서 생길 수 있는 많은 변수들을 없애고 고객이 생기는 여러 가지 위험요인을 제거하는 컨설팅의 업무가 꼭 필요하다고 판단된다.

일단의 파트너가 정해졌다면 이제 인·허가를 진행해야 한다.

인·허가를 진행하기 전 준비해야 할 것이 있다. 일단 공장을 짓는다면 업종에 따라 다르기는 하지만 계획관리지역의 토지를 매입해야 한다. 곡물가공공장이나 식품공장은 제한적으로 생산관리지역에서도 가능하다.

가끔 보전관리지역에서 공장을 지을 수 있다고 말하는 고객이 있는데 대부분의 경우는 임산물 가공공장이며 우리가 이야기하는 제조공장은 계획관리지역에서만 가능하다고 생각하는 것이 옳은 판단이다.

부지매입

일단의 여러 토지 중 공장을 지을 수 있는 땅은 공업지역 또는 준 공업지역 그리고 계획관리지역의 땅이 가능하나 투자로서의 의미를 가지는 지역은 계획관리지역으로 한정하는 것이 좋겠다.

부지매입 시 임야는 경사도에 따라서 산지전용비가 조금씩 차이가 있기는 하지만 평당 10,000원 이하로 부담이 적으나, 옹벽 또는 석축 등의 토목비용이 많이 들고 또한 많은 경사(법면)면이 발생해서 부지의 활용도가 떨어지게 되는 단점이 있다.

또한 공시지가가 낮기 때문에 계획관리지역의 기준으로 500평 이상 개발되는 토지는 개발부담금의 부담이 만만치 않다.개발부담금이란 개발이익의 환수 차원에서 〈개발 후 공시가격 - (개발 전의 공시가격+토목공사비)〉 차액×25%를 부과한다. 공시지가가 적은 임야의 경우는 만만치 않은 부담이 된다.

농지는 농지전용부담금이 공시지가×30%로 부과되며 상한액 ㎡ 당 50,000원이 부과되어 비용의 부담이 크다. 다만 대체로 경사도가 심하지 않기 때문에 부지의 활용도가 뛰어나고, 개발부담금의 부담도 상대적으로 적다.

인허가

건축 인·허가 과정

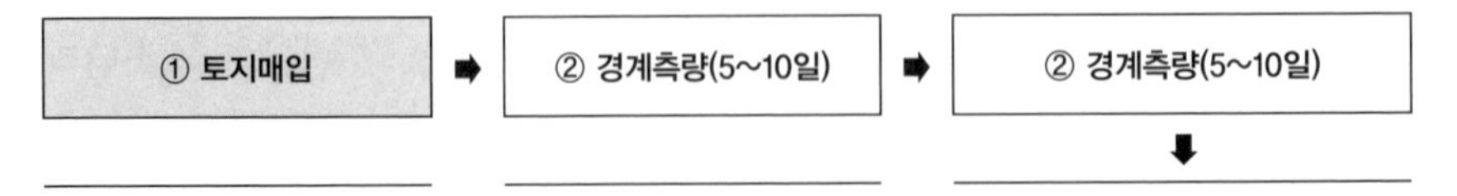

계약

마음에 드는 부지를 선정해서 법률적인 검토를 마쳤다면 부지매입계약을 체결하게 된다. 토지매매계약은 아파트나 주택 그리고 기존의 건물이 있는 계약과는 많은 차이가 있다.

일단의 인·허가와 관련해서는 매수자에게 더 많은 책임을 묻고 있기 때문에 사전에 충분히 관련 내용을 공무원에게 확인할 필요가 있다.

드물기는 하지만 측량 내용에 따라 실제 토지의 경계가 바뀌는 경우도 있고, 토지의 면적도 틀려지는 경우가 있기 때문에 이와 관련한 내용이 계약내용에 포함되어야 할 것으로 보인다.

불과 얼마 전까지만 해도 연접법이라 해서 사전에 허가가 가능한지의 여부를 일정 정도 파악이 가능했으나 이제는 도시계획심의를 받게 되어서 가능성 여부를 확인할 방법이 없다. 따라서 계약서에 인·허가와 관련한 조건부의 계약도 활용할 필요가 있다.

만약 그 지역이 토지거래허가구역이라면 그 지역의 토지를 매입할 수 있는지를 충분히 검토해 보아야 할 것이다.

토지매입의 경험이 적다면 당사자끼리 합의해서 직접 계약하는 것보다는 주변의 전문가의 도움을 받든가 공인중개사사무소에서 계약을 체결하는 것도 어려움을 조금 덜 수 있는 방법이 아닐까 한다. 이 경우 공인중개사사무소의 선정도 토지와 관련한 경험이 많은 사무소를 선택하는 것이 좋다. 토지와 관련한 경험이 많지 않은 사무소는 아무런 도움을 얻을 수 없을지도 모르므로 주의를 해야 한다.

설계

부지계약이 끝나면 이제 어떻게 건물을 배치하고 활용할지에 대한 설계가 필요하게 된다.

1차적으로 부지의 배수 그리고 옹벽시공 또는 석축시공 등과 관련한 토목설계가 필요하고, 토목 설계한 토지 위에 건물을 배치하는 건축설계를 하게 된다. 이 설계를 통해서 도면을 그리게 되고 그 도면이 있어야 개략적인 건축비도 가늠해볼 수 있다.

착공

최종 설계안이 확정되면 이를 토대로 건축신고(허가) 접수가 이루어진다. 건축허가가 나오기 전까지 시공업자의 선정이 필요하다. 이때는 현장에서 업자 선정과 관련한 미팅을 자주 갖도록 한다.

건축업자의 선정 과정을 보면 요지경인 경우를 많이 볼 수 있다. 더군다나 건축 경기가 어렵다보니 경쟁이 치열해 부실공사로 인한 난감한 처지에 빠질 위험이 더 커진다.

일단 공장을 설계한 도면을 기초로 하여 견적을 받게 되고 견적을 기초로 공사업자를 선정하게 되는데, 이때 경험으로 보면 최초의 구상은 적당한 가격 그리고 안정된 시공이라고 생각하고 시작하지만 대부분 가격에 의지해 결정을 내리는 경우를 많이 보게 된다. 또한 지연을 따지지 않겠다고 생각을 하지만 결국은 아는 사람 또는 소개에 의해서 결정되는 것 또한 사실이다.

대부분의 건축주들이 도면에 대한 이해가 부족하고, 정당한 건축비가 어느 정도인지 잘 모르기 때문에 이런 결과가 일어나게 된다.

사실 적당한 건축비가 얼마인지 가늠하는 것은 매우 어려운 문제다. 다만 너무 싸다면 당연히 부실공사나 도면대로 공사가 진행되지 않을 것이 당연해 보이고, 너무 비싸다면 많은 이익을 남기려 한다는 인상을 받을 수밖에 없다.

원칙은 이렇다.

첫째, 여러 견적 중에 중간의 견적을 적정가격으로 한다. 둘째, 계약 전 높은 가격의 견적과 비교해 필요한 부분을 요구한다. 셋째, 공사 중간에 변경되는 사항과 관련해 지나친 추가 공사비와 관련한 사항에 대한 조건을 명기한다. 넷째, 대금 지불에 대한 명확한 사전합의를 하고 계약서에 명기한다. 다섯째, 가급적 현지의 업체를 지정한다. 여섯째, 지속가능한 업체, 즉 계속해서 공사를 했는지를 확인한다. 일곱째, 가급적 아는 사람은 피한다.

건축

기본적인 토목공사 그리고 건축공사가 이루어지게 되면, 통상적으로 착공에서 준공까지 2~3달 정도 소요가 되며 건축 자재의 선정 그리고 판넬 색상의 선정 등을 결정하게 된다.

설계 시 디자인 등의 협의가 필요하나 공장 특히, 투자의 경우는 디자인까지 신경 쓰는 것은 무리가 있다. 다만 임대관리 시 화장실은 겨울에 동파가 되는 경우가 많으므로 특별한 주의를 해야 한다.

창고투자 시 소요되는 비용

• 토지취득 시

- 취득세

• 허가 전

- 건축설계비 및 감리비(해당시)
- 토목설계비(개발행위허가 및 농지전용허가 등) : 상야동 개발 시
- 경계복원 측량비

• 허가 후

- 면허세
- 채권매입비: 지역배발공채(상야동 개발 시), 국민주택채권
- 농지전용부담금: 제곱미터당 최대 5만 원(공시지가에 따라 다름) : 상야동 개발 시

• 착공 후

- 도급공사비(평당180~200만 원)
- 상수도 인입비

- 전기 인입비 등
- 사용승인(준공)시
- 확정(현황) 측량비
- 하수 원인자 부담금
- 취득세
- 등기비(법무사 대행료)

임대

직접 사용하는 경우엔 관련이 없지만 투자로 임대수익을 기대하는 경우엔 임대의 시점도 중요하다. 건축사와 긴밀한 협의를 통해서 준공 전 임대인을 구해서 공실에 대한 리스크를 줄여야 한다.

준공 후 한두 달만 그냥 지나가면 손실이 커지며 또한 적정한 임대료를 받기도 어려워진다. 능력 있는 중개업자와의 관계가 중요한 지점이다.

준공, 입주

공사가 거의 끝나가는 시점에 담당 설계사가 현장을 확인 후 준공서류를 접수한다. 허가 건으로 건축이 진행되는 경우는 제3의 건축사를 통한 감리 과정을 통해서 사용승인을 받게 된다.

사용승인을 받게 되면 공사비의 잔금을 납부하게 된다.

공사비의 잔금 후 하자보증이행각서를 받아야 하며, 통상 입주 시점부터 2년간은 무상 A/S를, 2년이 경과한 이후는 유상 A/S를 받을 수 있다.

창고시설(공사) 적산

건평 60평, 건물 높이 7미터인 조립식 창고/공장(근생)에 대한 예상 건축비에 대해 견적을 내보도록 한다. 본 견적은 건축 예산을 잡기 위한 기본 자료를 제공한 것이므로 실제 도면과 현장 사정에 따라 달라질 수 있다.

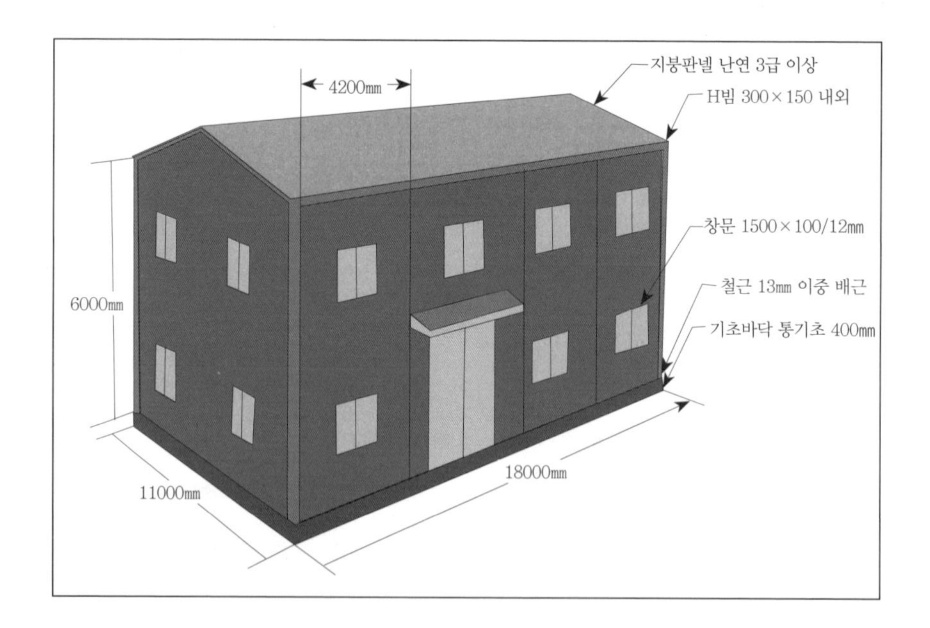

공사 기본항목

- 건축물의 허가 : 근린생활시설 1, 2종
- 대지의 토목 상태 : 평지 기준(절개, 복토, 흙 반출·입 등)은 제외
- 바닥 넓이 : 60평(가로 : 18미터, 세로 : 11미터)
- 건물 높이 : 7미터(벽체 : 6미터, 용마루 : 1미터). 같은 평수에 높이에 따라 재료비가 증가

건평 60평에 층고높이 5~6미터는 일반적인 창고[제조장]로, 대부분 이를 적용하는 사례다.

건축설계 비용은 해당 지역 민원실 인근에 자리한 건축설계 사무실을 선택해 위임하면 설계 및 허가 부분에 대해서도 서비스가 진행된다.

H-빔이 비싸다고 해서 층고높이 5~6미터인 건물을 저렴한 각 파이프나 C-형강으로 대체하는 것은 건축법에 의한 골조규격과 설계규정에 의해 건축주라고 해도 임의적으로 선택할 수 없다.

조립식 건축물 시공비와 관련해서 보면 주택의 경우, 풀 옵션 마감이 되면 평당 280~320만 원이 소요되며 점포, 사무실 등 간략한 기본구조의 근린시설, 소매점 등은 평당 180~230만 원이 소요된다.

창고의 경우 층고높이 3.5미터 이하에는 경량철골로 건축이 가능해 칸막이가 없을 경우 평당 120만 원 정도가 소요되고, 층고 높이의 일반적인 제조장 허가기준 최고 높이인 6미터의 경우, H-빔을 적용하고 골조 칸막이 없이 60평을 기준하여 평당 120만 원이 소요된다,

여기에서 칸막이, 화장실 등이 추가된다면 해당 자재비와 인력 품셈이 추가될 수 있다.

주요 견적 항목

공정	규격	금액	평당	비고
기초공사	철근, 콘크리트	15,000,000	240,000	
철골공사	(300×150)	20,000,000	335,000	
판넬공사	난연지붕 : 지붕 200T, 벽체 100T	20,000,000	318,000	
전기, 통신 소방공사	조명등, 내선, 분전함, 인터넷, TV, 소방	7,200,000	120,000	
위생공사	화장실, 정화조, 설비	6,500,000		
공과 잡비		2,000,000		
기업 이윤		3,000,000		
합계		73,700,000	1,250,000	

틈새 투자, 협동화 산업단지 사업

협동화단지 사업에 대한 간추린 법률

농지산지에 공장, 창고 만들기

농지·산지에 공장 또는 물류창고를 독자적으로 만들기보다는 협동화사업으로 만든다면 물류비 등 상당한 시너지효과를 낼 수 있다. 아래 내용은 협동화사업에 대한 필요한 법률들을 간추려놓은 것이다.

제1절 협동화 사업〈중소기업진흥에 관한법률〉

제28조(중소기업 협동화 기준의 고시)

① 중소기업청장은 중소기업자의 집단화와 시설공동화 등을 위한 '중소기업 협동화 기준'(이하 '협동화기준'이라 한다.)을 정하고 고시하여야 한다. 협동화기준을 변경한 경우에도 또한 같다.

② 제1항에 따른 협동화 기준을 정할 때 특히, 필요하면 중소기업자 외의 자

가 참여할 수 있는 협동화 기준을 정할 수 있다.

③ 제1항과 제2항에 따른 협동화 기준에 포함되어야 할 사항은 대통령령으로 정한다.

중소기업진흥에 관한 법률 [시행 2010.12.1] [법률 제10331호, 2010.5.31, 타법 개정]

제29조(협동화실천계획의 승인)

① 협동화 기준에 따라 협동화실천계획을 세워 시행하려는 자는 중소기업청장의 승인을 받아야 한다. 승인을 받은 계획 중 지식경제부령으로 정하는 사항을 변경하려는 경우에도 또한 같다. 〈개정 2008.2.29〉

② 협동화 기준에 따라 협동화실천계획을 세워 시행하려는 자는 그 협동화실천계획에 형질변경이나 기반시설공사를 수반하고 대통령령으로 정하는 면적 이상인 단지조성사업(이하 "단지조성사업"이라 한다.)이 포함되는 경우에는 제1항에도 불구하고 시·도지사의 승인을 받아야 한다. 승인을 받은 계획 중 지식경제부령으로 정하는 사항을 변경하려는 경우에도 또한 같다. 〈개정 2008.2.29〉

③ 시·도지사는 제2항에 따른 승인이나 변경 승인을 하려면 미리 중소기업청장과 협의하여야 한다.

④ 제1항과 제2항에 따른 협동화실천계획의 수립에 필요한 사항은 대통령령으로 정한다.

3. 사업목적을 달성할 수 없거나 지원 자금을 다른 목적으로 사용한 경우.

② 중소기업청장이나 시·도지사는 제1항에 따라 협동화실천계획의 승인을 취소하려면 청문을 하여야 한다.

중소기업진흥에 관한 법률 시행령 [시행 2011.7.4] [대통령령 제23019호, 2011.7.4, 일부 개정]

제28조(협동화기준) 법 제28조에 따른 중소기업 협동화 기준(이하 '협동화기준'이라 한다.)에는 다음 각 호의 사항이 포함되어야 한다.

1. 법 제29조에 따른 협동화실천계획(이하 "협동화실천계획"이라 한다.)의 수립에 필요한 협동화사업의 종류, 참가업체수, 참가자격, 사업계획의 타당성 및 추진 주체 등에 관한 사항
2. 협동화실천계획의 승인을 받은 자에 대한 지원의 범위, 조건, 절차 및 사후 관리 등에 관한 사항
3. 제1호 및 제2호와 관련하여 중소기업청장이 특히, 필요하다고 인정하는 사항

④ 중소기업청장은 제1항과 제2항에 따른 협동화 기준을 정할 때에는 미리 관계 중앙행정기관의 장과 협의하여야 한다.

제29조(협동화실천계획의 승인)
① 협동화 기준에 따라 협동화실천계획을 세워 시행하려는 자는 중소기업청장의 승인을 받아야 한다. 승인을 받은 계획 중 지식경제부령으로 정하는 사항을 변경하려는 경우에도 또한 같다. 〈개정 2008.2.29〉
② 협동화 기준에 따라 협동화실천계획을 세워 시행하려는 자는 그 협동화실천계획에 형질변경이나 기반시설공사를 수반하고 대통령령으로 정하는 면적 이상인 단지조성사업(이하 "단지조성사업"이라 한다.)이 포함되는 경우에는 제1항에도 불구하고시·도지사의 승인을 받아야 한다. 승인을 받은 계획 중 지식경제부령으로 정하는 사항을 변경하려는 경우에도 또한 같다. 〈개정 2008.2.29〉

③ 시·도지사는 제2항에 따른 승인이나 변경 승인을 하려면 미리 중소기업청장과 협의하여야 한다.

④ 제1항과 제2항에 따른 협동화실천계획의 수립에 필요한 사항은 대통령령으로 정한다.

중소기업진흥에 관한 법률 시행령 [시행 2011.7.4] [대통령령 제23019호, 2011.7.4, 일부 개정]

제30조(협동화실천계획의 승인)

① 법 제29조 제1항에 따라 협동화실천계획의 승인이나 변경승인을 받으려는 자는 승인신청서나 변경승인신청서를 중소기업청장에게 제출하여야 한다.

② 법 제29조 제2항에 따라 협동화실천계획의 승인이나 변경승인을 받으려는 자는 승인신청서나 변경승인신청서를 특별시장·광역시장·도지사 및 특별자치도지사(이하 시·도지사"라 한다)에게 제출하여야 한다. 〈개정 2009.11.20〉

③ 법 제29조 제2항에서 "대통령령으로 정하는 면적"이란 3만 ㎡를 말한다.

④ 중소기업청장이나 시·도지사는 제1항과 제2항에 따라 협동화실천계획의 승인이나 변경승인의 신청을 받은 경우 그 협동화실천계획이 협동화기준에 부합한다고 인정되는 경우에만 승인한다.

제31조(협동화실천계획의 승인취소)

① 중소기업청장이나 시·도지사는 협동화실천계획의 승인을 받은 자가 다음 각 호의 어느 하나에 해당하면 법 제29조에 따른 협동화실천계획의 승인을 취소하고 지원자금의 원리금을 회수할 수 있다.

1. 거짓이나 그 밖의 부정한 방법으로 협동화실천계획의 승인을 받은 경우

2. 제29조에 따른 변경승인을 받지 아니하고 협동화실천계획을 변경하거나 중단한 경우

중소기업의 경영기반 확충

제1절 협동화 사업

제28조 법 제28조에 따른 중소기업 협동화 기준(이하 "협동화기준"이라 한다.)에는 다음 각 호의 사항이 포함되어야 한다.

1. 법 제29조에 따른 협동화실천계획(이하 "협동화실천계획"이라 한다.)의 수립에 필요한 협동화사업의 종류, 참가업체 수, 참가자격, 사업계획의 타당성 및 추진 주체 등에 관한 사항

2. 협동화실천계획의 승인을 받은 자에 대한 지원의 범위, 조건, 절차 및 사후 관리 등에 관한 사항

3. 제1호 및 제2호와 관련하여 중소기업청장이 특히 필요하다고 인정하는 사항

제29조(협동화실천계획에 포함될 사항) 협동화실천계획에는 다음 각 호의 사항이 포함되어야 한다.

1. 협동화실천계획의 목표

2. 참가업체

3. 사업내용

4. 추진주체

5. 재원조달계획

6. 실시기간

7. 협동화 사업을 위한 단지조성사업을 하려는 경우에는 제31조 제2항 각 호의 사항

8. 그 밖에 협동화 사업에 필요한 사항

제30조(협동화실천계획의 승인) ① 법 제29조 제1항에 따라 협동화실천계획의 승인이나 변경승인을 받으려는 자는 승인신청서나 변경승인신청서를 중소기업청장에게 제출하여야 한다.

② 법 제29조 제2항에 따라 협동화실천계획의 승인이나 변경승인을 받으려는 자는 승인신청서나 변경승인신청서를 특별시장·광역시장·도지사 및 특별자치도지사(이하 "시·도지사"라 한다.)에게 제출하여야 한다. 〈개정 2009.11.20〉

③ 법 제29조 제2항에서 "대통령령으로 정하는 면적"이란 3만 ㎡를 말한다.

④ 중소기업청장이나 시·도지사는 제1항과 제2항에 따라 협동화실천계획의 승인이나 변경승인의 신청을 받은 경우 그 협동화실천계획이 협동화기준에 부합한다고 인정되는 경우에만 승인한다.

지방세특례 제한법 제59조 제3항 제4항, 제59조(중소기업진흥공단 등에 대한 감면)

① 중소기업진흥에 관한 법률에 따른 중소기업진흥공단이 같은 법 제74조 제1항에 따른 중소기업제품의 판로지원사업을 위하여 취득하는 중소기업 종합유통시설용 부동산과 중소기업 전문기술인력 양성을 위하여 취득하는 교육시설용 부동산에 대하여는 2012년 12월 31일까지 취득세의 100분의 50을 경감한다.

② 중소기업진흥에 관한 법률에 따른 중소기업진흥공단이 중소기업자에게

분양 또는 임대할 목적으로 취득하는 부동산에 대하여는 2012년 12월 31일까지 취득세 및 재산세의 100분의 50을 각각 경감한다.

③ 중소기업진흥에 관한 법률 제29조에 따라 협동화실천계획의 승인을 받은 자(과밀억제권역 및 광역시는 산업집적 활성화 및 공장설립에 관한 법률에 따른 산업단지에서 승인을 받은 경우로 한정한다.)가 해당 사업에 직접 사용하거나 분양 또는 임대하기 위하여 최초로 취득하는 공장용 부동산(이미 해당 사업용으로 사용하던 부동산을 승계하여 취득한 경우 및 과세기준일 현재 60일 이상 휴업하고 있는 경우는 제외한다.)에 대하여는 201년 12월 31일까지 취득세를 면제하고, 그 부동산에 대한 재산세의 납세의무가 최초로 성립하는 날부터 5년간 재산세의 100분의 50을 경감한다.

④ 제2항 또는 제3항을 적용할 때 그 취득일부터 1년 이내에 정당한 사유 없이 공장용으로 직접 사용하지 아니하는 경우 및 그 취득일부터 5년 이내에 공장용 외의 용도로 양도하거나 다른 용도로 사용하는 경우에 해당 부분에 대하여는 감면된 취득세와 재산세를 각각 추징한다.

공장 인·허가 관련 법제

- 국토의 계획 및 이용에 관한 법률
- 산업집적활성화 및 공장설립에 관한 법률
- 중소기업창업지원법
- 벤처기업육성에 관한 특별조치법
- 중소기업기본법
- 소기업 및 소상공인 지원을 위한 특별조치법

협동화단지 사업 매뉴얼(목차)

목차

협동화단지사업 개요

Ⅰ. 협동화사업 개요

1. 협동화사업이란?

- 다수의 중소기업이 입지 문제를 해결하기 위해 공장 등 사업장을 집단화하는 것.
- 생산설비, 공해방지시설, 물류창고 및 제품판매장 등을 공동으로 설치하여 운용하는 것.
- 협업화를 통한 공동 원부자재 구매, 공동 제품생산, 상표의 개발 등 경영활동을 공동으로 수행하는 사업.

2. 사업추진 요건

- 3개 이상(집단화는 5개 이상)의 중소기업이 참여.
- 사업을 원활히 추진할 수 있는 대표자(추진주체)를 선정.
- 일정 비율의 자금조달 능력이 있는 중소기업.
- 기업간 협력(협동화)사업 추진효과가 있는 사업계획을 수립.

3. 사업추진 요건

- 제조업, 제조 관련 서비스업, 지식기반산업종 등을 영위하는 중소산업으로 첨부1의 지원제외 대상 업종에 해당되지 아니할 것.

지원제외 업체

① 협동화실천계획승인 신청시 기준으로 첨부2의 업종별 융자제한 부채비율을 초과하는 기업(다만, 업력 5년 미만 기업, 소득세법 및 동법 시행령에 의한 일정 규모 미만의 간접장부 대상 사업자 중소기업협동조합법상의 협동조합은 부채비율적

용기준 배제)

② 공단신용평가 B+ 등급 또한 신용평가회사의 BB 이상 등급인 중소기업.

③ 전국 은행연합회의 "신용등급관리규약"에 따라 연체, 대위변제, 대지급, 부도, 관련인, 금융질서문란, 화의·법정관리, 기업회생신청·청산절차 등의 정보가 등록되어 있는 자.

④ 세금을 체납 중인 자.

⑤ 자산 규모 50억 원 이상 업체 중 기금 대출잔액 20억 원 이상인 업체 또는 자산규모 50억 원 미만 업체 중 기금 대출잔액 30억 원 이상인 업체로 감사보고서 미 제출 기업(신청 당해년도 회계결산시 외부 감사계약 체결업체는 융자지원 대상으로 포함)

⑥ 임직원의 자금 횡령 등 사회적 물의를 일으킨 기업.

⑦ 기타 허위 또는 부정한 방법으로 융자를 신청하거나 대출자금을 융자목적이 아닌 용도로 사용한 기업.

⑧ 심사결과 당해년도에 승인대상에서 탈락한 업체로서 3개월이 경과하지 아니란 기업.(신청 연도가 다를 경우에는 예외)

⑨ 협동화실천계획승인 취소일로부터 6개월이 경과하지 아니한 자.

⑩ 휴·폐업중인 자.(다만, 재해를 직업 원인으로 휴업중인 업체는 가동 중인 기업으로 간주하여 승인 대상에 포함)

⑪ 중소기업 이외의 자.

⑫ 신청일 현재 동일 기업집단에 해당하는 기업들이 동일한 협동화사업장에 참가하고자 할 경우 1개 기업 이외의 경우.

※ "2. 22. 12"에 해당하는 기업은 협동화 사업에 자체자금으로 참여 가능.

4. 협동화사업의 종류

구분	사업내용	추진유형 사례
집단화	중소기업자들이 공동으로 경쟁력 강화를 위해 일정 지역에 사업장과 그 부대시설을 집단화 하는 경우	• 제조공장 집단화 • 시험연구실 집단화
공동화	중소기업자들이 개별적으로 설치하기 어려운 고가의 생산시설, 연구개발시설, 환경오염방지시설 및 물류창고, 제품전시판매장 등을 공동으로 설치하여 이용하는 경우	• 공동제조공장 • 공동품전시판매장 • 공동물류창고 • 공동폐수처리시설 • 공동시험검사시설
협업화	중소시업자들이 경영개선을 위하여 기술개발 및 제품개발, 상품개발, 판매활동, 원자재구매, 품질관리, 정보수집, 해외시장 진출, 수출협업 등을 공동으로 추진하는 경우	• 기업간 컨소시업 사업 • 공동제품개발 • 공동상표개발 • 원자재공동구매

Ⅱ. 자금지원 조건 및 추진절차

1. 지원한도

구분	추진 주체	참가업체
시설자금	45억 원 (단, 공동화사업은 150억 원)	40억 원
협업화 자금	40억 원 (시설자금이 없는 경우 30억 원)	30억 원 (시설 자금이 없는 경우 20억 원)
운전자금	5억 원	

※ 기업간 협력사업의 시설자금은 융자지원 한도(잔액 50억 원, 수도권을 제회한 지방소재 기업은 60억 원, 매출액의 150%)에서 예외.

2. 지원조건

<table>
<tr><th>용도</th><th>대출금리(변동금리)</th><th>대출기간</th><th>지원비율</th></tr>
<tr><td>시설자금</td><td rowspan="3">(기준금리)
공공자금
관리기금
대출금리에서 0.33%
차감</td><td>• 10년 이내
(거치기간 5년 포함)</td><td>• 공공시설
• 소요자금의 100% 이내
• 토지건물 : 소요자금의 80% 이내
• 기계설비 : 소요자금의 100% 이내</td></tr>
<tr><td>협업화자금</td><td rowspan="2">• 5년 이내
(거치기간 2년 포함)</td><td>• 소요자금의 100% 이내</td></tr>
<tr><td>운전자금</td><td>• 1회전 소요자금의 100% 이내</td></tr>
</table>

※ 업체의 신용등급 및 담보종류에 따라 차등금리 적용. ※ 시설자금은 협업화 시설 포함

3. 협동화 사업 추진절차

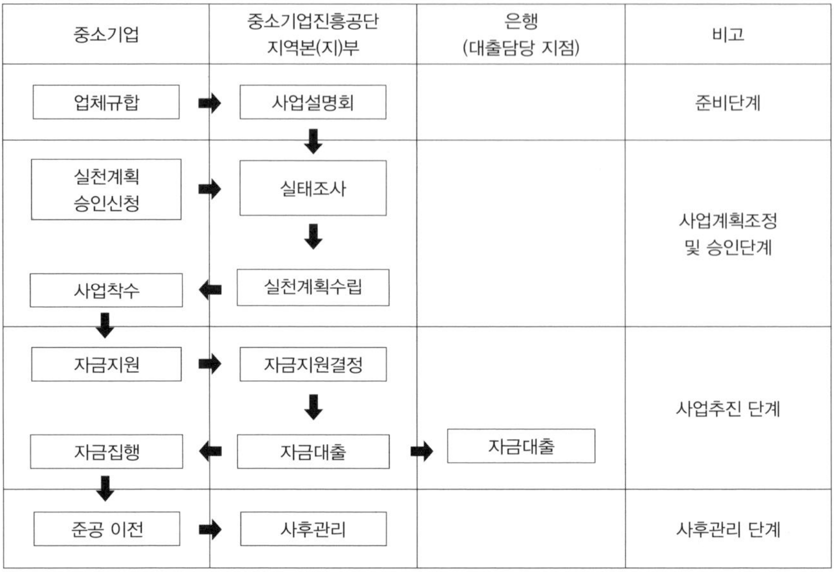

중소기업	중소기업진흥공단 지역본(지)부	은행 (대출담당 지점)	비고
업체규합 →	사업설명회 ↓		준비단계
실천계획 승인신청 →	실태조사 ↓		사업계획조정 및 승인단계
사업착수 ↓	← 실천계획수립		
자금지원 →	자금지원결정 ↓		사업추진 단계
자금집행 ↓	← 자금대출 →	자금대출	
준공 이전 →	사후관리		사후관리 단계

협동화단지사업에 대한 세제 지원

Ⅲ. 세제지원

기업간 협력(협동화)사업 추진 주체 및 참가업체에 대한 세제 감면은 지방세법에 근거하여 지자체의 조례에 위임하고 있어, 각 시·도의 조례에 의해 시행되는 여부를 사전에 해당 지자체에 문의하도록 한다.

1. 세제지원 내용

지원내용	관련근거
• 협동화 실천계획 승인을 얻는 자가 중소기업자에게 분양 또는임대할 목적으로 협동화 사업을 위한 단지조성사업을 시행하기 위하여 취득하는 협동화 사업용 부동산에 대해 취득세 및 등록세 면제 재산세 및 종합토지세의 50% 경감	• 지방세법 제280조 제1항
• 협동화 실천계획의 승인을 얻어 지방세법 시행규칙 별표3에 의한 업종의 협동화 사업을 영위하기 위하여 최초로 부동산을 취득하는 추진주체 및 참가업체에 대해 – 취득세 면제 – 등록세 면제(부동산을 취득한 날부터 2년 이내에 등기하는 경우) – 재산세 및 종합토지세의 50% 경감(5년 간)	• 각 도 · 시 · 군의 지방세 감면조례(과일 억제권역은 제외)

※ 과밀억제권역(수도정비계획법 시행령)
서울시, 인천시, 의정부시,구리시, 남양주시, 하남시, 고양시, 수원시, 성남시, 안양시, 부천시, 광명시, 과천시, 의왕시, 군포시, 시흥시(반월 특수지역은 제외)

※ 과밀억제권이라도 "산업직접활성화 및 공장설립에 관한 법률"의 적용을 받는 산업단지 안에서는 세제지원이 있음.(지자체 조례 확인 확인 요망)

※ 지방세법 시행규칙 별표3에 의한 업종
음식료품 제조업, 담배 제조업, 섬유식품 제조업, 의복 및 모피제품 제조업, 가죽·가방·마구류 및 신발 제조업, 목재 및 나무제품, 제조업(가구제외) 펄프, 종이 및 종이제품 제조업, 출판인쇄 및 기록 매체 복제업, 코크스·석유 정제품 및 핵연료 제조업, 화합물 및 화학제품 제조업, 달리 분류되지 아니한 기계 및 전기변환장치 제조업, 영상 음향 및 통신장비 제조업, 의료정밀, 과학기계 및 제조업, 자동차 및 트레일러 제조업, 기타 운송장비 제조업, 가구 및 기타 제조업, 재생재료 가공처리업, 전기·가스 및 중소기업, 수도사업, 기타 광업 및 채석업, 자동차 수리업.

2. 세제지원의 근거

• 지방세법 제280조(중소기업 등의 지원을 위한 감면)

① 중소기업진흥 및 제품 구매 추진에 관한 법률에 의한 중소기업진흥공단 또는 동법에 의하여 협동화실천계획의 승인을 얻은 자가 중소기업자에게 분양 또는 임대할 목적으로 취득하는 부동산(협동화실천계획의 승인을 얻은 자의 경우에는 협동화사업을 위한 단지 조성용 부동산에 한한다.)에 대하여는 취득세·등록세·재산세 및 종합토지세의 100분의 50을 경감함다. 다만, 그 취득일로부터 1년 내에 정당한 사유없이 그 용도에 직접 사용하지 아니한 경우 또는 다른 용도로 사용하는 경우 그 해당 부분에 대하여는 경감된 세액

을 추징한다.

• 광역시·도 세제 감면 조례

제21조(농어촌특산물 생산단지 등에 대한 감면)

1. 중소기업진흥 및 제품구매촉진에 관한 법률에 관한 법률의 규정에 의한 협동화사업실천계획 승인을 얻어 지방세법 시행규칙 별표 3에 의한 업종의 협동화사업을 영위하기 위하여 최초로 부동산을 취득하는 추진 주체 및 참가업체에 대하여 취득세를 면제하고, 그 취득일로보터 2월 이내에 등기하는 경우에는 등록세를 면제한다. 다만, 수도권정비계획법 제6조의 규정에 의한 과밀억제권 안에서는 그러하지 아니한다.

• 시·군 감면 조례

제12조(농어촌 특산품 생산단지 등에 대한 감면)

2. 중소기업진흥 및 제품구매촉진에 관한 법률의 규정에 의하여 협동화사업실천계획 승인을 얻어 지방세법 시행규칙 별표 3에서 정하는 업종의 협동화사업을 영위하기 위하여 최초로 부동산을 취득하는 추진 주체 및 참가업체가 과세 기준일 현재 당해 사업에 직접 사용하는 부동산(이미 사업용으로 사용하던 부동산을 승계 취득한 경우와 과세 기준일 현재 60일 이상 휴업하고 있는 경우를 제외한다.)에 대하여는 그 부동산 취득 후 당해 납세의무가 최초로 성립하는 날부터 5년 간 재산세의 100분의 50을 경감하고, 종합토지세 과세표준액의 100분의 50을 경감한다.

부칙

제1조(적용시한) 이 조례는 2009년 12월 31일까지 적용한다.

Ⅳ. 사업 추진 시 고려사항

1, 협동화사업 필요성 판단

- 첨단 벤처산업 관련 업종을 영위하면서 업체들끼리 기술 및 정보공유를 필요로 하는 업체.
- 사업장 이전이 필요하거나 자체 사업장을 마련하고자 하는 업체.
- 관련 업체와 생산공장, 공동 차고 또는 전시판매장 등을 공동으로 설치·운영하고자 하는 업체.
- 기술 및 제품개발, 원자재 구매, 해외시장 개척 등의 경영개선 활동을 필요로 하는 업체.

2. 업체 규합

- 기업간 현력의 필요성을 인식하고 참가자격을 갖춘 업체로서, 상호협력 가능성이 높은 업체를 3개 이상 규합.

3. 협동화사업 추진방법 결정

- 업종 및 사업 특성에 따라 부지를 매입하여 사업장을 건설한 것인지, 기존 건축물을 매입 또는 임대하여 입주할 것인지, 현 사업장에서 조업은 계속하되 일정 장소에 공동으로 설치하여 운영할 것인지, 경영개선을 위한 협업화사업을 추진할 것인지 등에 대한 사업추진 방법을 결정.

4. 사업 예정지 물색

• 사업장, 창고 및 전시판매장 등 설치허가 가능 지역(토지이용확인계획서 등)
• 교통, 전력, 용수 및 인력수급 등 사업추진에 적합한 입지요건을 갖춘 지역.
• 소유권 이전시 법적 하자가 없는 지역.(등기부등본, 토지대장 등 확인)

5. 사업계획수립

• 참가업체의 규모와 자금부담 능력을 감안하여 사업계획 수립
  - 추진 주체 조직 및 운영계획
  - 공동이용시설 운영계획 또는 경영개선 추진계획
  - 자기자금 조달 및 지원금 담보제공 계획
  - 시업추진 일정 및 자금투자 계획

6. 자기자금 조달 능력 검토

• 참가업체별 총 투자비(공동 부분 분담금 포함) 중에서 일정 비율의 자기자금 부담 능력에 대한 검토.

7. 추진 주체 결정

• 사업의 효율적인 추진을 위해 사업을 통괄할 수 있고 대외적으로 참가업체를 대표할 추진 주체를 결성하고 대표자를 선임.
• 추진 주체 자격요건

중소기업자들이 기업간 협력(협동화) 사업의 추진을 목적으로 설립한 법인 또는 조합(협의체도 가능). 지방자치단체, 공공기관 등.

8. 최종 결정

- 위와 같은 제반 사항을 검토한 후 참가업체 전원이 합의한 상태에서 사업추진 여부를 결정하여야 하며, 기업간 협력(협동화) 사업추진 결정 시에는 공단의 담당자에게 사업설명회를 요청하여 공단의 자금지원 내용을 이해한 후 사업계획 수립 및 서류작성 추진.

9. 사업 실행에 따른 유의사항

협동화사업계획 수립 시 충분한 자금조달 계획을 수립

- 공장 이전 또는 본 공장 건축에 따른 설립 기간 동안의 자금조달 계획 수립
  - 보증서 또는 별도의 물적 담보 제공 필요.
- 시설자금은 중진공의 직접 대출이든 은행 대출이든, 기존 성과를 확인 후에 건설업체 및 기계제작업체에 직접 입금.
- 공장 건축이 완료(준공 및 등기완료)된 후에 담보제공이 가능.
  - 등기가 완료되지 않으면 근저당권이 설정되지 않으므로 담보로 활용할 수 없음.

사업추진 기간의 지체 고려

- 부지매입, 조성(토목)공사, 건축 인·허가 및 건축공사 등이 당초 계획보다 지연될 수 있음.
- 하절기 폭우, 침수 등에 따른 자연재해 고려.
- 건축업체의 부도 시 타 참가업체들이 지분을 인수해야 하는 어려움이 발생하므로 사전에 건실한 업체를 선정해야 함.

협동화공장 등 임대 시 세제 혜택 취소

- 협동화사업장은 취득세, 등록세가 면제되므로(해당 지자체 조례확인) 공장 임대 시에는 면제받은 세금을 추징당함.
- 공장 무단 임대시 협동화 승인이 취소될 수 있음.
  - 지원자금의 일부 회수 가능성이 있다.

협업화 등 공동제품 생산 원·부자재 구매 등 추진 시 협업업체 규합

- 협업화 추진 시 부실한 업체가 참여하여 중도에 포기하게 되면 사업 추진이 처음 단계부터 무산되므로 건실한 업체 규합이 필요.
  -3개 미만 업체로 되면 협동화 취소 요건
- 운전자금 성격의 자금은 별도 통장관리.
- 정책자금의 용도 외 사용을 방지하기 위해 별도 통장개설.
  -6개월 이내 사용내역 보고

정책자금 제외 업종과 융자제한 및 부채비율

업종	품목코드	해당업종
게임·도박·사행성·불건전 소비업종	33402中	• 불건전 영상게임 제조업
	33401中	• 도박게임장비 등 불건전 오락용품 제조업
	46102中	• 담배 중개업
	46331,3	• 주류, 담배 도매업
	55~56	• 숙박업 및 주점업
	5821中	• 불건전 게임 소프트웨어 개발 및 공급업
	91113	• 경주장 운영업
	9112	• 골프장 및 스키장 운영업
	9122	• 오락장 및 운영업
	9124	• 갬블링 및 배팅업
	9129	• 기타 오락 관련 서비스업

※ 고소득 및 전문 서비스업 등 기타 업종 : 법무(711), 회계 및 세무(712), 수의업(731), 보건업(86)
※ 업종 특성상 제한 업종 : 건설업(41~42), 금융 및 보험업(64~66), 부동산업(68), 이·미용, 마사지업 등 개인서비스업(96).

업종별 융자 제한업종과 부채비율

번호	업종(ksic	부채비율	제한부채비율 (%)	사업전환 부채비율
1	A01 (농업)	0	600	1,000
2	A02 (임업)	0	600	1,000
3	A03 (어업)	132.5	397.5	795
4	B05 (석탄, 원유 및 천연가스 광업)	120.3	360.9	721.8
5	B06 (금속광업)	120.3	360.9	721.8
6	B07 (비금속 광물광업 : 연료용 제외)	120.3	360.9	721.8
7	B08 (광업지원 서비스업)	120.3	360.9	721.8
8	C10 (식료품 제조업)	121.6	364.8	729.6
9	C11 (음료 제조업)	121.6	364.8	729.6
10	C12 (담배 제조업)	0	600	1000
11	C13 (섬유제품 제조업 : 의복 제외)	186.5	559.5	1000
12	C14 (의복, 의복악세서리 및 오피제품 제조업)	154.1	462.3	924.6
13	C15 (가죽, 가방 및 신발 제조업)	181.8	545.4	1000
14	C16 (목재 및 나무제품 제조업 : 가구 제외)	223.9	600	1000
15	C17 (펄프, 종이 및 종이제품 제조업)	122.3	366.9	733.8
16	C18 (인쇄 및 기록매체 복제업)	118.8	356.4	712.8
17	C19 (코크스, 연탄 및 석유정제품 제조업)	120.3	360.9	721.8
18	C20 (화학물질 및 화학제품 제조업 : 의약품 제외)	73.1	300	438.6
19	C21 (의료용물질 및 의약품 제조업)	92.3	300	553.8
20	C22 (고무제품 및 플라스틱제품 제조업)	141.9	425.7	851.3
21	C23 (비금속광물제품 제조업)	131.5	394.5	789
22	C24 (1차 금속 제조업)	138.8	416.4	832.8
23	C25 (금속가공제품 제조업 : 기계 및 가구 제외)	160	480	960
24	C26 (전자부품, 컴퓨터, 영상, 음향 및 통신장비 제조업)	104.6	313.8	627.6
25	C27 (의료, 정밀, 광학기기 및 시계 제조업)	117.1	351.3	702.6
26	C28 (전기장비 제조업)	127.9	383.7	767.4
27	C29 (기타 기계 및 장비 제조업)	127.9	383.7	767.4
28	C30 (자동차 및 트레일러 제조업)	187.1	561.3	1000
29	C31 (기타 운송장비 제조업)	352	600	1000
30	C32 (가구 제조업)	138.8	416.4	832.8
31	C33 (기타 제품 제조업)	138.8	416.4	832.8
32	C35 (전기, 가스, 증기 및 공기조절 공급업)	70.3	300	421.8
33	C36 (수도사업)	70.3	300	421.8
34	E37 (하수, 폐수 및 분뇨처리업)	167.9	503.7	1000
35	E38 (폐기물수집운반, 처리 및 원료생산업)	167.9	503.7	1000
36	E39 (환경정화 및 복원업)	111.7	335.1	670.2

37	F41 (종합건설업)	131.1	393.3	786.6
38	F42 (전문직별 공사업)	131.1	393.3	786.6
39	F45 (자동차 및 부품판매업)	119.5	358.5	717
40	F46 (도매 및 상품중개업)	148.1	444.3	888.6
41	G47 (소매업 자동차 제외)	125.4	376.2	752.4
42	H49 (육상운송 및 파이프라인 운송업)	172.6	517.8	1000
43	H50 (수상운송업)	163.1	489.3	978.6
44	H51 (항공운송업)	238.9	60	1000
45	H52 (창고 및 운송관련 서비스업)	177.3	531.9	1000
46	I55 (숙박업)	84.2	300	505.2
47	I56 (음식점 및 주점업)	84.2	300	505.2
48	J58 (출판업)	118.8	356.4	712.8
49	J59 (영상, 오디오기록물제작 및 배급업)	65.8	300	394.8
50	J60 (방송업)	65.8	300	394.8
51	J61 (통신업)	88.5	356.4	531
52	J62 (컴퓨터프로그래밍, 시스템통합 및 관리업)	78.3	300	469.8
53	J63 (정보서비스업)	78.3	300	469.8
54	K64 (금융업)	0	600	1000
55	K65 (보험 및 연금업)	0	600	1000
56	K66 (금융 및 보험관련서비스업)	0	600	1000
57	L68 (부동산업)	163.5	490.5	981
58	L69 (입대업 : 부동산제외)	163.5	490.5	981
59	M70 (연구·개발업)	0	600	1000
60	M71 (전문서비스업)	111.7	335.1	670.2
61	M72 (건술기술, 엔지니어링 및 기타 과학기술서비스업)	111.7	335.1	670.2
62	M73 (기타 전문, 과학 및 기술서비스업)	111.7	335.1	670.2
63	M74 (사업시설관리 및 조경서비스업)	73.7	300	442.2
64	M75 (사업지원서비스업)	177.3	531.9	1000
65	O84 (공공행정, 국방 및 사회보장행정)	0	600	1000
66	P85 (교육서비스업)	215	600	1000
67	Q86 (보건업)	0	600	1000
68	Q87 (사회복지서비스업)	0	600	1000
69	R90 (창작, 예술 및 여가관련서비스업)	215	600	1000
70	R91 (스포츠및오락관련서비스업)	215	600	1000
71	S94 (협회 및단체)	167.9	503.7	1000
72	S95 (수리업)	167.9	503.7	1000
73	S96 (기타 개인서비스업)	167.9	503.7	1000
74	97 (가구·내 고용활동)	0	600	1000
75	99 (국제 및 외국기관)	0	600	1000

협동화사업 신청 구비서류

No			
1	사업계획서(경영진단, 지도용) 작성	1	
2	사업자등록증 사본	1	
	법인등기부등본(원본), 정관(안), 주주명부, 내부 규약서(안)	1	
3	공장등록증 사본	1	
4	대표자 경력(기간, 근무처, 전문분야)	1	
5	회사(제품) 카탈로그, 설명서	1	
6	기술 관련 인증서류(특허, 실용 신안)	1	
7	재무제표 증명원(3개년도, 세무서 확인)	1	
8	부가가치세 과세표준증명원(___년도, ___분기, 세무서확인)	1	
9	예금 평균잔액 증명서(최근 3개월, 금융기관), 잔고증명서	1	
10	기계설비(견적서, 카탈로그) : 향후 구입 예정 설비	1	
11	임대차계약서(대표자)	1	
12	임대차계약서(공장 부분 : 현재)	1	
13	건축공사 내역서	1	
14	개인, 법인소유 부동산등기부등본, 공시지가확인원	1	
15	협동화대상 부지 부동산매매계약서	업체별	
	토지등기부등본		
	토지대장		
	토지이용계획확인원		
	지적도		
	사업부지 업체 배치도(설계도면 : 단지배치도)		

1	협동화사업설명신청서	1	컨설팅업체
2	협동화사업승인신청서(개별업체)	각 1	
3	협동화실천계획승인신청서(공동)	1	

PART. 03

산업용 토지 투자 실무와 인·허가

물류센터를 건립하기 위한 그 거점계획을 수립하기 위해서는 전제조건을 충족해야 하며, 크게 입지 선정과 규모 결정으로 나눌 수 있다.

여기서 입지 선정은 본사와 배송센터와의 거리 및 교통수단 등을 감안하여 현행법상 물류센터를 건립할 수 있는 지역과 지점을 선정해야 한다. 또한 수요 조건, 배송서비스 조건과 운송 조건 및 제품의 수량·부피·거래량·특성 등을 감안하여 물류센터의 규모와 시설을 결정한다.

임야에 물류센터 건축

임야 관련 법규인 '산지관리법'에는 산지에 물류센터를 지을 수 있는 규정으로서 임업용 산지 내의 임업인을 위한 시설에 대해 규정하고 있다. 임업용 산지는 농림지역으로서 농업보호구역에 상당하는 규제를 받는 것이므로 일반인이 산지전용을 통하여 물류센터를 짓는다는 것은 일단 어렵다고 볼 수 있다.

그러므로 같은 관리지역에 해당하는 준 보전산지지역에서만 물류창고의 건립이 가능하다고 일단 해석된다. 현재 관리지역은 토지적성평가에 따라 향후 계획관리지역, 생산관리지역, 보전관리지역으로 구분될 것인 바 물류센터가 가능한지 여부는 각 해당 지역에서 할 수 있는지 여부를 검토해야 한다. 국토계획법(동 시행령 별표)에 따르면 보전관리지역과 생산관리지역에서는 임업용 산지와 마찬가지로 농림축산 수산용 창고만 가능하게 되어 있다.

반면 계획관리지역에서는 업종의 제한 없이 창고 건축이 가능하도록 규정되어 있다. 결국 준보전산지도 장차 계획관리지역으로 분류될 지역에 한하여 일반용 창고 건축을 위한 산지전용이 가능하다고 볼 것이다.

적성평가에 의한 재분류는 해당 관리지역 토지 주변의 다른 임야나 농지 등의 평가에 많은 영향을 받을 것이므로 가급적 개발이 진행 중이거나 또는 개발이 예상되는 지역이나 한계농지에 속하는 지역을 물류센터의 적지로 보아도 될 것 같다.

임업용 산지 내에서 가능한 임업인의 창고 등

산지관리법상 임업인이 임업용 산지에서 산지전용으로 건축할 수 있는 창고 등은 다음과 같다. (산지관리법 제12조, 동 시행령 제12조 5항 1호)

1. 부지면적 3,000평 미만의 임산물 창고, 집하장 또는 그 가공시설.
2. 부지면적 1,000평 미만의 농축수산물의 창고, 집하장 또는 그 가공시설.
3. 부지면적 60평 미만의 농막, 농축산업용 경영관리사.(비주거용에 한한다.)

산림경영관리사 허가사항

산림경영관리사란 임업인이 임산물의 육성, 채취나 보관, 휴식 등 산림작업의 관리를 위한 건물(주거용을 제외)을 말한다.

임업인을 위한 산림경영시설의 일종으로, 현행 산지관리법상 산지전용 제한지역을 제외한 모든 산지에 신축이 허용된다. 즉 관리지역인 준보전산지는 물론 공익용 산지나 임업용 산지에도 허용되고 있다.

산림경영관리사는 농막과 같이 산림경영시설의 일종으로서, 산지 내 단독주택이 아니고, 또 순수한 임업용 창고와도 구별된다. 단독주택이나 임업용 창고는 동시에 건축법의 적용을 받으며, 산림경영관리사는 임업인이 신축하는 경우에는 60평(300㎡)까지는 산지전용신고만으로 지을 수 있다. 다만 산지를 전용할 경우 대체산림자원조성비는 면제되지 않는다.

Tip ▶▶▶

산지관리법 제15조 제1항 제1호 및 동법 시행령 제18조 제2항 관련 시행령 별표 3에 관한 법률 시행령 제2조 제1호 또는 제4호에 따른 임업인이 산림작업의 관리를 위한 부지면적 200㎡ 미만의 산림경영관리사(주거용은 제외)를 신축하고자 하는 경우에는 산지전용신고로도 가능한 것으로 규정한다.
산림경영관리사는 산지 내 단독주택이 아니므로 다음의 세 가지 점에서 차이가 있다.

1. 보전산지 내의 산림경영사는 200㎡(60평)까지만 허용된다. 다만 준보전산지에서의 면적 제한은 별도의 규정이 없다. 단독주택은 660㎡(200평)까지도 허용된다.
2. 단독주택의 경우에는 자기 소유 산지에 한하여 신축할 수 있으나, 소유 산지의 산림작업 관리를 위한 산림경영관리사라면 타인 소유 산지를 사용 동의 받아 산림경영관리사를 신축할 수 있을 것으로 해석된다.(산림청 회신)
3. 주택 신축 시에 요구되는 건축법상 필수적인 진입도로 요건의 제한을 받지 않는다. 즉 지적상 도로가 아닌 현황도로나 임도로도 산림경영관리사의 신축이 가능하다.

산림경영관리사 설치 실무 사례

산림경영관리사를 설치하려면 산지 일시사용신고와 가설건축물 설치허가를 받아야 한다.

① 산지 일시사용신고

- 신고 조건 : 임업인, 농업인
- 제출서류 : 산지관리법 시행규칙 별지 서식 7의 4, 사업계획서, 토지사용승낙서(본인 땅이 아닌 경우), 토지소유주의 인감증명, 평균경사도 조사서(면허를 가진 자에게 측량 의뢰)
- 제출시 수수료 : 5,000원
- 면허세 : 6,000원
- 허가면적 : 199㎡

② 가설건축물 신고

- 제출서류 : 가설건축물 축조신고서 사용계획서, 행정정보 공동이용 사전동의서, 평면도(각 동별로 작성), 위치도(지적도에 표시), 토지사용승낙서(본인 땅이 아닌 경우), 토지소유주의 인감증명
- 신청비 : 4,800원
- 면허세 : 6,000원
- 취득세
- 91㎡는 추후 증축 예정(면허세, 취득세가 추가 소요)

③ 임도개설 허가

산림경영관리사를 신축하기 위한 임도에 관하여는 다음의 산림청 질의회신을 참고하도록 한다. 임도는 산림의 효율적인 개발·이용의 고도화 또는 임

업의 기계화 등 임업의 생산기반 정비를 촉진하기 위하여 설치하는 것으로 산지관리법 제2조 제1호 라목의 규정에 의하여 산지에 해당되므로 산지 내에 있는 임도 또한 산지로 보아야 한다.

또한 임도는 산림에 적합한 용도로 사용하기 위하여 설치하기 전에 임도설치에 관한 타당성 평가를 거치도록 하는 등 그 설계·시설기준 및 설치절차·관리적인 측면에서 일반의 교통에 공용될 목적으로 설치되는 도로와는 설치목적 및 관리방법 등이 다르다. 원칙적으로 임도는 임업의 생산기반 정비를 촉진하는 본래의 목적이 아닌 특정 시설의 진입로 등의 다른 목적으로 이용할 수 없다.

다만, 임도 외의 별도의 도로 등을 설치하는 것이 환경보전 등 산지관리의 목적에 반하고, 당해 임도의 본래의 목적에 반하지 않은 범위 안에서 특정 시설의 진입도로로 이용될 수 있는 여지가 있다면 당해 임도의 목적 외 이용이 가능할 것이나, 이 경우에도 임도는 산지에 해당되므로 산지전용허가신청이 있어야 하며, 이 경우에도 임도와 진입로로 병행 이용하는 것이 가능한지 여부 등을 종합적으로 고려하여야 한다. 구체적인 사항은 허가권자와 상담해보는 게 좋다.

개발행위 관련 법조문

산지관리법 제12조(보전산지 안에서의 행위제한)

① 임업용 산지 안에서는 다음 각 호의 어느 하나에 해당하는 행위를 하기 위하여 전용을 하는 경우를 제외하고는 산지전용을 할 수 없다.〈개정 2007.1.26, 2007.7.13, 2008.2.29, 2009.5.27〉

1. 제10조 제1호부터 제9호까지의 규정에 의한 시설의 설치 등.

2. 임도·산림경영관리사(산림경영관리사) 등 산림경영과 관련된 시설 및 산촌산업개발시설 등 산촌개발사업과 관련된 시설로서 대통령령이 정하는 시설의 설치.
3. 수목원·자연휴양림·수목장림(수목장림) 그 밖에 대통령령이 정하는 산림공익시설의 설치.
4. 농림어업인의 주택 및 그 부대시설로서 대통령령이 정하는 주택 및 시설의 설치.
5. 농림어업용 생산·이용·가공시설 및 농어촌휴양시설로서 대통령령이 정하는 시설의 설치.[이하 생략]

② 공익용 산지(산지전용제한지역을 제외한다.) 안에서는 다음 각 호의 어느 하나에 해당하는 행위를 하기 위하여 전용하는 경우를 제외하고는 산지전용을 할 수 없다.〈개정 2007.1.26, 2007.7.13, 2008.2.29, 2009.5.27.〉

1. 제10조 제1호부터 제9호까지의 규정에 의한 시설의 설치 등.
2. 제1항 제2호·제3호 및 제6호의 규정에 의한 시설의 설치.
3. 제1항 제11호의 규정에 의한 시설 중 대통령령이 정하는 시설의 설치
4. 대통령령이 정하는 규모 이하의 다음 각 목의 행위.
   가. 농림어업인 주택의 증축 또는 개축. 다만, 다른 법률에 따라 주택 신축이 가능한 경우에는 대통령령으로 정하는 주택 및 시설을 설치할 수 있다.
   나. 종교시설의 증축 또는 개축.
   다. 제4조 제1항 제1호 나목(13)에 해당하는 사유로 공익용 산지로 지정된 사찰림의 산지 안에서의 사찰의 신축.[이하 생략]

산지관리법 시행령 제12조(임업용 산지 안에서의 행위제한)

① 법 제12조 제1항 제2호에서 "대통령령이 정하는 시설"이란 다음 각 호의 어느 하나에 해당하는 시설을 말한다. 〈개정 2005.8.5, 2007.2.1, 2007.7.27, 2008.7.24, 2009.11.2, 2009.11.26〉

1. 임도·운재로 및 작업로.

2. 임업 및 산촌진흥촉진에 관한 법률 시행령 제2조 제1호의 임업인(산림자원의 조성 및 관리에 관한 법률에 따라 산림경영계획의 인가를 받아 산림을 경영하고 있는 자를 말한다.), 같은 조 제2호 및 제3호의 임업인이 설치하는 다음 각 목의 어느 하나에 해당하는 시설.

가. 부지 면적 1만 ㎡ 미만의 임산물 생산시설 또는 집하시설

나. 부지 면적 3천 ㎡ 미만의 임산물 가공·건조·보관시설

다. 부지 면적 1천 ㎡ 미만의 임업용 기자재 보관시설(비료·농약·기계 등을 보관하기 위한 시설을 말한다.) 및 임산물 전시·판매시설

라. 부지 면적 200㎡ 미만의 산림경영관리사(산림작업의 관리를 위한 시설로서 작업대기 및 휴식 등을 위한 공간이 바닥면적의 100분의 25 이하인 시설을 말한다.)

산지관리법 시행령 별표 3

[산지전용신고대상 시설 행위의 범위, 설치지역 설치조건]

1. 산지전용신고대상 시설 및 행위의 범위

산림작업의 관리를 위한 산림경영관리사.(주거용을 제외한다.)

2. 설치지역

산지전용제한지역을 제외한 산지.

3. 설치조건

임업인이 설치하는 시설로서 부지 면적이 2백 ㎡ 미만일 것.

수도권 공장 총량제

공장 총량제란?

수도권에서 공장 총량제는 제조업의 과도한 수도권 집중을 억제하기 위해 국토교통부가 3년 단위로 공장건축 허용면적을 총량으로 정하면 도가 시·군에 1년 단위로 배정하는 제도다.

규제 대상은 수도권(서울, 인천, 경기)에 소재하는 공장으로서 500㎡ 이상의 공장 신축 및 증축 등이며, 이러한 공장 총량제는 공장 증설로 인한 인구집중을 억제하는 취지로, 1994년부터 시작된 수도권정비계획법에 근거해 수도권에서만 적용되는 특별규제다.

국토교통부 질의응답을 통해 보는 공장 총량제

공장 총량제도란?

공장 총량제는 수도권의 과도한 제조업 집중을 억제하기 위하여 수도권(서울·인천·경기)에 허용되는 공장 총량을 설정하고 이를 초과하는 공장의 신축·증축·용도변경을 제한하는 제도로 1994년부터 도입·시행되었으며 수도권정비계획법 제18조에 근거하고 있다.

공장 총량제도의 적용대상은?

산업집적활성화 및 공장설립에 관한 법률 제2조의 규정에 의한 공장으로서 건축물의 연면적(제조시설로 사용되는 기계·장치를 설치하기 위한 건축물 및 사업장 각 층의 바닥면적 합계를 말한다.)이 500㎡ 이상인 공장이 적용대상이며, 공장 총량은 공장 건축물의 건축법에 의한 신축·증축 또는 용도변경에 대하여 적용하며 동법에 의한 건축허가·건축신고·용도변경신고 또는 용도변경을 위한 건축물대장의 기재내용 변경신청 면적을 기준으로 적용한다.

2019년 시·군별 공장건축 총허용량 배정 고시

수도권정비계획법 제18조 및 동법 시행령 제22조, 주한미군기지 이전에 따른 평택시 등의 지원 등에 관한 특별법 제25조의 규정에 따라 2019년 시·군별 공장건축 총 허용량을 다음과 같이 결정하고 고시합니다.

2019년 공장건축 총허용량 : 1,456,000㎡

① 개별입지 : 1,019,000㎡, 공업지역 : 437,000㎡

② 시·군간 물량 과부족 발생 시, 조정을 위해 개별입지 :164,250(16%), 공업지역 : 87,000㎡(20%)를 도 예비 물량으로 배정 유보.

집행조건

① 공장 총량은 산업집적활성화 및 공장설립에 관한 법률 제2조의 규정에 의한 공장으로서 건축물의 연면적(제조시설로 사용되는 기계장치를 설치하기 위한 건축물 및 사업장 각 층의 바닥면적 합계를 말함.)이 500㎡ 이상인 공장 건축물을 대상으로 하며, 공장 총량의 적용은 건축법에 따라 신축·증축 또는 용도변경 하는 면적을 기준으로 한다.

② 시·군에 배정된 공장 총량이 소진되는 경우에는 공장의 건축허가 등을 하여서는 아니된다.

③ 다음에 해당되는 경우에는 공장 총량 적용대상에서 제외한다.

- 산업집적활성화 및 공장설립에 관한 법률에 따른 지식산업센터 건축.
- 가설건축물 및 건축법상 허가나 사전신고 대상이 아닌 건축.
- 공공사업 시행에 따라 공장을 이전하는 경우에는 종전의 건축물 연면적 이내의 공장건축. 다만, 기존 공장 면적을 초과하는 면적은 공장총량을 적용한다.
- 다음에 해당하는 지역 안에서의 공장 건축
  - 산업입지 및 개발에 관한 법률에 의한 산업단지
  - 그 밖의 관계 법률에서 수도권정비계획법 제18조에 따른 공장건축 총량 규제를 배제하도록 규정한 지역

④ 총량의 집행

- 건축 총량은 건축허가(신고)의 시점에서 집행하되, 배정된 총량의 범위 내에서 공장건축허가 등을 하여야 한다.
- 공장건축허가 후 1년 이상 미착공한 경우와 미착공 기간이 1년 이내라도 사실상 건축이 곤란할 것으로 판단되는 경우에는 공장건축허가를 취소하여 배정된 총량이 사장되지 않도록 하여야 한다.
- 공장건축총량 설정기간 중에 건축허가를 취소한 경우에는 동 공장총량을 집행하지 아니한 것으로 본다.

시·군별 배정

구분	2019년 배정 물량		
	계	개별입지	공업지역
계	1,456,000	1,019,000	437,000
도道 예비량	**251,250**	**164,250**	**87,000**

시·군 배정	1,204,750	854,750	350,000
경기 남부	917,500	596,250	321,250
수원시	4,500	2,250	2,250
성남시	–	–	–
부천시	93,500	1,000	92,500
안양시	21,000	1,000	20,000
안산시	5,250	1,500	3,750
용인시	33,750	30,000	3,750
평택시	45,000	45,000	–
광명시	3,000	3,000	–
시흥시	5,250	3,000	2,250
군포시	130,000	30,000	100,000
화성시	286,000	258,000	28,500
이천시	56,250	45,000	11,250
김포시	84,000	84,000	–
광주시	17,250	15,000	2,250
안성시	56,250	54,000	2,250
하남시	30,750	2,250	28,500
의왕시	5,000	1,000	4,000
오산시	21,500	1,500	20,000
여주시	16,500	16,500	–
양평군	2,250	2,250	–
과천시	–	–	–
경기북부	287,250	258,500	28,750
고양시	8,250	8,250	–
의정부시	–	–	–
남양주시	31,500	31,500	–
파주시	80,250	78,750	1,500
구리시	–	–	–
포천시	96,000	93,750	2,250
양주시	60,750	38,250	22,500
동두천시	4,000	1,500	2,500
가평군	3,500	3,500	–
연천군	3,000	3,000	–

〈평택시 특별 물량〉

구분	계	개별입지	공업지역
7,I 평택	23,000	16,000	7,000

4. 기타

① 시·군별로 배정된 물량이 부족한 경우, 해당 시·군의 신청에 의해 도 예비량을 추가 배정한다.

② 2020년 물량은 전년도 집행 실적과 수요를 반영하여 해당 연도에 배정한다.

공장 총량제도 관련 법률 해설

산업집적활성화 및 공장설립에 관한 법률

1. "공장"이란 건축물 또는 공작물, 물품제조공정을 형성하는 기계·장치 등 제조시설과 그 부대시설(이하 "제조시설등"이라 한다.)을 갖추고 대통령령으로 정하는 제조업을 하기 위한 사업장으로서 대통령령으로 정하는 것을 말한다.

수도권정비계획법 시행령 제2조

2. 산업집적활성화 및 공장설립에 관한 법률 제2조 제1호에 따른 공장으로서 건축물의 연면적(제조시설로 사용되는 기계 또는 장치를 설치하기 위한 건축물 및 사업장의 각 층 바닥 면적의 합계를 말한다.)이 500㎡ 이상인 것.

공장 총량제도의 적용 제외 대상

다음에 해당하는 공장은 적용대상에서 제외된다.

- 아파트형 공장의 건축

- 가설건축물 및 건축법상 허가나 사전신고 대상이 아닌 건축
- 공공사업 시행에 따라 공장을 이전하는 경우에는 종전의 건축물 연면적 이내의 공장 건축. 다만, 기존 공장면적을 초과하는 면적은 공장 총량을 적용
- 다음에 해당되는 지역에서의 공장 건축
  - 산업입지 및 개발에 관한 법률에 의한 산업단지
  - 그 밖의 관계 법률에서 수도권정비계획법 제18조에 따른 공장건축 총량 규제를 배제하도록 규정한 지역

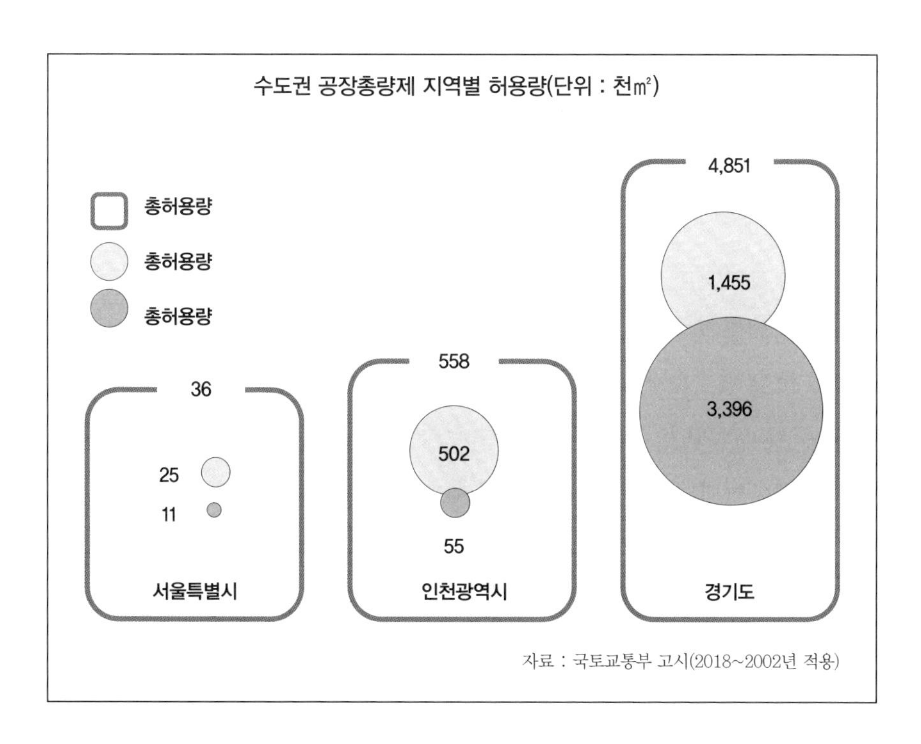

자료 : 국토교통부 고시(2018~2002년 적용)

공장과 제조장 인·허가 관련 법규 검토

국어사전에 따르면 공장은 원료나 재료를 가공하여 물건을 만들어 내는 설비를 갖춘 곳을 말한다. 그러나 공장은 규제의 목적과 방법에 따라 여러 가지 법률에서 약간씩 다른 개념으로 표현된다. 흔히 혼용하는 공장과 제조장(혹은 제조업소)에 관한 혼동이 그 한 예다.

현행법상 공장에 관하여는 산업집적활성화 및 공장설립에 관한 법률(산집법)과 수도권정비계획법(수정법)의 규제를 받고 있다. 제조장은 공장의 한 유형이지만 소규모인 관계로 산집법과 수정법의 적용을 받지 않도록 하고 있을 뿐이다. 그리고 양자의 구별에 관하여는 건축법에서 규정하고 있는데, 기본적으로는 공장건축면적(연면적) 500㎡가 기준이 된다.

공장신설승인을 받으려는 것이라면, 공장코드번호(용도지역별 입지제한)와 사업계획서(오염총량)를 요청하고, 이전 또는 확장의 경우에는 기존 공장등록증을 보내달라고 하면 된다. 산업집적법에 의한 공장신설승인보다 중소기업창업지원법에 의한 창업승인이 신청인의 입장에서 약간 편리한 것도 있지만, 인허가 기준은 비슷하다.

개발자(매수인)의 입장이나 중개사의 입장에서 기회비용을 절약할 가장 안전한 방법은 공장입지기준확인서를 시장 혹은 군수로부터 받는 것는 것이다. (중소기업창업지원법 시행령 제9조)

공장입지기준확인서 또는 사전협의(중소기업창업지원법 제34조)를 할 수 있는데 이런 것은 개발자가 공장허가 여부를 확인하지 않은 상태에서 토지를 먼저 구입한 뒤 나중에 불허되면 낭패를 보게 되므로 이에 대비할 수 있도록 국민에게 부여된 권리다.

사전에 허가권자로부터 이런 확실한 확인 또는 사전협의를 받기 위해서는 창업승인에 준하는 각종 인·허가 서류를 같이 제출해야 한다. 그러기 위해서는 사전에 개발자(매수인)로부터 각종 서류와 비용을 받아야 하는데 이런 서류를 미리 중개사에게 주거나 자기 비용을 들여서 토목측량설계사무소에 의뢰하려는 합리적인 매수인은 거의 없다. 특히 회사의 경우에는 경비처리를 하기가 어려워 늘 주먹구구식으로 일하게 되는 경우가 대부분이고 중개사는 기회비용만 지불하고 성과를 얻지 못하는 경우가 많다.

결론적으로, 매수인이 어떤 공장을 하려고 하는지에 따라서 용도지역에 따른 공장허가 여부를 판단하여 그에 맞는 토지를 찾아주어야 하므로, 일단 공장의 코드번호와 사업계획서(공장규모, 즉 생산량과 종업원수 등)를 받아야 한다.

정상적인 매수 의뢰인이라면 중개사의 요구에 적극적으로 응해야 자기도 기회비용이 낭비되지 않는다. 왜냐하면, 현장을 많이 답사한다고 해도 결국 공장허가는 업종에 따라서 달라지기 때문이다.

그러나 매수 의뢰인들은 대개 일단 적당한 물건을 찾아서, 즉 중개사에게는 토지의 넓이와 금액, 진입로 등의 조건에 맞는 토지만 구하고, 그다음 그 토지를 측량설계사무소에 가져다 주어야 비로소 공장허가 여부를 알 수 있다고 생각하기 때문에, 사전에 업종 제한 그리고 연접 제한 등은 생각하지 않고 일단 적정한 토지만 찾으려 한다.

이런 사정을 의뢰인에게 설명해 줌으로써, 사전에 인허가가 가능한 토지를 구할 수 있다면 의뢰인과 중개사 모두의 기회비용을 줄일 수 있을 것이다. 공장부지로 진입하는 도로 또는 확보해야 할 진입로의 너비가 4.5톤 차량의 통행이 가능하고, 별도의 추가비용을 지불하지 않고 전기가 연결될 수 있는 곳의 토지는 그렇지 않은 땅에 비해 당연히 비싸다.

공장부지에 투자하거나 중개하면서 가장 중요하게 확인해야 하는 것은, 그 의뢰인이 그동안 어떤 사람과 어떤 지역의 토지를 물색했는지 확인하는 것이다. 그래서 왜 그 토지로 결정하지 못했는지에 대해 솔직한 정보를 얻을 수 있다면 기회비용을 절약할 수 있고, 거래가 성립하게 될 확률이 높다.

만약 의뢰인이 직접 개발할 사람이 아니고 중간에 선 사람이라면 반드시 개발자를 만나거나 아니면 사업계획서와 공장코드번호를 알아내야 한다. 보통 폐수를 발생시키지 않는다고 하지만 막상 나중에 알아보면 일정 기준 이하의 폐수라도 발생할 것이다.

산집법상 공장

산집법상 "공장"이란 건축물 또는 공작물, 물품제조공정을 형성하는 기계·장치 등 제조시설과 그 부대시설을 갖추고 대통령령으로 정하는 제조업을 하기 위한 사업장으로서 대통령령으로 정하는 것을 말한다고 규정한다. 대통령령으로 정하는 제조업이란 아이템, 즉 제조품목을 말하는 것으로, 통계청장이 고시하는 표준산업분류에 제조업을 말한다.

이 고시에서는 전 산업을 코드화 하고 있으므로, 제조업인지 여부 및 무슨 제조품목인지 여부는 우선 코드를 확인해야 한다.

통계청 산업표준산업분류표는 '무엇을 가지고(원재료, 영업장소 등)', '어떤 방법으로(주요 영업, 생산활동)', '생산·가공하였는가(최종 재화, 용역)'를 종합적으로 고려하여 산업분류를 한다.

수도권정비계획법상 공장

'수정법'상 인구집중시설로 규제를 받는 공장은 산업집적활성화 및 공장설립에 관한 법률 제2조 제1호에 따른 공장으로서 건축물의 연면적이 500㎡ 이상인 것을 말한다.

법 제2조 3. "인구집중유발시설"이란 학교, 공장, 공공청사, 업무용 건축물, 판매용 건축물, 연수시설, 그 밖에 인구집중을 유발하는 시설로서 대통령령으로 정하는 종류 및 규모 이상의 시설을 말한다.

> 시행령 제3조(인구집중유발시설의 종류 등) 법 제2조 제3호에 따른 인구집중 유발시설은 다음 각 호의 어느 하나에 해당하는 시설을 말한다. 이 경우 제3호부터 제5호까지의 시설에 해당하는 건축물의 연면적 또는 시설의 면적을 산정할 때 대지가 연접하고 소유자(제3호의 공공청사인 경우에는 사용자를 포함한다.)가 같은 건축물에 대하여는 각 건축물의 연면적 또는 시설의 면적을 합산한다. <개정 2009.7.27, 2011.3.9>
>
> 1. 고등교육법 제2조에 따른 학교로서 대학, 산업대학, 교육대학 또는 전문대학(이에 준하는 각종 학교를 각각 포함한다. 이하 같다.)
> 2. 산업집적활성화 및 공장설립에 관한 법률 제2조 제1호에 따른 공장으로서 건축물의 연면적(제조시설로 사용되는 기계 또는 장치를 설치하기 위한 건축물 및 사업장의 각 층 바닥면적의 합계를 말한다.)이 500㎡ 이상인 것.

공장과 제조장의 차이에 관한 건축법상 규정

건축법에서 정하는 건축물의 용도별 구분[건축법 시행령 별표 1]을 보면, 공장용 건축물은 반드시 공장으로만 표시되는 것은 아니다. 공장의 아이템과 규모에 따라 제조장뿐 아니라 제1종 근린생활시설, 제2종 근린생활시설, 위험물저장 및 처리시설, 자동차 관련시설, 분뇨 쓰레기처리시설 등으로도 분류되고 있다.

제조장으로 분류되는 공장은 제2종 근린생활시설로 분류된다.

2종 근린생활시설로 포함될 수 있는 공장의 조건은 다음의 요건을 모두 갖추어야 한다.

① 같은 건축물에 해당 용도로 쓰는 바닥면적의 합계가 500㎡ 미만일 것.

② 물품의 제조·가공 수리에 계속적으로 이용되는 건축물일 것.

③ 대기환경보전법, 수질 및 수생태계 보전에 관한 법률 또는 소음·진동관리법에 따른 배출시설의 설치허가 또는 신고의 대상이 아닌 것 혹은 같은 법에 따른 설치허가 또는 신고대상시설이지만 귀금속·장신구 및 관련 제품 제조시설로서 발생되는 폐수를 전량 위탁 처리하는 것.

건축법 시행령 별표 1

용도별 건축물의 종류(제3조의 4 관련)

17. 공장

물품의 제조·가공[염색·도장·표백·재봉·건조·인쇄 등을 포함한다] 또는 수리에 계속적으로 이용되는 건축물로서 제1종 근린생활시설, 제2종 근린생활시설, 위험물저장 및 처리시설, 자동차 관련 시설, 분뇨 및 쓰레기처리시설 등으로 따로 분류되지 아니한 것.

4. 제2종 근린생활시설

사. 제조업소, 수리점, 세탁소, 그 밖에 이와 비슷한 것으로서 같은 건축물

에 해당 용도로 쓰는 바닥면적의 합계가 500㎡ 미만이고, 다음의 요건 중 어느 하나에 해당되는 시설.

① 대기환경보전법, 수질 및 수생태계 보전에 관한 법률 또는 소음·진동관리법에 따른 배출시설의 설치허가 또는 신고의 대상이 아닌 것.

② 대기환경보전법, 수질 및 수생태계 보전에 관한 법률 또는 소음·진동관리법에 따른 설치허가 또는 신고 대상 시설이나 귀금속·장신구 및 관련 제품 제조시설로서 발생되는 폐수를 전량 위탁 처리하는 것.

산집법이 적용되는 공장의 범위

산집법과 수정법은 공히 적용대상이 되는 공장의 면적으로 공장 건축면적 500㎡(약 150평) 이상을 기준으로 하고 있다. 종전에는 수정법상 적용대상 공장의 규모를 200㎡(약 60평)로 하여 수도권의 대부분의 공장이 공장 총량제 등의 적용을 받아 왔으나, 2011년 3월 9일자 수정법 개정으로 지금은 양법 모두 500㎡로 통일되었다. 그만큼 수도권에서의 공장설립규제가 완화된 것으로 볼 수 있다.

산집법은 공장의 신설·증설 또는 업종 변경의 사전승인과 제조시설설치승인 등을 의무화하고 있다. 산집법이 적용되는 공장의 범위(500㎡)에서 공장의 건축면적에 포함되는 것은 다음과 같다.

① 제조업을 하기 위하여 필요한 제조시설(물품의 가공·조립·수리시설을 포함한다. 이하 같다.) 및 시험생산시설.

② 제조업을 하는 경우 그 제조시설의 관리·지원, 종업원의 복지후생을 위하여 해당 공장부지 안에 설치하는 부대시설로서 지식경제부령으로 정하는 것.

③ 제조업을 하는 경우 관계 법령에 따라 설치가 의무화된 시설.

④ 제1호부터 제3호까지의 시설이 설치된 공장부지, 공장부지 면적은 공장이 설치된 부지의 수평투영 면적으로 한다.

부대시설의 범위

1. 사무실·창고·경비실·전망대·주차장·화장실 및 자전거 보관시설.

2. 수조·저유조·사일로 및 저장조 등 저장용 옥외 구축물(지하 저장용시설을 포함한다.)

3. 송유관, 옥외 주유시설, 급·배수시설, 변전실, 기계실 및 펌프실.

4. 폐기물처리시설 및 환경오염방지시설.

5. 시험연구시설 및 에너지 이용효율 증대를 위한 시설.

6. 공동산업안전시설 및 보건관리시설.

7. 식당·휴게실·목욕실·세탁장·의료실·옥외 체육시설 기숙사 등 종업원의 복지후생 증진에 필요한 시설.

8. 제품 전시·판매장(해당 공장의 생산제품을 전시 · 판매하는 시설만 해당한다.), 원자재 및 완제품 등을 싣고 내리기 위한 호이스트.

9. 그 밖에 해당 제조 시설의 관리·지원, 종업원의 복지후생을 위하여 필요하다고 지식경제부장관이 인정하는 시설.[전문개정 2009.8.7]

제조장의 공장등록 여부

제조장은 산집법의 적용을 받지 아니하므로 공장입지에 관한 고시나 공장의 사전신설승인과 공장등록의 의무를 지지 아니한다. 즉 공장등록의 법적의무는 없다.

그러나 공장등록은 제조업의 경영에서 많은 혜택을 받는 것으로 거의 필수적이므로 등록이 필요한 경우가 많다. 제조장도 필요시 공장등록을 할 수 있다.

제2종 근린생활시설의 공장 해당 여부

질의요지 : 건축법 시행령 별표 1의 제2종 근린생활시설 제조업소가 건축물 또는 공작물, 물품제조 공정을 형성하는 기계·장치 등 제조시설과 그 부대시설을 갖추고 제조업을 영위하기 위한 사업장으로서 대통령이 정하는 것(제조업을 영위함에 필요한 제조시설 및 시험생산시설, 제조업을 영위함에 있어서 그 제조시설의 관리·지원, 종업원의 복지후생을 위하여 당해 공장부지 안에 설치하는 부대시설로서 산업자원부령이 정하는 것, 제조업을 영위함에 있어서 관계법령에 의하여 설치가 의무화된 시설, 제1호 내지 제3호의 시설이 설치된 공장부지)이라면, 이 경우 건축법에 의하여는 제2종 근린생활시설이며, 동시에 산집법에 의해서는 공장에도 해당하는지?

지식경제부 답변 : 산집법상 공장은 제조시설과 부대시설을 갖추고 제조업을 영위하는 사업장으로 규정되어 있으며, 타법에 저촉이 없는 경우에 한해서 공장등록이 가능하다. 따라서, 공장건축물의 용도에 상관없이 관련법에 적합하며 상기의 조건에 적합하다면 공장으로 볼 수 있으므로 제2종 근린생활시설의 제조업소도 산집법상 공장으로 볼 수 있다.

산지전용에 따른 법규 검토와 실무

산지의 구분(산지관리법 제4조)

1. 산림의 구분

※ 산림의 이용 구분에 따른 분류

가. 보전산지 지정

① 임업용 산지(법 제4조 제1항 제1호 가목)

(가) 요존국유림(공익임지에 해당하는 것을 제외한다.), 채종림, 시험림, 임업진흥권역.

(나) 산림경영에 적합한 산림

- 형질이 우량한 천연림 또는 인공 조림지로서 집단화되어 있는 산림(공익 임지에 해당하는 것을 제외한다.)
- 산림 토양이 비옥하여 임목의 생육에 적합한 산림(공익 임지에 해당하는 것을 제외한다.)
- 집단화된 불요존 국유림
- 지방자치단체의 장이 임업생산 목적으로 사용하고자 하는 산림
- 기타 생산 임지의 보호 또는 임업 경영에 필요한 산림

② 공익용 산지(법 제4조 제1항 제1호 나목)

(가) 보안림, 산림 유전자원 보호림, 휴양림, 사방지, 조수보호구, 공원, 문화재보호구역, 사찰림, 상수원보호구역, 개발제한구역, 보전녹지지역, 생태계보전지역, 습지보호지역, 특정 도서지역.

(나) 산림법 또는 다른 법률에 의하여 환경보전 등의 목적으로 보전하기 위한 지역, 지구, 구역 등으로 지정 또는 결정된 산림.

(다) 산림의 공익기능 증진을 위하여 보전할 필요가 있는 다음 각목의 1에 해당하는 산림.

- 상수원 보호를 위하여 필요한 산림
- 도시 주변 또는 공단지역의 공해 방지를 위하여 필요한 산림
- 생활환경의 보호와 산림생태계 보호 또는 경관보호를 위하여 필요한 산림으로서 환경부장관과 산림청장이 협의하여 정하는 산림
- 중앙행정기관의 장 및 지방자치단체의 장이 공익임지의 용도로 사용하고자 하는 산림으로서 산림청장과 협의하여 정하는 산림
- 기타 산림의 공익기능 증진을 위하여 필요한 산림

나. 준보전산지, 보전산지 외의 산림(법 제4조 제1항 제2호)

다. 산지의 전용

① 정의 : 산지를 조림·육림 및 토석의 굴취·채취 그 밖의 임산물 생산 용도 외로 사용하거나 이를 위하여 산지의 형질를 변경하는 것을 말함.

② 전용 방법

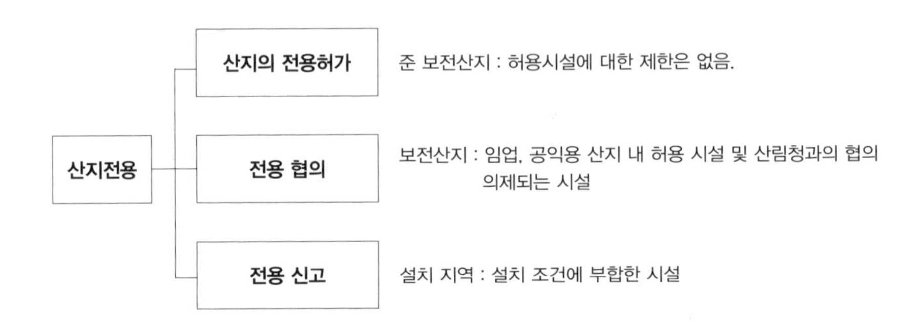

산지전용허가 관련 법규

산지관리법 제14조(산지전용허가)

① 산지전용을 하고자 하는 자는 대통령령이 정하는 바에 따라 그 용도를 정하여 산림청장의 허가를 받아야 한다. 허가를 받은 사항 중 농림부령이 정하는 사항을 변경하고자 하는 경우에도 또한 같다

1. 허가대상

가. 산지라 함은(산지관리법 제2조)

① 입목·죽이 집단적으로 생육하고 있는 토지
② 집단적으로 생육한 입목·죽이 일시 상실된 토지
③ 입목·죽의 집단적 생육에 사용하게 된 토지
④ 가목 내지 다목의 토지 안에 있는 암석지·소택지 및 임도

산림에서 제외되는 토지(산지관리법 시행령 제2조)

- 농지(초지 포함), 주택지, 도로
- 기타 대통령령이 정하는 토지와 입목·죽
  ㉠ 과수원, 차밭, 삽수 또는 접수 채취원
  ㉡ 입목·죽이 생육하고 있는 건물 담장 안의 토지
  ㉢ 입목·죽이 생육하고 있는 논·밭두렁과 가로수가 생육하고 있는 도로
  ㉣ 입목·죽이 생육하고 있는 지적공부상의 하천, 제방, 구거, 유지 및 하천법에 의한 하천구역

나. 산림전용

인위적으로 산림의 원형을 변형시키는 행위를 말한다. 다만, 식재(조림을 포함한다.) 행위는 이를 산림형질변경으로 보지 아니한다. (산림의 형질변경 및 채석 등에 관한 규정 제2조 : 산림청훈령 제70호)

2. 허가권자

가. 공·사유림 : 시장·군수·자치구의 구청장
나. 산림청 소관 국유림 : 지방 산림관리청 국유림 관리소장

3. 첨부서류(산지관리법 시행령 제15조 1항 시행규칙 제10조)

가. 신청서류

① 신청서 1부

② 사업계획서 1부(전용목적, 시행기간, 편입 산지의 소유별·임지별 내역 토지이용계획, 토사처리계획 등을 기재하여야 한다.) (산림의 형질변경 및 채석 등에 관한 규정 제3조 : 산림청훈령 제709호)

③ 전용하고자 하는 산지의 소유권 또는 사용·수익권을 증명할 수 있는 서류 1부

산림소유자가 아닌 경우에 산림소유자가 산림형질변경·채석 또는 토사 채취에 동의하는 범위·기간 등의 내역이 명기된 동의 서류(당해 산림의 임대차계약서 또는 사용계약서 등을 포함한다.) (산림의 형질변경 및 채석 등에 관한 규정 제2조 : 산림청훈령 제709호)

④ 전용 예정구역이 표시된 지적도(임야도) 및 지형도(축척 1/25,000) 1부

⑤ 전용구역 중 형질변경구역이 표시된 축적 1/6,000 내지 1/1,200의 산지전용 실측도 1부(대한지적공사 또는 측량법에 의한 측량업의 등록을 한 자가 측량한 것에 한한다.)

⑥ 입목본수가 포함된 입목축적조사서 1부(시행령 제15조의 규정에 의한 영림기술자가 조사·작성한 것에 한한다.)

⑦ 종·횡단도 및 복구설계내역 을 포함한 복구계획서 1부

4. 산지전용허가 신청시 검토하는 사항(산지관리법 제15조 제4항)

① 산지관리법 제10조 및 제12조 규정에 적합한지 여부

(가) 산지전용 제한지역에 해당하는지 여부

(나) 보전산지에서 할 수 있는 행위인지 여부

② 산지관리법 제14조 제1항 규정에 적합한지 여부

(가) 산지전용 허가기준에 적합한지 여부

③ 현지조사 결과 허가함이 타당한지의 여부

5. 산지전용허가 시 허가권자의 세부적 검토사항

① 산지전용허가 제한지역은 불가

- 대통령령이 정하는 주요 산줄기의 능선부로부터 자연경관 및 산림생태계의 보전을 위하여 필요하다고 인정되는 산지.
  ※ 태백산맥과 소백산맥에 속하는 산줄기
  ※ 그 밖에 자연경관 및 산림생태계의 보호를 위하여 필요하다고 인정되는 산줄기(당해 산줄기의 능선 중심선으로부터 좌우 1킬로미터 내의 산지)
- 명승지·유적지, 그밖에 역사적·문화적으로 보전 가치가 있다고 인정되는 산지로서 대통령령이 정하는 바에 따라 고시한 지역.

② 전용하고자 하는 산지의 지형, 토질, 임상 등으로 보아 산사태의 발생위험이 높다고 인정되는 지역 (또는) 과거 산사태가 발생한 지역에 해당되지 아니할 것. (다만) 재해방재시설의 설치하는 경우에는 그러지 아니하다.

③ 산지전용으로 인하여 임도가 단절되지 아니할 것.

④ 관광휴양시설 또는 300,000㎡ 이상 산지를 전용하고자 할 때에는 조림성공지 또는 형질이 우량한 입목이 생육하는 천연림이 일정 비율 이상 편입되지 아니할 것.

⑤ 희귀 야생 동·식물이 집단적으로 서식하는 산지로서 산림청장이 지정·고시한 지역. 산림법 제67조의 규정에 의한 보호수·노거수·수형목이 생육하는 산지가 포함되지 아니할 것. (다만) 원형으로 보전하거나 생육에 지장이 없도록 이식하는 경우에는 그러하지 아니하다.

⑥ 산지전용으로 인화여 인근 또는 하류지역에 위치하는 상수원 또는 취수장 등의 수량 및 수질에 영향을 미치지 아니할 것. (다만) 침사지·도수로·오폐수처리시설을 갖추면 그러지 아니하다.

⑦ 산지의 평균 경사도가 25도 이하일 것. (다만) 스키장·광물 채취는 35도 이하.

⑧ 헥타르 당 입목 축적이 임업 통계년 보상의 관할 시·군·구의 평균 입목 축적의 150% 이하일 것.

※ 인위적 벌채를 한 후 5년이 경과되지 아니할 때에는 종전의 입목 축적으로 추정 환산한다.

⑨ 전용하고자 하는 산지에 평균 수령이 50년 이상인 활엽수림이 50 % 이하.

⑩ 사업계획과 산지전용 면적이 적정한가?

- 사업계획의 내용이 구체적이며 실현가능하다고 인정하는가.
- 목적사업의 성격, 주변 경관, 설치하고자 하는 시설물의 배치 등을 고려할 때 전용하고자 하는 산지의 면적이 적정할 것.
- 가급적 기존의 지형을 유지하면서 시설물을 설치할 것.
- 산지의 전용으로 인하여 형성되는 절개면은 토질에 따라 적정한 경사와 높이를 유지하여 붕괴의 위험이 없을 것.
- 산지의 전용으로 인하여 주변의 산림과 단절되는 등 산림생태계가 고립되지 아니할 것.
- 전용하고자 하는 산지가 지표면으로부터 일정 높이 이상에 위치하거나 설치하고자 하는 시설물이 자연경관을 해치지 아니할 것.

⑪ 300,000㎡ 이상 산지전용 시 주의사항

- 형질변경 되는 부분의 사이 사이에 적정 면적의 산림을 존치하고 수림대를 조성할 것.
- 혐오시설을 도로, 철도로부터 가시화 되는 지역에 설치하는 경우에는 차폐림을 조성.

⑫ 채광을 목적으로 할 경우는 훼손 구역을 3헥타르 이상으로 할 것.

⑬ 산지의 형태 및 입목의 구성 등의 특성으로 인하여 보호해야 하는 가치

가 있는 산림에 해당하지 않을 것.

⑭ 사업계획 및 산지전용 면적이 적정하고 산지전용 방법이 자연경관 및 산림훼손을 최소화 하고 산지전용 후의 복구에 지장을 줄 우려가 없을 것.

⑮ 100,000㎡ 이상 훼손할 때에는 단계별로 훼손작업.(중간복구 이행)

- 산림으로 존치되는 지역은 조림, 육림 등 산림자원육성 사업을 실시하는 조건.
- 보전산지 면적이 500,000㎡ 이상 편입될 때와 사업계획지 내 산지전용이 되는 면적이 100만 ㎡ 이상인 경우에 보전산지가 30 % 이상 초과될 때에는 중앙산지관리위원회 심의를 거쳐야 한다.

다. 산림형질 변경지 현지조사 (산림의 형질변경 및 채석 등에 관한 규정 제4조)

① 산림형질변경 제한지역 해당 여부

② 형질변경기준과의 적합 여부

③ 연차별 형질변경 임지 실측도와 현지 상황의 부합 여부

④ 형질변경구역의 표지 여부

형질변경구역 경계 : 백색 페인트 보조 표지 : 적색 페인트	폭 5센티미터 이상 (토석채취 경우)

6. 산지전용 신고대상 (산지관리법 제15조)

가. 신고대상

① 임업인이 다음 각목의 1에 해당하는 시설을 설치하기 위하여 필요한 경우 임산물 건조장·임업용 자재창고 시설(3,000㎡ 미만 시설)

② 농림어업인이 설치하는 임산물 소득원의 지원대상 품목을 유통 가공하기 위한 부대시설의 창고, 주차장, 관리사 등 부대시설(1,000㎡ 미만)

③ 운재로, 작업로 (노폭 2미터 내외)

④ 농림어업인의 주택 및 부대시설 : 무주택 세대주가 330㎡ 미만의 농가주택 설치

⑤ 건축신고 대상이 아닌 간이 농림어업용 시설은 200㎡ 미만

⑥ 농업인등이 10,000㎡ 미만의 경사 30도 미만인 임지에서 산채·약초·야생화·관상수 재배를 하고자 하는 경우(공익용 산지 제외)

※ 평균경사 30도 미만. 총면적 30,000㎡ 미만으로서 30년생 이상 천연 소나무가 10％ 이상 포함되지 아니할 것.

※ 건축신고 대상이 아닌 관리사 자재창고는 200㎡ 미만도 포함한다.

⑦ 3,000㎡ 미만에서 물건의 적치(준보전산지에 한함)

※ 폐기물이 아닐 것

※ 1년 이내에서만 가능

※ 입목의 벌채를 수반하지 아니할 것

※ 주변 환경오염, 자연경관 등의 훼손 우려가 없을 것

⑧ 10,000㎡ 미만의 다음 시설(공익용산지 제외) : 축산시설, 야생조수 사육시설, 양어장·양식장·낚시터, 가축 분뇨를 이용한 유기질 비료시설, 버섯재배시설, 고정식 온실 임산물의 생산 가공시설.

⑨ 3,000㎡ 미만의 시설(공익용 산지 제외) : 누에 사육시설, 농기계 수리시설, 농기계 창고.

⑩ 30,000㎡ 미만에서 가축 방목 (준보전산지에 한함)

※ 조림 후 15년이 경과한 산지

※ 대상지 경계에 울타리 설치

※ 나무 생육에 지장이 없도록 보호시설을 설치할 것

나. 신청서류 (산지관리법 시행규칙 제 13 조)

① 산지전용신고서 1부.

② 사업계획서 1부. (전용목적, 시행기간, 편입 산지의 소유별·임지별 내역, 토지이용계획, 토사처리계획 등을 기재하여야 한다.)

③ 전용하고자 하는 산지의 소유권 또는 사용·수익권을 증명할 수 있는 서류 1부.

④ 전용구역 중 형질변경구역이 표시된 축척 1/6,000 내지 1/1,200의 산지전용 실측구역도(대한지적공사 또는 측량법에 의한 측량업의 등록을 한 자가 측량한 것에 한한다.) 1부.

7. 임업용지 전용허가대상 (산지관리법 제12조 제1항)

① 농업인·임업인 또는 어업인(이하 "농업인" 등이라 한다.) 또는 농림수산물의 생산자 단체가 다음의 시설을 설치하는 경우.

(가) 농림어업용 시설로서 부지면적 1만 ㎡ 미만의 시설(축산업용 시설의 경우에는 부지면적 3만 ㎡ 미만)

(나) 진입로 등 농림어업용 시설의 부대시설

※ 농업인(농업·농촌기본법 시행령 제3조)

1. 1천 ㎡ 이상의 농지(농어촌정비법 제83조 제1항 제2호의 규정에 의한 비농업인이 동항 본문의 규정에 의하여 분양 또는 임대받은 농어촌 주택 등에 부속된 농지를 제외한다.)를 경영 또는 경작하는 자

2. 농업경영을 통한 농산물의 연간 판매액이 100만 원 이상인 자

3. 1년 중 90일 이상 농업에 종사하는 자

※ 임업인(임업 및 산촌진흥촉진에 관한 법률 시행령 제2조)

1. 3헥타르 이상의 산림에서 임업을 경영하는 자

2. 1년 중 90일 이상 임업에 종사하는 자

3. 임업경영을 통한 임산물의 연간 판매액이 100만 원 이상인 자

4. 산림조합법 제18조의 규정에 의한 조합원으로서 임업을 경영하는 자

※ 어업인(농어촌발전특별조치법 시행령 제3조)

어업경영을 통한 수산물의 연간 판매액이 100만 원 이상이거나 1년 중 60일 이상 어업에 종사하는 자.

※ 농림수산물의 생산자 단체(농업 · 농촌기본법 시행령 제4조)

1. 농업협동조합법에 의한 농업협동조합 및 그 중앙회

2. 산림조합법에 의한 산림조합 및 그 중앙회

3. 엽연초생산협동조합법에 의한 엽연초생산협동조합 및 그 중앙회

4. 기타 농산물을 공동으로 생산하거나 농산물을 생산하여 이를 공동으로 판매·가공 또는 수출하기 위하여 농업인 5인 이상이 모여 결성한 법인격이 있는 전문 생산자 조직으로서 농림부장관이 정하는 요건을 갖춘 단체

※ 농림어업용 시설

1. 임산물의 생산·가공 등 영림과 관련된 시설 (3,000㎡ 미만)

2. 야생조수 사육시설 (10,000㎡ 미만)

3. 축산시설 (10,000㎡ 미만)

4. 누에 사육시설 (3,000㎡ 미만)

5. 버섯 재배시설 (10,000㎡ 미만)

6. 농업용 고정식 온실 (10,000㎡ 미만)

7. 가축분뇨를 이용한 유기질비료 제조시설 (10,000㎡ 미만)

8. 양어장·양식장 및 낚시터 시설 (10,000㎡ 미만)

9. 농기계 수리시설 및 농기계 창고 (3,000㎡ 미만)

10. 농림축수산물의 창고·집하장 또는 그 가공시설 (3,000㎡ 미만)

11. 가축방목 (30,000㎡ 미만), 단 조림 후 15년이 경과된 산지일 것, 대상지 경계에 울타리를 설치할 것, 입목·죽의 생육에 지장이 없도록 보호시설을 설치할 것.

② 농업인등이 자기 소유의 산림에 농림어업의 경영을 위해 실제 거주할 목적으로 부지면적 660㎡ 미만으로 건축하는 주택 및 그 부대시설. (다만) 부지 면적을 적용함에 있어서 당해 농림어업인의 주택부지 면적은 당해 세대주가 산지를 전용하고자 하는 면적에 그 전용허가 신청일 이전 5년간 농림어업인의 주택설치를 위하여 부지로 전용한 산지 면적을 합산한 면적으로 한다.

※ 주택 및 그 부대시설

농어가 주택 및 당해 주택에 부속한 창고·축사·차고·화장실·탈곡장·퇴비사.

③ 광물, 지하수, 먹는샘물, 온천수의 탐사·시추 및 개발과 이를 위한 시설의 설치.

④ 산림소유자가 산림경영을 위하여 필요한 부지 면적 3천 ㎡ 미만의 관리사 기타 이와 유사한 시설을 설치하는 경우.

※ 기타 이와 유사한 시설

임업 및 산촌진흥촉진에 관한 법률 시행령 제2조 제1호의 규정에 의한 임업인이 자기가 생산한 임산물을 건조·보관하기 위한 시설, 비료·농약·기계 등 임업용 자재를 보관하기 위한 시설.

⑤ 부지 면적 1만 ㎡ 미만의 임산물 생산 및 가공하는 시설 및 그 부대시설

을 설치하는 경우.

⑥ 지역사회개발 및 산업발전에 필요한 시설의 설치 특정 유해물질을 배출하지 아니하는 시설의 설치를 말한다.

※ 특정 유해물질

수질환경보전법 제2조 제3호의 규정에 의한 특정 수질유해물질과 대기환경보전법 제2조 제8호의 규정에 의한 특정 대기유해물질.

⑦ 부지 면적 1만 ㎡ 미만의 사회복지시설·병원·근로자복지시설·농어촌휴양지시설 또는 부지 면적 3만 ㎡ 미만의 직업훈련시설을 설치하는 경우.

※ 사회복지시설

사회복지사업법 제2조제3항의 규정에 의한 시설.

※ 병 원

의료법 제3조 제4항 및 제5항의 규정에 의한 시설.

※ 근로자복지시설

- 기숙사 : 건축법 시행령 별표 1의 건축물 용도 중 기숙사
- 직장보육시설 : 영유아보육법 제6조 제3호의 규정에 의하여 설치하는 직장보육시설
- 근로자주택 : 주택공급에 관한 규칙(건설교통부령) 제10조 제7항 및 근로자주택공급 및 관리규정(건설교통부 훈령)에 의하여 근로자에게 공급하는 근로자복지주택 및 사원임대주택
- 근로자 복지회관 : 국가·지방자치단체·비영리법인 등이 근로자의 여가·체육·문화활동을 위하여 건립하는 복지회관으로서 지방노동관서 장의

추천이 있는 시설

※ 농어촌휴양지시설

농어촌정비법 제 67조 제4항의 규정에 의하여 농어촌휴양지를 개발하고자 사업계획의 승인을 얻은 시설.

※ 직업훈련시설

근로자직업훈련촉진법 제2조 제2호의 규정에 의한 직업능력개발훈련 시설.

※ 청소년수련시설

청소년기본법 제26조의 규정에 의하여 설치허가를 받은 시설.

⑧ 종교단체가 설치하는 부지 15,000㎡ 미만의 시설.

※ 종교시설

사찰·교회·성당 등 종교의식에 직접적으로 사용되는 시설과 그 부대시설.

※ 부대시설

창고·화장실·식당·주차장과 이와 유사한 시설.

⑨ 기술개발촉진법 제8조의 3 제1항 제2호의 규정에 의한 기업부설연구소로서 과학기술부장관이 추천하는 시설을 설치하는 경우.

⑩ 특정연구기관육성법에 의한 특정연구기관과 특별법에 의하여 설립된 연구기관이 교육 또는 연구목적을 위한 시설을 설치하는 경우.

⑪ 장사등에 관한 법률 제13조의 규정에 의한 허가를 받았거나 신고를 한

묘지·화장장·납골시설의 설치.

⑫ 과학기술혁신을 위한 특별법 제4조 제2항의 규정에 의하여 국가과학기술위원회에서 의결한 연구개발사업 중 우주항공기술개발과 관련된 시설을 설치하는 경우.

⑬ 기타 생산임지의 지정목적 달성에 지장을 주지 아니하는 범위 안에서 농림부령이 정하는 경미한 시설을 설치하는 경우.

※ 농림부령이 정하는 경미한 시설(시행령 제12조 제11항)

- 농로 또는 수로시설
  - 농로 : 농업인 등이 농림어업 생산활동에 이용하기 위하여 시설하는 노폭 4미터 이하의 도로로서 시장·군수가 그 사실을 인정하는 경우를 말함.

- 총부지 면적이 100㎡ 미만의 제각 시설
  - 제각 : 무덤 근처에 제청으로 쓰려고 지은 집

- 사도법에 의한 사도
  - 사도 : 사도법 제4조의 규정에 의하여 개설허가를 받은 도로

- 야생동물 이동통로 등 조수보호를 위한 시설
- 농로 및 농업용 수로설치
- 부지면적 100㎡ 미만의 제각 설치
- 사도법에 의한 사도설치
- 야생동물 이동로 등 조수보호를 위한 시설의 설치
- 농림어업인이 10,000㎡ 미만의 산지에 산채·약초·특용작물·야생화를 재배하는 행위

- 농림어업인이 가축을 30,000㎡ 미만에서의 가축을 방목하는 행위 (벌채 없이)
- 농림어업인 또는 관상수 생산자가 30,000㎡ 미만의 산지에 관상수를 재배하는 행위
- 3,000㎡ 미만에서 폐기물이 아닌 물건을 적치하는 행위. 단 임목을 벌채하지 아니할 것, 주변환경의 오염·자연환경 등의 훼손 우려가 없을 것

나. 공익용산지 전용허가대상(산지관리법 제12조 제2항).

단, 산지전용허가 제한지역에서는 행위를 할 수 없다.

자연공원법에 의한 공원구역 안에서의 행위제한은 자연공원법을, 국토계획 및 이용에 관한 법률에 의한 녹지지역 중 보전녹지지역 안에서 행위제한은 국토계획 및 이용에 관한 법률을, 개발제한구역의 지정 및 관리에 관한 특별조치법에 의한 개발제한구역 안에서의 행위제한은 개발제한구역의 지정 및 관리에 관한 특별조치법을 각각 적용한다.

① 임업용 용지 전용허가대상 중 ⑨ ⑩ ⑫는 가능함.

② 농림어업인이 개축을 하는 경우에는 기존 부지 면적의 30퍼센트 미만, 증축의 경우에는 기존 부지 면적의 100퍼센트 미만 가능.

③ 공용, 공공용 사업을 위한 폐기물처리 시설, 기간통신사업을 위한 시설.

④ 농로, 농업용 수로 설치.

⑤ 부지면적 100㎡ 미만의 제각 설치.

⑥ 사도법에 의한 사도 설치.

⑦ 농림어업인이 10,000㎡ 미만의 산지에 산채, 약초, 특용작물, 야생화를 재배하는 행위.

⑧ 농림어업인이 10,000㎡ 미만의 산지에 관상수를 재배하는 행위.

8. 허가권자

가. 시장·군수, 국유림관리소장 : 보전산지 1ha 미만, 준보전산지 20ha 미만.

나. 시·도지사, 지방산림관리청장 : 보전산지 20ha 미만, 준보전산지 100ha 미만

다. 산림청장 : 보전산지 20ha 이상, 준보전산지 100ha 이상

산림전용허가지 적지복구 및 사후관리

산지관리법 37조 (재해방지 등)

산림청장은 산지전용허가·산지전용신고·채석허가·채석단지 안에서의 채석신고·토사채취 허가 등을 받은 자에 대하여 산사태 · 토사유출 또는 인근 지역의 피해 등 재해의 방지나 복구를 위하여 필요하다고 인정되는 경우에는 대통령령이 정하는 바에 따라 재해의 방지나 복구에 필요한 조치를 하도록 명령할 수 있다

적지복구비 예치(산지관리법 제38조)

산지복구비는 말 그대로 산지를 개발할 때 발생할 수 있는 토사의 유출을 방지하고, 산사태 또는 인근 지역에 대한 피해 등 재해의 방지, 산지 경관유지에 필요한 조치 또는 복구에 필요한 비용을 신지전용허가를 받는 자로부터 미리 담보조로 예치 받는 것이다. 후일 복구비용에 사용되거나. 복구가 필요가 없으면 반환하게 된다.

산지복구비는 불법 산지훼손 시에도 자발적으로 복구하지 않는 경우에 부과한다. 즉 불법으로 산지를 전용하는 사건의 경우 관련법에 따라 형사적인 처분으로써 최대 5년 이하의 징역 또는 5천만 원 이하의 벌금에 처해질 수 있

으며, 불법훼손자에게는 행정처분으로 산지복구비 납부 및 복구의무를 지는 처분을 받는다.

2019 산지복구비 고시

▶ 산림청고사 제2019-27호

산지관리법 제38조 및 같은 법 시행규칙 제39조 규정에 의하여 2019년도 복구비 산정기준 금액을 다음과 같이 고시합니다.

2019년 4월 12일

산림청장

1만㎡당 복구비 산정기준 금액

1. 산지전용(일시사용)허가·신고지(광물의 채굴지는 제외한다.)
   - 경사도 10도 미만 : 60,428천 원
   - 경사도 10도 이상 20도 미만 : 177, 679천 원
   - 경사도 20도 이상 30도 미만 : 233,661천 원
   - 경사도 30도 이상 : 304, 794천 원

2. 토석채취(ㅁ0각)지 및 광물채굴지
   - 경사도 10도 미만 : 161,251천 원
   - 경사도 10도 이상 20도 미만 : 401,759천 원
   - 경사도 30도 이상 : 493,262천 원

3. 산지관리법 제40조의 2에 따른 산지복구공사감리 대상인 경우에는 복구비 산정 금액에 「엔지니어링 사업대가의 기준」 별표1에 의한 "공사감리" 요율을 곱한 금액을 추가로 예치하여야 한다.

4. 산지관리법 시행규칙 제37조 제1항단서, 제39조단서애 따라 복구비를 추가하는 경우(제해예방시설 설치, 특수공법 녹화, 사설물 철거, 되메우기, 생태복원 비용 등)에는 실제 예상비용을 별도로 계상하요 예치하게 할 수 있다.

부칙

이 고시는 고시한 날로부터 시행한다.

(가) 적지복구 예치금액 단가

(나) 정부보관금 취급규칙에 의하여 현금으로 예치하거나 보증서 등을 허

가권자의 명의로 예치

(다) 산지관리법 제38조 제1항 1규정에 의거 산지를 전용하고자 하는 면적이 660㎡ 미만일 경우에는 복구비를 예치하지 않는다.

(라) 산지전용 등의 허가기간이 3년 이상으로서 전용하고자 하는 면적이 100,000㎡ 이상인 경우에는 법 제38조 제4항 규정에 따라 산지전용 등을 연차적으로 하는 것으로 계획이 확정된 경우에 한하여 복구비를 분할하여 예치할 수 있다.

복구시기(산지관리법 제39조)

① 산지전용기간 등이 만료될 때에는 산지를 복구하여야 한다.

② 산지를 적지복구할 때에는 산지관리법 시행령 제48조 규정에 의거, 허가권자에서 복구설계서를 제출하여 승인을 받은 후 복구하여야 한다.

③ 복구의무의 면제 대상(산지관리법 시행령 제47조)

토석채취·토사채취, 채광작업으로 산림을 훼손한 후 경사도 10도 미만의 지역으로 농지나 진입로로 사용하게 된 토지.

복구설계서 작성요령 및 승인기준(산지관리법 제40조 제1항 별표 5)

형질변경지를 복구하고자 하는 자는 형질변경기간 만료일까지 복구설계서를 작성하여 시장·군수의 승인을 얻어야 한다.

① 절개지면의 수직 높이가 15미터 이하일 것. 다만 골프장, 택지개발, 관광지, 숙박시설을 할 경우에는 10 미터 이하.

② 최초 절개지 높이는 2미터로 한다.

절개지 높이가 5미터 이상일 때에는 5미터 이하의 간격으로 폭 2미터 이상의 소단폭 설치. 단 낙석등 재해방지와 경관보호 대상지, 경사도 45도 절개 사면지는 소단폭 3미터.

③ 소단폭에는 60센티 이상의 흙을 덮고 수목 또는 넝쿨류를 식재한다.

④ 최초의 절개면 앞부분에는 산림으로 존치하거나 수목을 식재하여 녹화가 되도록 한다.

⑤ 건축을 위한 대지 조성 목적은 건축법령에 의거 대지의 안전을 고려하도록 복구되어야 한다.

⑥ 토사 유출 우려가 되는 지역에는 하류에 침사지를 설치한다.

⑦ 경관 조성이 필요한 지역은 절개지 사면에 대하여 특수공법에 의거 차폐하거나 피복 조치를 하여야 한다.

⑧ 절개지 상단에는 우회수로를 설치하여야 한다.

⑨ 수허가자는 반드시 복구설계서를 작성하여 허가권자로부터 승인을 받은 후 적지복구하여야 한다.

복구 준공검사(산지관리법 제42조)

수허가자가 복구를 완료하여 준공계를 제출하였을 때에는 준공검사를 하여야 한다.

※ 준공신청 서류

- 준공계 1부
- 지적공사에서 실측한 성과도 1부
- 준공 사진 (전·중·후)

복구비 반환(산지관리법 제43조)

준공검사가 완료되었을 때에는 허가 당시 수허가자가 예치한 복구예치금액을 반환한다.

하자보수 보증금 예치

① 예치기준 : 승인을 얻은 복구설계서에 계상된 복구공사비 총액의 100분의 4에 해당하는 금액.

② 예치기간 : 복구 준공검사 만료일로부터 5년간.

③ 하자보수 보증금액이 1,000,000원 미만일 때(산지관리법 시행령 제49조)에는 하자보수 보증금의 예치를 면제받을 수 있다.

토지분할 및 등록전환, 지목변경 이행

토지이동사유 발생 후 60일 이내에 토지이동사항을 신청하지 아니하는 경우에는 지적법 제49조의 규정에 의거 과태료 처분을 받게 된다.

등기이행

관할법원에서 한다.

전용산림의 용도변경(산지관리법 제21조)

① 시설물의 설치를 위한 산지전용의 경우에는 다음 각 목의 1에서 정하는 날부터 5년.

(가) 건축법 제 18 조 제3항의 규정에 의한 사용승인을 받은 날

(나) 그 밖에 관계 법령에서 당해 시설물을 사용하기 위하여 필요한 행정절차를 규정하고 있지 아니한 경우에는 그 설치공사를 수행한 자가 당해 시설물을 준공한 날

(다) 당해 시설물의 승인·신고 또는 사용검사 등을 받은 날

② 시설물 설치를 제외한 산지전용의 경우에는 다음 각 목의 1에서 정하는 날 로부터 5년.

(가) 법 제39조 제1항의 규정에 의하여 복구를 하여야 하는 경우에는 그 복구 준공검사를 받은 날

(나) 법 제39조 제2항 규정에 의하여 복구의무가 면제된 경우에는 그 면제를 받은 날

개발부담금 부과

① 근거 : 개발이익환수에 관한 법률 제5조 및 같은 법 시행령 제4조 1항.

② 부과대상 면적 : 도시계획구역 내 : 990㎡ 이상, 도시구역 외 지역 : 1,650㎡ 이상.

③ 개발부담금 납부 의무자

- 개발사업을 위탁 또는 도급한 경우에는 그 위탁이나 도급한 자
- 타인의 소유 토지를 임차하여 개발사업을 시행할 경우에는 그 토지를

승계한 자

- 개발사업이 완료되기 전에 사업시행자의 지위를 승계하는 경우에는 그 토지를 승계한 자

④ 1인 소유의 토지를 여러 사람이 각각 토지소유주로부터 임차하여 개발부담금 부과대상 규모 이하로 분할하여 사업을 시행할 시에는 개발이익환수에 관한 법률 시행령 제4조 규정에 의하여 연접한 토지에 2인 이상의 동일한 개발사업을 각각 다른 시기에 인가를 받아 사실상 분할하여 시행할 경우에는 각 사업의 대상 토지의 면적을 합한 토지에 하나의 개발사업을 시행하는 것으로 보아 개발부담금 부과대상이다.

⑤ 개발비용산출 내역서 제출 기한

임야 : 산림형질변경 허가 준공일 40일 전 농지 : 건축물 사용 승인

공장 : 공장설립 완료일(공장사용 승인일)

산지전용허가의 취소(산지관리법 제20조)

가. 전용허가를 취소하여야 하는 경우

① 거짓, 기타 부정한 방법으로 허가를 받거나 신고를 한 경우.

② 법 제19조 규정에 의한 대체 산림자원조성비를 납입하지 아니한 때.

③ 법 제38조 규정에 의한 복구비를 예치하지 아니할 때.

④ 재해방지 또는 복구를 위한 명령을 이행하지 아니할 때.

⑤ 허가를 받은 자가 목적사업의 중지 등의 조치명령을 위반한 경우.

⑥ 허가조건부를 위반한 경우.

• 대체산림자원 조성비 부과·징수

제19조(대체산림자원 조성비)

① 다음 각 호의 1에 해당하는 자는 산지전용하고자 하는 산지전용에 따른 대체산림자원 조성에 드는 비용을 농어촌구조개선특별회계법에 의한 농어촌구조개선특별회계에 납입하여야 한다.

1. 부과목적

산림이 다른 용도로 전용됨에 따라 감소되는 산림자원을 대체 조성하고 농수산물 수입 개방 등에 따른 농어촌구조개선사업에 투자하기 위한 재원을 확보하기 위하여 산림을 다른 용도로 전용하는 자에게 부담금을 부과한다.

2. 부과대상

(1) 산지전용 허가를 받은 면적

(2) 산림형질변경 허가를 받은 면적

(3) 다른 법률의 규정에 의하여 산림의 형질변경 허가가 의제되거나 배제되는 행정처분을 받고자 하는 자

※ 지목변경 관련 대체산림자원 조성비 등 부과

대체산림자원 조성비 부과제도는 산림을 다른 용도로 전용하는 경우에 부과하는 제도로서 행정처분 없이 지목만 변경하는 경우에는 대체조림비의 부과대상이 아니다.

※ 대체산림자원 조성비는 산림을 다른 용도로 전용하고자 하는 자에게 부과·징수하는 제도로 채석·토사채취는 임산물 채취 행위로서 채취 완료 후에는 산림으로 다시 복구하여야 하므로 산림전용행위가 아니며, 대체산림자원 조성비 부과대상이 아니다.

3. 부과금액

가. 대체산림자원 조성비 부과금액

장기수 조림비와 식재 후 5년까지의 육림비를 합한 금액을 기준으로 매년 산림청장이 결정·고시.

(1) 조림비 : 잣나무 7년생(2-2-3) 묘목대와 조림 공정별로 산출된 비용을 합산한 금액

(2) 육림비 : 식재 후 5년까지의 무육 작업종 실행에 필요한 공정별 비용을 합산한 금액

(3) 대체조림비 기준 단가

대체 조림비(단위 : 원/㎡)

- 준보전산지: 4,800원 / ㎡ (당 15,868원)
  100평=1,586,800원
  300평=4,760,400원

- 보전산지:6,240원 / ㎡ (당 20,628원)
  100평=2,062,800원
  300평=6,188,400원

- 산지전용. 일시사용제한지역:9,600원 / ㎡ (당 31,736원)
  100평=3,173,600원
  300평=9,520,800원

대체산림자원 조성비 등 미납 방지를 위한 조치

① 일정한 기간을 정하여 대체조림비 등을 일시에 납입할 것을 조건으로 하는 경우 대체산림자원 조성비를 납입하지 아니하고는 산림의 입목벌채·형질변경 제한 : 위반할 경우 5년 이하의 징역 또는 1,500만 원 이하의 벌금.

② 대체산림자원 조성비 등을 분할하여 납입할 것을 조건으로 하는 경우 그

이행을 담보할 수 있는 이행보증금 예치.

③ 대체산림자원 조성비 의 납입 의무자가 납입기한 내 이를 납입하지 아니하는 경우에는 국세체납처분의 예에 따라 강제 징수할 수 있음.

채석허가채석신고

제25조(채석허가 등)

① 산지에서 석재를 굴취·채취하고자 하는 자는 대통령령이 정하는 바에 따라 산림청장에게 채석허가를 받아야 한다. 허가 받은사항 중 농림부령이 정하는 사항을 변경하고자 하는 경우에도 또한 같다
② 제1항의 규정에 의한 채석허가를 받고자하는 자는 대통령령이 정하는 기준에 적합하게 석재의 굴취·채취에 필요한 장비를 갖추어야 한다, 다만 골재채취법에 의한 골재채취업 등록을 한 자와 제 28 조 제 3항 단서의 규정에 의하여 자연석을 굴취·채취하고자 하는 자의 경우에는 그러지 아니하다

제 32 조(토사채취 하가 등)
① 산지 안에서 토사를 굴취·채취 하고자 하는 자는 대령령이 장하는 바에 따라 산림청장에게 토사 채취 허가를 받아야 한다

1. 채석 허가대상

산림 내의 토석 중 건축용·쇄골재용·석공예용 또는 토목용으로 사용할 가치가 있는 암석(석재)을 굴취·채취하는 경우.

가. 석재의 용도

(1) 건축용 석재 : 건물의 내·외장재, 계단, 도로의 경계석·보도블럭 등으로 가공되는 석재.

(2) 공예용 석재 : 조각·비석 등으로 가공되거나 조경석으로 사용되는 석재

(3) 쇄골재용 석재 : 자갈·골재로 가공되는 석재.

(4) 토목용 석재 : 매립, 방파제 축조, 도로 성토 등 가공되지 않은 상태로 토목공사에 사용되는 석재.

나. 암석 : 석재로 이용할 수 있는 화강암·현무암·섬록암·반려암·반암·안산암·사문암·휘록암·편마암·점판암·사암·규암·혈암 등.

다. 사용할 가치가 있는 암석 : 채석 타당성 평가 결과에 의함.

라. 채석 타당성 조사기관

(가) 임업연구원, 대한광업진흥공사

(나) 엔지니어링기술진흥법에 의하여 신고한 광업자원 부문 또는 응용이학(지구물리 또는 응용지질 분야에 한한다.) 부문의 엔지니어링 활동 주체.

(다) 특정 연구기관육성법에 의하여 지정된 특정 연구기관 중 지질조사와 광물자원연구사업을 수행하는 재단법인.(한국자원연구소)

(라) 기술사법에 의하여 광업자원 부문 또는 응용이학(지구물리 또는 응용지질 분야에 한한다.) 부문의 기술사가 개설 등록한 기술사사무소.

2. 채석허가권자(법 제90조의 2 제1항)

- 공·사유림 내 채석허가권자 : 시장·군수
- 허가 받은 사항에 대한 변경허가권자도 시장·군수임

3. 채석허가 신청

가. 신규 허가 신청 시 구비서류(시행규칙 제26조)

(1) 채석구역 및 완충구역이 표시된 축척 6,000분지 1 내지 1,200분지의 1의 연차별 실측도 1부(대한지적공사 또는 측량법에 의한 측량업의 등록을 한 자가 측량한 것에 한한다.)

(2) 채석 수량에 대한 구적도 1부 (대한지적공사 또는 측량법에 의한 측량업의 등록을 한 자가 측량한 것에 한한다.)

(3) 산림의 소유권 또는 사용·수익권을 증명할 수 있는 서류

- 산림소유자가 아닌 경우에 산림소유자가 산림형질 변경·채석 또는 토사 채취에 동의하는 범위·기간 등의 내역이 명기된 동의서류 (당해 산림의 임대차계약서 또는 사용계약서 등을 포함한다.)를 말함. (산림의 형질변경 및 채석 등에 관한 규정 제2조)

(4) 2인 이상이 공동으로 신청하는 경우 그 대표자임을 증명할 수 있는 서류

(5) 사업계획서 1부 (채석구역 현황 · 채석방법 및 채석용 시설·장비보유 현황과 연차별 생산 · 이용계획을 포함)

- 채석용 시설·장비보유 현황에는 신청인이 소유(임차한 것을 포함한다.)하고 있는 시설·장비의 내역이 기재되어야 함. (산림의 형질변경 및 채석 등에 관한 규정 제5조)

(6) 골재채취업등록증 사본(골재용 채석허가의 경우에 한함.)

(7) 채석경제성 평가보고서 1부(법 제26조 규정에 의하여 채석 타당성에 관한 평가를 의뢰하여야 하는 경우에 한함.)

(8) 진입로 설계서 1부 (산림법 시행령 제15조의 2 규정에 의한 산림토목기술자가 산림법 시행규칙 제9조의 19 규정에 의한 임도의 설계 · 시설기준에 준하여 작성한 것에 한한다.)

(9) 복구설계 내역을 포함한 복구계획서 1부 (산림법 시행령 제15조의 2 규정에 의한 산림토목기술자가 조사·작성한 것에 한한다.)

(10) 입목축적조사서 1부 (산림법 시행령 제15조 규정에 의한 영림기술자가 조사·작성한 것에 한한다.)

4. 채석허가 제한지역에의 해당 여부(산지관리법 제28조, 동법 시행령 제36조)

(1) 산지전용 제한지역에 해당하지 아니할 것

(2) 산림의 생태계보호, 자연경관의 보전 및 역사적·문화적 가치가 있어 보호가 필요한 지역으로서 대통령령이 정하는 바에 따라 산림청장이 고시한 지역은 안 됨.

(3) 채석허가 제한지역

(가) 문화재보호법에 의한 문화재보호구역 및 그 보호구역 경계로부터 200미터 이내의 구역(보호구역이 지정되지 아니한 문화재는 그 주변 200미터 이내의 구역)의 산지.

(나) 군사시설과 국가 또는 공공기관 · 교육기관 · 의료기관의 시설경계로부터 500미터 이내 지역. 다만, 당해시설의 관리청 또는 관리자 및 군사시설의 경우에는 국방부장관 또는 관할부대장의 동의를 받은 경우는 제외 (* 산지관리법 시행령 37조 제2항 나 호 근거)

(다) 철도·궤도·도로·운하·하천·호수·저수지·제단으로부터 100미터 안의 산지. 다만, 지방도·일반국도·고속국도 및 철도의 연변 가시지역의 경우에는 다음 각목의 해당하는 산지에는 허가 안 됨.

- 지방도 연변 가시지역의 경우에는 1,000미터 이내 산지
- 일반국도 연변 가시지역의 경우에는 2,000미터 안의 산지
- 고속국도 및 철도 연변 가시지역의 산지는 안 됨.

※ "가시지역"이라 함은 건물·간판 등 공작물 또는 수목·숲 등 일시적 자연물을 제거한 상태에서 가시 되는 지역(일부 구간에서 가시 되는 지역을 포함한다.)을 말한다.

(라) 가옥 또는 공장으로부터 300미터 내의 산지. 다만 당해 가옥의 소유자 및 거주자, 공장의 소유자 및 대표자의 동의를 얻은 경우에는 그러지 아니하다.

(마) 분묘의 중심점으로부터 30미터 이내 지역. 다만, 연고자의 동의를 받은 경우나 장사등에 관한 법률 제2조 제9항의 규정에 의한 연고자의 동의를 받았거나 연고자가 없는 경우에는 그러하지 아니하다.

(바) 항만법에 의한 항만구역 및 개항질서법에 의한 항로구역의 가시지역의 산지와 만조해안선으로부터 500미터 이내 산지.

(사) 자연환경보전법에 의한 생태계보전지역 및 완충지역.

(아) 산림의 형질변경이 제한되는 지역(시행령 제91조의 4)

(자) 요존국유림·보안림·채종림·시험림·산림유전자원보호림·수목원·사방지·조수보호구·자연휴양림 또는 삼림욕장.

(차) 자연휴양림 또는 산림욕장의 경계로부터 200미터 이내 지역.

(카) 수형목·보호수의 나무 하단부로부터 30미터 이내의 지역.

(타) 자연환경보전법에 의한 생태계보전지역 및 완충지역.

(파) 도시공원구역의 산지, 지연공원구역·공원보호구역의 산지. 사원 경내지역의 산지는 안 됨.

5. 채석 경제성이 있는지 여부(법 제26조 시행령 제34조 제3항)

- 시 추

허가신청 면적	시추공 수	시추 총 연심도
10,000㎡ 이상 20,000㎡ 미만	3개 공 이상	150m 이상
20,000㎡ 이상 30,000㎡ 미만	5개 공 이상	300m 이상
3ha 이상	6개 공 이상	350m 이상

6. 가채 매장량 기준

- 건축용 석재 : 84,000㎥ 이상
- 공예용 석재 : 7,400㎥ 이상(오석의 경우 200㎥ 이상)
- 쇄골재용 석재 : 320,000㎥ 이상

※ 상기 가매장량 기준 수량 이하인 경우에는 허가대상에서 제외.

7. 현지조사 및 주민의견 수렴결과 여부

- 주민의견 수렴기관 : 읍·면·동장 → 시·군에 통보
- 주민의견 수렴방법 : 공고 등을 통하여 주민에게 알림
- 주민의견 제출방법 : 읍·면·동장에게 의견 제시
- 주민의견에 대한 조치방법 : 의견을 제시한 주민에게 서면 통보

8. 채석허가기준에 적합한지 여부(산지관리법 제36조 제4항 및 제43조 제3항 별표)

채석, 토사 채취 허가기준

구분	채석 허가기준
경사도	채석을 하고자 하는 지역(이하 이 표에서 채석지역이라 한다.)의 평균경사도가 45도 이하일 것
입축목적	채석지역의 헥타르당 평균 입목축적이 관할 시·군 또는 자치구의 헥타르당 평균 입목축적의 150퍼센트 이하일 것
입목구성	채석지역의 헥타르당 평균 입목축적이 관할 시·군 또는 자치구의 헥타르당 평균 입목축적의 150퍼센트 이하일 것 (파주시 '02 년도 평균입목축적 : 47.03㎥, 매년 변동) 채석지역 안에 평균 나이가 50년 이상인 활엽수림의 점유면적이 75퍼센트 이하일 것
채석지역의 면적	채석지역안에 평균 나이가 50년 이상인 활엽수림의 점유면적이 75퍼센트 이하일 것
채석 방법	채석을 완료한 후 형성되는 절개면의 높이가 10미터 이상인 경우에는 그 절개면의 매 10미터 내외마다 소단을 설치할 수 있는 방법으로 채석을 할 것

9. 허가제한지역에서도 채석허가를 할 수 있는 경우(시행령 제 37 조)

(가) 천재지변 기타 비상재해가 있는 경우에 그 재해를 복구하기 위하여 필요한 때.

(나) 산림법 또는 다른 법령의 규정에 의한 목적사업을 수행하기 위하여 터널 또는 갱도를 굴진하는 과정에서 부수적으로 석재를 굴취·채취하여 당해 사업에 사용하는 경우.

(다) 산지의 형태, 입목의 구성, 채석 면적, 채석 방법 등이 대통령령으로 정하는 기준에 적합한 산지로서 공공·공공용 사업을 위하여 필요한 경우에는 가함.

※ 공용, 공공용 사업이라 함은 공익사업을 위한 토지 등의 취득 및 보상에 관한 법률 제3조 각 1에 해당하는 사업에 사용하기 위하여 관계 중앙행정기관의 장이 채취자, 채취구역의 위치, 면적, 석재의 종류, 채취 수량

및 채취 기간을 명시하여 요청하고 그 요청이 타당하다고 인정될 때.(여기서 관계 중앙행정기관의 장은 정부조직법 제2조에서 정하는 원, 부, 처, 청 및 외 국의 장(동법 제3조의 특별 지방행정기관의 장 포함.)

10. 자연석의 경우(시행령 제38조)

• 산림 안에서의 자연석 채취는 제한됨. 다만 다음의 경우에 한하여 가능.
  - 산지전용허가(산지관리법 또는 다른 법령의 규정에 의하여 산지전용허가 또는 신고가 의제되거나 배제되는 행정처분을 받아 산지를 전용하는 경우 포함)하는 과정에서 부수적으로 나온 자연석에 한하여 자연석 반출을 위한 채석허가 가능.

    ※ 자연석 : 절개 또는 파쇄되지 않은 원형 상태의 암석으로서 지하에 부존되어 있는 것을 포함함. (자연석의 가장 긴 지름이 18센티 이상)

11. 토사채취 신고 대상

산지의 소유자 또는 산지를 사용·수익할 수 있는 자가 자가소비용(객토 등)으로 토사 1,000㎥ 미만을 채취 할 때.

입목벌채

제90조(입목벌채 등의 허가와 신고)

① 산림안에서 입목의 벌채, 산림의 형질변경 또는 임산물의 굴취·채취를 하고자 하는 자는 농림부령이 정하는 바에 따라 시장·군수 또는 지방산림관리청장의 허가를 받아야 한다. 다만, 농림부령이 정하는 경우에는 시장·군수 또는 지방산림관리청장에게 신고하여야 한다.

1. 벌채방법

가. 허가벌채

법 제90조에 의한 허가벌채를 원칙으로 함.

나. 신고벌채(시행규칙 제87조)

(1) 병해충·산불피해 또는 자연적인 재해로 인하여 고사하거나 고사상태인 입목 및 풍설해로 인하여 넘어지거나 줄기가 부러진 입목을 벌채하는 경우.

※ 단목으로 자연 고사한 나무를 벌채하는 경우는 임의로 가능.

(2) 간벌 대상 임지로서 가슴 높이의 지름이 16센티미터 이하인 입목을 솎아내기 위하여 벌채하는 경우.

(3) 오동나무, 현사시, 이태리포플러, 양버들, 옻나무, 황칠나무 및 미루나무를 벌채하는 경우.

(4) 표고재배용으로 이용하기 위한 연간 50㎥ 이내의 입목을 벌채하는 경우.

(5) 법 제18조 제1항의 규정에 의한 전용허가를 받거나 동조 제3항의 규정에 의한 협의를 거쳐 허가·인가 등의 처분을 받은 면적 중 그 허가나 처분시의 형질 변경계획 면적외의 면적에 대하여 추가로 입목을 벌채하는 경우.

(6) 입목·죽이 생립하고 있고 지적공부상 지목이 전·답 또는 과수원으로 되어 있는 5천 ㎡ 이상인 토지 위의 입목을 벌채.

(7) 불량 치수림의 수종 갱신을 위하여 벌채하는 경우.

다. 임의벌채

(1) 법 제90조 제4항에 의한 경우

(가) 법 제11조 또는 제73조 제4항의 규정에 의하여 영림계획에 따라 시업

신고를 하고 행하는 사업을 하는 경우.

※ 법령상에는 허가나 신고 없이 임의로 벌채가 가능한 것으로 표기되어 있어 오해의 소지가 있으나, 그 의미는 이미 영림계획에 의한 사업신고를 하였으므로 법 제90조에 의한 허가나 신고를 받지 않아도 된다는 뜻으로 이중적인 규제를 없애기 위한 것임.

(나) 법 제31조 제3항의 규정에 의한 휴양림조성계획의 승인을 얻은 산림의 경우.

(다) 법 제34조 제2항의 규정에 의한 수목원조성계획의 승인을 얻은 산림의 경우.

(라) 산림청장 소속의 시험연구기관이 소관 국유림에서 시험·연구에 필요한 사업을 하는 경우.

(마) 문화재청장이 소관 국유림에서 문화재보호를 위한 사업을 하는 경우.

(바) 산림의 형질변경허가를 받았거나 신고를 한 자가 산림의 형질변경에 수반되는 입목의 벌채를 하고자 하는 경우.

(사) 다음 해당하는 구역에서 토석채취에 수반되는 입목의 벌채

- 법 제87조의 규정에 의하여 국유림 안의 토석을 매각 또는 무상 양여 등을 받은 구역.
- 법 제90조의 2 제1항 또는 제90조의 5 제1항의 규정에 의하여 채석허가를 받았거나 신고를 한 구역.
- 법 제90조의 6 제1항 또는 제2항의 규정에 의하여 토사채취허가를 받았거나 신고를 한 구역.

(2) 시행규칙 제94조 제2항에 의한 경우

(가) 육림을 목적으로 하는 경우로서 풀베기·가지치기 또는 어린나무 가꾸기를 위하여 벌채하는 경우.

(나) 임지 안의 단목상태로 자연 고사된 나무.

(다) 대나무를 벌채 또는 굴취·채취하는 경우.

(라) 산림소유자가 재해의 예방·복구, 농가건축 및 수리, 농업·임업·축산업·수산업용으로 이용하기 위하여 연간 5㎥ 이내의 입목을 벌채하는 경우. 다만, 독림가 또는 임업후계자의 경우에는 50㎥ 이내로 한다.

(마) 임도 또는 방화선의 설치를 위하여 지장목을 벌채하는 경우.

(바) 농경지와 연접된 산림 안에서 농작물의 생육에 현저한 피해를 주는 입목 또는 연접되어 있는 주택에 피해를 줄 우려가 있는 입목을 벌채하는 경우.

(사) 철도 차량의 안전운행을 위하여 철도선로로부터 10미터 이내에 있는 지장목과 철도전선로 또는 전화·전기 송배전선로의 유지·관리를 위하여 해당 지장목을 산림소유자의 동의를 받아 벌채하는 경우.

(아) 입목·죽이 생립하고 있는 지적공부상 지목이 전·답 또는 과수원으로 되어 있는 5천 ㎡ 미만인 토지 위의 입목을 벌채하는 경우와 지적공부상 묘지인 경우로서 분묘 중심점으로부터 10미터 이내에 있는 입목을 벌채하는 경우.

(자) 농업인등 또는 농림수산물의 생산자 단체가 축산폐수정화용·유기질비료 생산용 톱밥이나 환경농업용 목탄·목초액을 생산하기 위하여 가슴높이의 지름이 15센티미터 미만인 간벌재 및 불량목을 벌채하는 경우.

(차) 방송법에 의한 방송법인의 송·중계소 등 방송시설의 설치를 위하여 벌채를 하는 경우.

(카) 측량법에 의한 측량의 실시를 위하여 벌채를 하는 경우.

2. 벌채허가·신고 신청 및 처리 절차

가. 벌채허가신청 및 처리절차

주체	내용
산림 소유자	• 벌채구역 및 벌채대상목에 대하여 벌채대상임을 알 수 있도록 표시 – 벌채 대상목은 간벌, 택벌, 모수작업에 적용 • 벌채허가신청서 작성 – 첨부서류 : ① 벌채구역도(6천 분의 1 임야도) ②입목의 소유권 또는 사용·수익권을 증명할 수 있는 서류

벌채허가 신청

주체	내용
시·군 자치구의구	• 벌채허가신청서(현지 확인시 휴대하여 현장 확인과 병행) 검토 • 현지 확인(영림계획 시업신고시는 임협이 현지 확인한 경우 생략할 수 있도록 되어 있으나, 허가 벌채시는 반드시 현지 확인) – 벌채구역 경계표지 – 벌채대상목 선정 및 표지 – 잔존목 선정 및 표시(모수작업) – 기준벌 기령 적용 • 검인찍기 실행(영림계획 벌채지와 요령은 동일함) • 허가증 작성

허가증 교부

주체	내용
산림소유자	• 벌채사업 착수 • 허가기간 내 벌채를 완료하지 못하였을 경우는 연기 신고

나. 벌채신고 신청 및 처리절차

주체	내용
산림소유자	• 벌채구역 및 벌채대상목에 대하여 벌채대상임을 알 수 있도록 표시 – 벌채 대상목은 간벌, 택벌, 모수작업에 적용 • 벌채허가신청서 작성

벌채신고서 제출

주체	내용
시·군 자치구의 구	• 벌채신고서 검토
산림소유자	• 벌채 착수

국유림

• 요존국유림要存國有林

국토보존·산림경영·학술연구·임업기술개발·사적·성지 등 기념물 및 유형문화재의 보호 기타 공익상 국유로 보존할 필요가 있는 산림.

• 불요존국유림不要存國有林

요존 국유림 이외의 산림을 말한다.

1. 국유림 대부가능 사항(산림법 시행규칙 제58조)

(가) 공용·공공용 또는 공익사업을 위하여 필요한 때.

(나) 목축을 위한 대부는 초지법에 의한 초지 조성 허가를 받은 경우에 한하여 대부 가능.

(다) 종·묘시설, 버섯재배시설, 임도, 운재로, 목재집하장, 임산물 전시장, 임산물 판매장 시설 및 임산물 가공시설.

(라) 전기·가스·통신·급유 및 수도사업 시설.

(마) 야생조수 인공사육시설 및 보호시설, 수렵 강습시설, 스키장, 골프장, 온천 및 먹는 물 개발시설.

(바) 관광진흥법의 규정에 의하여 문화관광부장관의 허가·승인·지정 또는 등록을 받은 관광이용시설 및 관광숙박시설.

(사) 농로·농수로시설 및 농림어업기술 연구소

(아) 누에 사육시설, 과실, 유실수, 관상수 뽕나무, 화훼, 야생화, 산채 및 약용식물의 재배시설.

(자) 장사등에 관한 법률 제14조 규정에 의하여 신고한 화장장·납골시설.(

화장장 또는 납골시설의 설치 · 관리를 목적으로 설립된 재단법인의 경우에 한한다.)

(차) 초·증등학교 교육법 제2조 및 고등학교법 제2조 규정에 의한 학교의 용지로 사용하기 위하여 필요 한 때.

(카) 휴양림, 수목원 또는 조수보호 및 수렵에 관한 법률 제13조 규정에 수렵장 시설.

(파) 청소년기본법 제3조 제5호의 청소년수련시설을 위하여 필요한 때.

2. 대부료 또는 사용료 (산리법 제75조 제6항 시행령 제62조)

(가) 목축·종축·휴양림·수목원·수렵장 시설 및 상기 1항의 (다) 항부터 (자) 항까지의 시설은 당해년도 가격의 100분의 1.

(나) 공용·공공용·공익사업용·학교용지·청소년수련시설, 광업용·제조업용·수도사업용, 화장장·납골당으로 사용하는 경우 100분지 5 이상.

(다) 기타 목적은 100분지 10 이상.

3. 대부료 또는 사용료 산정기준(산림법 시행령 제62조 제3항) 대부 또는 사용허가를 받은 자가 자기의 부담으로 개발한 대부·사용 허가지는 지가공시 및 토지 등의 평가에 관한 법률에 의한 감정평가법인이 개발 이전의 토지 상태를 기준으로 하여 대부·사용료 부과 당시의 가격으로 평가한 금액으로 산출한다.

관리지역 내 허용행위

관리지역 내 허용행위

용도	보전관리	생산관리	계획관리
공장	×	□	□
창고	□	■	■

□ : 조례를 통해 제한적으로 허용. ×: 불허, ● : 허용 ○ : 조례로 허용 ■ : 시행령을 통해 제한적으로 허용

개발제한구역의 지정 및 관리에 관한 특별조치법

(제14조) 허용범위

1. 농림수산업을 위한 개간 또는 초지 조성. 이 경우 개간 예정지는 경사도가 21도 이하, 초지조성 예정지는 경사도가 36도 이하여야 한다.

2. 경작중인 논·밭의 환토·객토용 토석의 채취, 논밭의 환토·개답·개간(개간의 경우에는 경사도가 5도 이하로서 입목이 없는 토지에 한한다.)에 수반되는 골재의 채취.

3. 농로·임도의 설치를 위한 토지의 형질변경.

4. 논을 밭으로 변경하기 위한 토지의 형질변경.

5. 개발제한구역 안에서 토지수용법 제3조의 규정에 의한 공익사업의 시행으로 인하여 철거된 분묘의 이장을 위한 토지의 형질변경.

6. 주택 또는 근린생활시설 및 별표 1 제5호의 규정에 의한 주민공동시설 이용 중 마을공동목욕탕, 마을공동작업장, 마을공동회관, 공동구판장, 공판장 또는 일반 목욕장의 진입로 설치를 위한 토지의 형질변경.

7. 대지화 되어 있는 토지에 노외 주차장을 설치하기 위한 토지의 형질변경.

※ 관계법령에 의거 허가 등 적법한 절차에 의하여 조성된 토지의 지목이 대, 공장용지, 철도용지, 학교용지,수도용지, 잡종지로서 건축물이나 공작물이 건축 또는 설치되어 있지 아니한 입목이 없는 토지를 말한다.

8. 주차장법에 의한 건축물 부설 주차장의 설치를 위한 토지의 형질변경 행위.

※ 기존 대지 안에 설치할 수 없는 경우에 한한다.

농지의 전용허가 실무

농지전용부담금의 산정

통상 농가주택 건축을 위해 농지전용을 할 때는 농지보전부담금에 대하여 명확하게 이해해야 한다. 여기서는 현재 개정된 농지보전부담금에 대한 계산 방법을 예제를 통해 쉽게 이해할 수 있도록 정리하고 농지전용과 함께 수반되는 비용을 정리하여 건축예산을 수립할 때 반영하여 계획을 세울 수 있도록 했다.

농지전용 시 참고사항 및 소요비용 산출

1. 농지보전부담금

• 기존의 대체농지조성비가 농지보전부담금으로 명칭이 변경.(시행일 2006. 1. 22)

• 부과기준이 조성원가에서 공시지가로 변경

• 부과대상(농지법 제38조) : 전·답·과수원, 사실상 농지

• 농업인의 경우 농지보전부담금은 전액 면제(농업인의 기준 별도 참고)

• 10평 이하 건축물 시공 시 50%의 농지보전부담금을 면제

• 부과기준(농지법 제40조, 시행령 제57조의 2)

농지를 전용할 때 ㎡ 당 개별공시지가 × 30%

200평을 기준으로 할 경우

660㎡(200평) x ㎡당 30,000원 x 30% = 5,940,000원(납부해야 할 농지보전부담금)
㎡ 당 개별공시지가가 170,000원이라면,

(㎡당 17만 원 x 30%) = 51,000원(5만 원을 초과함) ▶ 660㎡(200평) x 50,000원= 33,000,000원 (납부해야 할 농지보전부담금)

• 농지전용면적 : 건축 면적만큼 농지전용 면적을 허가해 줌.

• 개별공시지가란?

공시지가를 기준으로 하여 산정한 개별토지에 대한 단위면적당(원/㎡) 가격이다. 국토교통부장관이 결정하여 고시한 공시지가를 바탕으로 하여 시장·군수·구청장 등이 산정한 공시지가로 토지의 특성조사와 표준지 선정 여부로 결정한다. 〈토지대장 및 등기부등본참고〉

2. 농지전용허가비

• 200평까지 150만 원 내외 (지역 및 규모에 따라 차이)

• 수입증지 : 3,500㎡ 이하의 경우 20,000원

3. 지역개발공채

〈지역별 비용〉

• 경기도 : 농지 1,000원/3.3㎡ 당, 임야 2,000원/3.3㎡ 당

• 충청남북도 : 농지(전답)는 ㎡당 1,500원, 임야·잡종지·초지 등은 읍·면일 경우 ㎡ 당 1,500원, 동 지역인 경우 ㎡당 3,000원

※ 지역개발공채 매입 후 바로 현금화 가능 (채권할인율은 시세에 따라 따름)

※ 공채매입 여부와 금액은 토지소재지의 도에 따라 다르므로 구체적인 기준과 액수는 해당 광역시·도에 문의 (강원도 지역은 형질변경 시 채권을 매입하지 않아도 되는 지역)

4. 개발행위 대행비

• 토목설계사무소나 건축사사무소에서 대행 (대행비 약 200만 원 정도 소요)

• 건축신고 사항일 경우 개별적으로 하면 비용은 절감할 수 있으나 신청서, 사업계획서 피해방지계획서 등을 작성하고 건축물 평면도를 첨부.(전적으로 해당 당사자가 판단해야 할 사항)

• 토목설계가 필요하거나 건축허가 사항일 경우에는 대행업체를 통해서 하는 것이 편리.

※ 토목 설계가 필요한 경우 : 50㎝ 이상 성토 또는 절토 시, 축대나 옹벽을 설치할 경우 등.

• 빠른 업무처리를 위해서는 토목설계사무소와 건축사사무소가 연계되어 있는 곳을 선택.

5. 지목 변경비

• 지목변경 수수료 : 1,000원

• 지목변경 취득세 계산법 : (지목변경 후 시가표준액 - 지목변경 전 시가표준액) x 2%

• 지목변경 농어촌특별세 : 지목변경 취득세 x 10%

※ 지목변경 취득세, 농어촌특별세는 한 고지서에 부과됨.

※ 건축물 완공 후 지목변경 신청.

6. 참고사항

① 지목변경만으로 간단하게 대지로 전환할 수 있는 경우

- 1973년 1월 1일 이전부터 농지 외 다른 용도로 사용하였다는 것이 입증되는 토지는 농지법상 농지가 아님.
- 입증자료 : 건축물관리대장, 과세대장, 세금납부영수증, 항공사진(국토정보지리원에서 확인), 농지원부, 공시지가조사표, 임령측정결과 등.

② 개발부담금

보통 전원주택지의 경우, 지목 변경이 500평 이상을 넘어가는 경우가 없기 때문에 해당사항이 없으므로 참고용으로 활용.

- 도시지역 990㎡(약 300평) 이상
- 비도시지역의 경우 1,650㎡(약 500평) 이상

③ 준공 후 지붕이 있는 창고·주차장·정자·테라스 등을 시공, 보일러실 증축을 계획하고 있다면 추후 실제 증축 시 문제가 발생할 수 있으므로 그 전에 허가를 받아 시공하는 것이 바람직하다.

④ 그 외 측량비·토목공사비·건축설계비 및 인허가비는 별도로 산정한다.

개발부담금 부과에 대한 근거 법규와 산정

개발부담금은 토지공개념에 입각하여 불로소득으로 증가된 토지가치에 국가가 그 개발차익의 일정 부분을 부담금으로 환수하는 제도로 개발이익환수에 관한 법률에 근거한다. 개발이익환수에 관한 법률은 토지에서 발생하는 개발이익을 환수해 적정하게 배분함으로써 토지에 대한 투기를 방지하고 효율적인 이용을 촉진함으로써 국민경제의 건전한 발전에 이바지하는 것을 목적으로 한다.

여기서 환수하는 '개발이익'이란 개발사업의 시행이나 토지이용계획의 변경, 그 밖에 사회적·경제적 요인에 따라 정상지가 상승분을 초과하여 개발사업을 시행하는 자나 토지소유주에게 귀속되는 토지 가액의 증가분을 말한다. 개발이익 중에서 이 법에 따라 국가가 부과, 징수하는 부담금을 '개발부담금'이라고 한다.

개발이익 환수의 대상이 되는 '개발사업'이란 국가나 지방자치단체로부터 인가·허가·면허 등을 받거나 신고를 하고 시행하는 택지개발사업이나 산업단지개발사업 등의 사업을 말한다.

환수되는 개발이익의 산정대상이 되는 '정상지가 상승분'은 금융기관의 정기예금 이자율 또는 국토의 계획 및 이용에 관한 법률 제125조에 따라 국토교통부장관이 조사한 평균지가 변동률(그 개발사업 대상 토지가 속하는 해당시·군·자치구의 평균지가 변동률) 등을 고려하여 산정한 금액이다.

개발부담금 부과 대상사업

대상사업의 종류

1. 택지개발사업(주택단지 조성사업 포함)
2. 산업단지개발사업
3. 관광단지조성사업
4. 도시환경정비사업(공장을 건설하는 경우 제외)
5. 물류시설용지조성사업
6. 온천개발사업
7. 여객자동차터미널사업
8. 골프장건설사업
9. 지목변경이 수반되는 사업으로서 대통령령으로 정하는 사업
10. 제1호부터 제8호까지의 사업과 유사한 사업으로서 대통령령으로 정하는 사업 등

지역별 대상사업의 면적

시행령 제4조(대상사업) ① 법 제5조에 따라 부담금의 부과대상이 되는 개발사업의 범위는 별표 1[아래 게시]과 같고, 그 규모는 관계 법률에 따라 국가 또는

지방자치단체로부터 인가·허가·면허 신고 등을 받은 사업대상 토지의 면적(부과 종료시점 전에 측량·수로조사 및 지적에 관한 법률 제84조에 따라 등록 사항 중 면적을 정정한 경우에는 그 정정된 면적)이 다음 각 호에 해당하는 경우로 한다.

이 경우 동일인(배우자 및 직계존비속을 포함)이 연접한 토지(동일인이 소유한 연속된 일단의 토지인 경우를 포함)에 하나의 개발사업이 끝난 후 5년 이내에 개발사업의 인가 등을 받아 사실상 분할하여 시행하는 경우에는 각 사업의 대상 토지면적을 합한 토지에 하나의 개발사업이 시행되는 것으로 본다.

1. 특별시 또는 광역시의 지역 중 도시지역인 지역에서 시행하는 사업(제3호의 사업은 제외한다.)의 경우 660㎡ 이상.

2. 제1호 외의 도시지역인 지역에서 시행하는 사업(제3호의 사업은 제외한다.)의 경우 990㎡ 이상.

3. 도시지역 중 개발제한구역에서 그 구역의 지정 당시부터 토지를 소유한 자가 그 토지에 대하여 시행하는 사업의 경우 1, 650㎡ 이상.

4. 도시지역 외의 지역에서 시행하는 사업의 경우 1,650㎡ 이상.

개발부담금 부과 산정기준

개발부담금의 부과기준은 부과 종료시점의 부과대상 토지의 가액(종료시점 지가)에서 다음 각 호의 금액을 뺀 금액으로 한다.

1. 부과개시 시점의 부과대상 토지의 가액(개시시점 지가)
2. 부과기간의 정상지가 상승분
3. 제11조에 따른 개발비용

개발비용의 산정

개발사업 시행과 관련하여 지출된 비용(개발비용)은 다음 각 호의 금액을 합하여 산출한다.

1. 순공사비(해당 개발사업을 위하여 지출한 재료비·노무비·경비·제세공과금의 합계액), 조사비, 설계비, 일반관리비 및 그 밖의 경비.

2. 관계 법령이나 인가 등의 조건에 따라 납부의무자가 공공시설이나 토지 등을 국가나 지방자치단체에 제공하거나 기부한 경우에는 그 가액.

3. 해당 토지의 개량비.(개발사업을 시작하기 전에 부과대상 토지를 개량하기 위하여 지출한 비용으로서 개시시점 지가에 반영되지 아니한 비용)

② 제1항에도 불구하고 대통령령으로 정하는 일정 면적 이하의 개발사업(토지개발 비용의 지출 없이 용도변경 등으로 완료되는 개발사업은 제외)의 경우에는 제1항 제1호에 따른 순 공사비(제세공과금 포함), 조사비, 설계비 및 일반관리비의 합계액을 산정할 때 국토교통부장관이 고시하는 단위면적당 표준비용을 적용할 수 있다. 다만, 제6조에 따른 납부의무자가 원하지 아니하는 경우에는 그러하지 아니하다. 〈신설 2011. 5. 19〉

③ 제1항 각 호 및 제2항의 산정방법 등에 필요한 사항은 대통령령으로 정한다. 〈개정 2011.5.19〉

개발부담금의 산정, 부과, 징수

국가는 제5조에 따른 개발부담금 부과대상 사업이 시행되는 지역에서 발생하는 개발이익을 이 법으로 정하는 바에 따라 개발부담금으로 징수하여야 한다.

납부의무자가 납부하여야 할 개발부담금은 제8조에 따라 산정된 개발이익의 100분의 25로 한다. 다만, 국토의 계획 및 이용에 관한 법률 제38조에 따른 개발제한구역에서 개발사업을 시행하는 경우로서 납부의무자가 개발제한구역으로 지정될 당시부터 토지소유자인 경우에는 100분의 20으로 한다.

[종료시점 지가 – 개시시점 지가 – 정상지가 상승분 – 개발비용] X 25%

국토교통부장관은 이 법에 따라 사업종료 후 3개월 내에 개발부담금을 부과하기로 결정하면 납부의무자에게 납부고지서를 발부하여야 한다. 개발부담금의 납부의무자는 부과일부터 6개월 이내에 개발부담금을 납부하여야 한다.

개발부담금 산정시 표준개발비용 적용

단위면적당 표준개발비용

지역별		지형별	단위면적 당 표준비용 단가
서울특별시, 부산광역시, 대구광역시,	시·구	산지	59,000원/㎡
		산지 외	43,800원/㎡
인천광역시, 대전광역시, 광주광역시, 울산광역시, 경기도	군	산지	50,700원/㎡
		산지 외	37,600원/㎡
강원도, 충청북도, 충청 남도, 전라북도, 전라남도, 경상북도, 경상남도, 제주특별자치도	시	산지	50,500원/㎡
		산지 외	37,500원/㎡
	군	산지	43,500원/㎡
		산지 외	32,200원/㎡
세종특별자치시	읍·면·동	산지	50,500원/㎡
		산지 외	37,500원/㎡

PART. 04

사례와 함께 하는
창고와 공장부지 실전투자

창고와 공장 인·허가 실전 사례

도로 없는 농지를 물류창고로

철저한 분석과 현황파악 그리고 관련 법규와 시·군 조례에 따라 토지가 가지고 있는 숨겨진 맹점을 찾아 비용을 절감하면서 토지의 가치를 높인 사례를 보도록 하겠다.

서울에서 사업을 하고 있는 K 씨는 20년 전 주변 시세에 비해 비교적 싼 가격에 여주군 금사면 남한강이 바라다 보이는 임야와 농가가 있는 농지를 구입했는데, 생활터전이 달라 거의 방치하다시피 놓아둔 상태였다.

전원생활을 동경하는 삶의 방식들이 퍼지면서 K 씨도 이 땅을 대지로 형질변경을 할 계획을 세웠다. 나이도 있고, 자녀들도 다 커서 우선 부부가 생활할 전원주택을 지을 생각이었다.

K 씨는 우선 주택을 짓기에 앞서 현재 임야와 농지로 되어 있는 토지를 대지로 전용허가를 받기 위해 그에 따른 절차와 비용에 대해 알아보기로 하였다. 그 결과, 이 지역은 각종 규제와 더불어 농지를 대지로 전용허가를 받기 위해서는 복잡한 과정이 뒤따른다는 걸 알게 되었다. 즉 K 씨 땅과 연결된 도로는 다른 사람의 땅을 사용하는 현황도로로서 진입로 개설이 문제가 되었고, 외지

인인 K 씨가 받아야 할 인·허가 문제 등 변수가 많았던 것이다.

소요비용도 대체농지조성비, 개발부담금, 지역개발채권, 면허세, 인·허가를 위한 설계·측량비 등 의외로 많은 부분에서 지출이 요구되었다. 따라서 K 씨는 우선 전원주택 전문업체에게 도움을 받아 예산을 세우고, 토지의 상품 가치를 높이는 방법을 찾아 나가기 시작했다.

토지가 위치한 지역 분석

서울에서 현장은 1시간대 거리로 여주권 전원주택 벨트에 위치하고 있다. 양평, 광주, 용인 등 인기지역에 비해 여주권은 서울과 덜 가깝지만 상대적으로 자연환경보전지역과 수질보전특별대책지역으로 지정돼 비교적 땅값이 싸고 경관이 좋은 지역에 속한다. 특히, 영동고속도로와 중부고속도로, 내륙고속도로 등 교통여건이 좋은 지역이다.

이와 더불어 여주의 남북을 가로지르는 남한강이 본 토지의 근접거리에 있고, 금사면의 이포나루는 충청도와 강원도를 잇는 물류 요충지로 일찍부터 수운의 중심지였으며 현재도 지역을 잇는 교통망으로 그 명맥을 유지하고 있다. 또한 광주와 양평을 경계로 인접해 있는 이곳은 상대적으로 지가가 저렴하고 이포막국수로도 유명하며 인근 남한강 전복리 유원지 역시 알려진 곳이다.

본 토지는 서울 기점으로 60킬로미터 권역에 위치하여 전원주택지로는 그만이었으나 공부상 도로가 없는 맹지에 폐가로 변한 농가주택과 도로가 있어도 그동안 사용하지 않아 도로 기능을 상실한 상태로 신설도로 개설이 필요하다. 또한 토지를 개발하기 위해서는 수질보전특별대책지역 1권역으로 개발 및 건축규제를 받게 된다.

▲ 현장 위치도

물건현황

- 소재지 : 경기도 여주군 금사면 임야 3필지, 농지 4필지
- 용도 : 관리지역 및 농림(농업보호구역)
- 지 목 : 임야, 토지임야, 전, 답
- 지목별 면적 : 임야 667평, 토지임야 1,110평, 전 3,267평, 답 1,567평을 합해 총 6,611평
- 토지이용계획 : 관리지역 및 농림지역(농업보호구역), 수질보전특별대책지역 1권역

물건현황 조사

- 소요 시간 : 서울 기점 60킬로미터 권역 50분대 소요, 이천 10분, 곤지암 IC 20분, 여주 IC 30분 소요
- 도로 상태 : 공부상 도로가 없는 맹지, 현황 구거 접, 농로 접
- 이용 상태 : 미경작지, 방치된 주택 1동, 축사 2동(사용불가)
- 거래 규제 : 없음. 단, 농지는 외지인 취득 시 농지취득 자격증명 필요
- 기타 : 수질보전특별대책지역 1권역으로 개발 및 건축규제

▲ 인근 지역 전원주택단지 택지분양가는 평당 40~70만 원

주택부지로 전용허가를 받고자 하는 땅은 농지이므로 진입도로, 주택 부지가 농지법상 농지 전체 면적에서 303평(1천 ㎡)을 초과해서는 안 된다.

현재 도로는 농지전용 면적을 초과하기 때문에 개설하는 데 문제가 있으며, 허가를 득하기 위한 다른 방법 중 이곳에서 존재하는 주택과 축사가 이미 상당 기간 방치된 폐가로 이 주택의 증·개축을 하는 방법으로 진입로 부지를 해결할 수도 있는지 검토해보았으나 1975년 이후 무허가건축물은 양성화가 어려워 농지전용허가를 받는 방법을 찾는 것으로 판단을 내렸다.

토지이용 개선 방향

K 씨의 토지는 관리지역으로 건폐율과 용적률은 전원주택지 같은 개발허가는 일반적으로는 비교적 손쉬운 용도지역이지만 수질보전특별대책지역 1권역에서는 외지인이 토지개발하기에 어려운 점이 많다.

1권역에서 6개월 이상 거주 조건을 충족했다고 해도 현재 K 씨의 토지는 진입도로 문제를 해결해야 할 맹지일 뿐 아니라 용도 또한 일부는 관리지역, 일부는 농림지역이며 또한 외지인들이 다른 용도로 개발하기도 어려워 사실상 매매하기에 불가능한 땅이라고 할 수 있다.

K 씨의 토지를 철저히 분석한 결과, 농지 4필지 중 2필지는 농림지역 내 농업보호지역이지만 다행스럽게도 1990년 이전부터 2필지가 200평 미만으로 외지인도 주택 전용허가를 받을 수 있었으며 또한 진입도로는 전용농지와 접해 있는 구거를 점용허가를 통해 진입로로 해결할 수 있다고 판단했다. 다만 구거에서 처음 시작되는 일부 도로(15평)가 사유지로 되어 있어 할 수 없이 토지사용승낙을 받아야 했으므로 애초 계획보다 비용이 추가되었다.

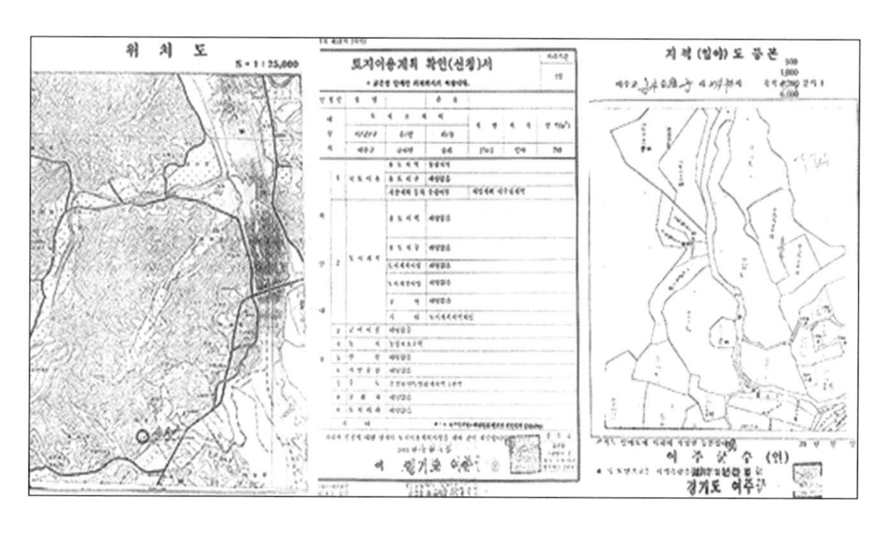

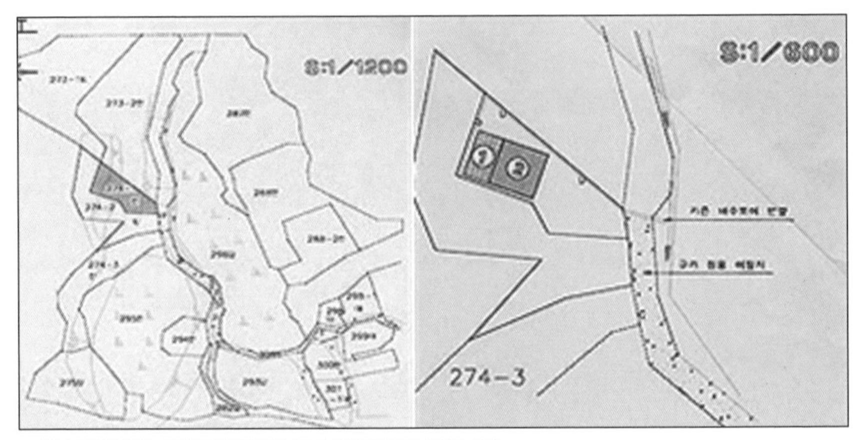

▲ 1차 농지전용허가는 구거 부지를 진입도로로 점용허가를 받아 진입로 개설

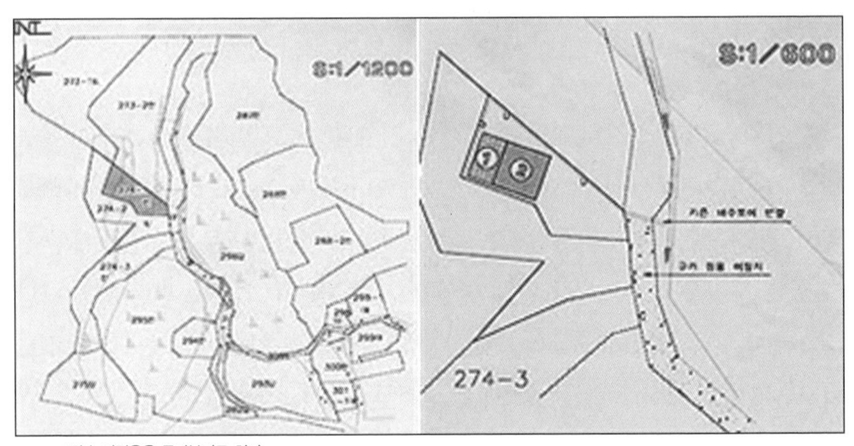

▲ 2차 농지전용을 주거부지로 허가

진입도로를 개설한 후 허가를 낼 때 마음고생이 있었지만 K 씨는 토지의 가치를 높이기 위하여 이미 전용허가를 받은 땅과 접해 있던 토지 임야를 추가로 형질변경을 하기로 하고, 외지인이 허가를 받을 수 있는 창고부지로 허가를 내 바로 토목공사에 들어가기로 했다. 거기에 이 지역은 개발이 엄격하게 관리되는 지역으로 흙을 필요로 하는 곳이 많아 절토를 위한 토목공사에서 소요되는 경비를 줄이는 데 적잖은 도움이 되었다.

K 씨는 20년 전 구입한 토지 전체에 허가 관련비용 55,900,000원, 토목공사비 약 120,000,000원을 투자해 개발하기 전 이곳 준농림지역 하급지 땅값이 평당 5만 원 정도였던 데 비해 토지 리모델링을 통해 지금은 관리지역 중상급지 땅값인 평당 20만 원 선이 되었다.

결국 K 씨는 토지를 리모델링하기 전 평당 5만 원으로 잡아 6,611평에 대한 가치는 3억 3천만 원에 불과했지만 토지 리모델링을 통해 물류부지 3,000평, 주택부지 약 500평, 합계 3,500평을 평당 20만 원으로 매각하게 되면 7억 원이 된다. 여기서 개발비용 1억 7,590만 원을 공제하더라도 차익으로 5억 2,400만 원, 그리고 3,111평의 나머지 땅으로 수익으로 남길 수 있게 된 것이다.

관리지역 토지는 무조건 개발가능지로 알고 있어 토지 거품이 형성된 것이 사실이다. 그러나 실제 토지마다 도로, 경사도, 방향, 지목과 용도, 여건에 따라 땅값은 격차를 보인다. 따라서 보다 정확하게 지역 현황, 개발이용 현황을 분석해 개발 계획을 수립하면 토지의 상품 가치를 얼마든지 끌어올릴 수 있을 것이다.

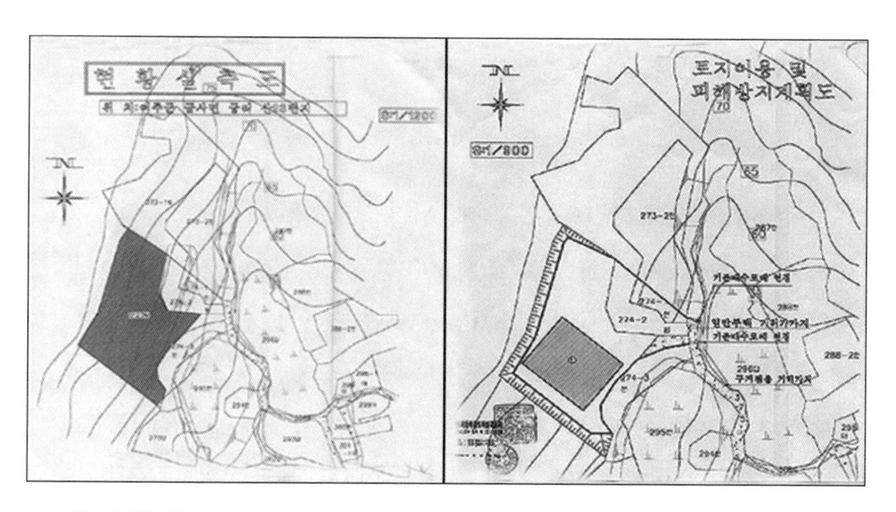

▲ 창고부지 현황 실측도

▲ 준공된 물류창고

투입 비용 정산

1. 전용허가·형질변경허가 납부금액

임야부지 조성 시 : 대체조림비용 = 8,500원/평(산림형질변경시), 농지부지 조성 시: 대체농지조성비 = 38,000 원/평(농지전용시), 기타 면허세, 지역개발 채권

2. 금사면 인허가비용 비용 A

① 주택부지 면적 200평, 1가구 허가납부금 200평 = 7,700,000원
   2가구 허가납부금 합계 = 7,700,000 원 × 2 = 15,400,000원
② 창고부지 허가납부금 3,000평 = 25,500,000원

3. 비용 B : 진입로 개설
① 구거부지 점용허가 폭 8미터 × 길이 80미터 = 640미터

② 인접 농지 사용 토지사용승낙 비용 = 10,000,000원

4. 비용 C

설계사무소 설계측량비용 주택부지 = 2,000,000원, 창고부지 = 3,000,000원

5. 비용 D

창고부지 토목공사비 = 120,000,000원

공장건축에서 사도개설허가 활용

과거의 사도법에서는 진입로가 없는 토지를 개발하고자 사도를 개설할 경우, 개설하는 사도가 반드시 도로법상 도로나 준용 받는 도로에 연결될 경우에만 개설허가가 났었다.

하지만 사도법이 개정되면서 연결하여야 하는 도로의 조건이 도로법상 도로뿐만 아니라 농어촌도로법상 도로까지 확대되었다. 이로써 도로법상 도로의 신증설보다 농어촌도로법상 도로의 신증설이 급증하는 시점에서 맹지에도 조금씩 서광이 비추기 시작했다.

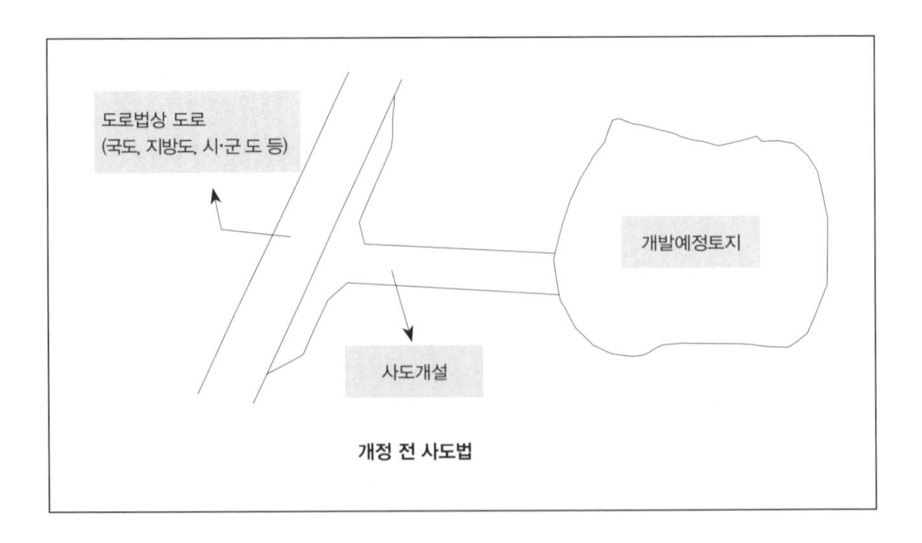

개정 전 사도법

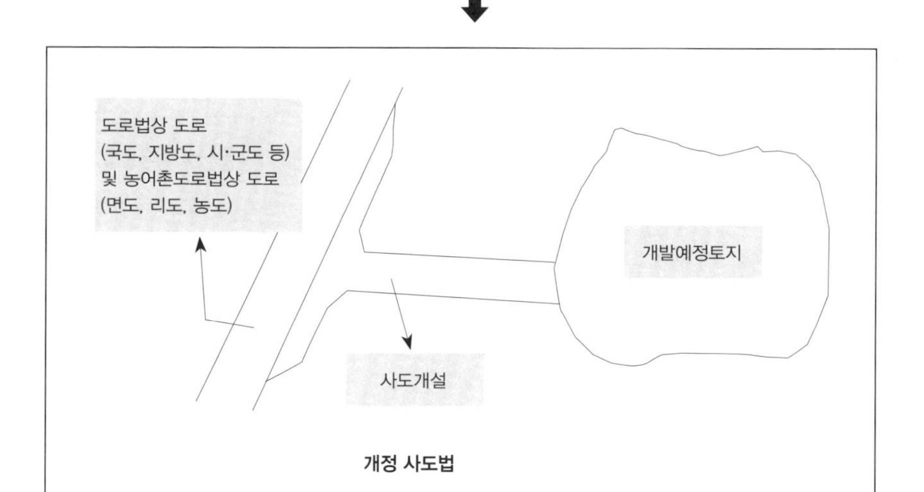

개정 사도법

Tip :
면도는 노선번호가 100으로 시작하며, 주로 지자체 내 읍 • 면 간을 가로지르는 비교적 긴 노선이고, 리도는 노선번호가 200으로 시작하며 주로 리 • 동 간을 왕래하는 기능의 도로를 말하며, 농도는 노선번호가 300 으로 시작하며 리 • 동 부락에서 농업 경작지를 소통하는 주 통행로를 말한다.

내 토지 주변에 있는 도로가 농어촌 도로인지 여부를 확인하는 방법은 지자체 홈페이지 고시 공고에 고시된 농어촌도로 노선지정고시 공고를 확인하거나 해당 시 도로관리팀에 전화로 문의해도 친절히 안내해 준다. 이곳에 사도법에 관한 내용을 설명한 것은 개발목적이 '공장부지'일 때라는 점 때문이다.

공장설립 목적의 개발 외 목적으로 토지를 개발할 경우는 일반적으로 개발행위허가를 받아 개발한다. 그런데 공장부지로 개발을 할 경우, 공장신설승인이라는 산업집적활성화 및 공장설립에 관한 법(이하 산집법)에 의해 승인을 받는데, 개발행위허가를 포함한 사도개설허가, 농지전용허가 등 모든 인·허가

행위가 의제로 처리된다.

따라서 공장설립승인 시 의제 처리되는 인·허가행위 법률은 산집법의 종속을 받게 되는데, 바로 여기에서 개정된 사도법의 내용이 공장부지로 개발할 경우 이미 2009년부터 허용하고 있다는 사실이다. 다시 말해서 맹지에 공장을 설립할 경우 도로법상 도로뿐 아니라 그 도로가 아닌 길(농어촌도로법상 도로 등을 말함)에 연결되어도 사도개설허가를 받을 수 있기 때문이다.

산업 직적활성화 및 공장설립에 관한 법률

제13조의 3(공장 설립 등의 승인데 대한 특례)

① 시장·군수 또는 구청장은 공장 진입로를 조성하기 위하여 부득이하게 도로(도로법 제2조 제1항 제1호에 따른 도로 및 같은 법 제7조에 따른 준용도로를 말한다.)가 아닌 길과 공장 진입로를 연결할 필요가 있는 경우로서 대통령령으로 정하는 기준에 해당할 때에는 사도법 제2조 및 제4조에도 불구하고 사도개설을 허가하여야 한다.

산업직적활성화 및 공잘설립에 관한 법률 시행령

제19조의 2(사도개설허가에 관한 기준) 법 제13조의 3 제1항에서 "대통령령으로 정하는 기준"이란 다음 각 호의 어느 하나에 해당하는 경우를 말한다.

1. 공장부지에서 도로(도로법 제2조에 따른 도로 및 같은 법 제7조에 따른 준용도로를 말한다. 이하 같다.)를 연결하는 경우의 연결로의 거리가 도로가 아닌 길과 연결하는 경우의 연결로의 거리보다 긴 경우
2. 공장부지와 도로의 사이에 하천·도랑·제방, 그 밖에 지식경제부장관이 정하는 장애물이 있는 경우
3. 공장부지와 도로의 사이에 있는 토지 중 공장진입로 조성에 필요한 토지의 소유자가 그 토지의 매도를 거부하는 경우로서 시장·군수·구청장이 그 사실을 확인한 경우

위에 소개한 법을 풀어서 설명하자면 현행 사도법에서 말하는 연결도로인 도로법상 도로가 공장부지로 개발하고자 하는 토지로부터 너무 멀리 있고, 상대적으로 가깝게 농어촌 도로가 인접해 있다면 그 농어촌 도로에 연결하여도 사도개설허가를 내 주어야 한다. 결과적으로 맹지를 공장부지로 개발하는 것은 사도개설허가를 통해 맹지가 가지고 있는 문제를 해결할 수도 있다는 것이다.

맹지 문제를 해결하는 데 걸림돌이 되는, 호환마마와 같은 소유권보다 더 무서운 게 농업진흥지역에 갇힌 노른자위 땅이다. 소유권은 웃돈을 주고라

도 매입하면 되지만 진흥지역엔 사도법으로밖에 공장진입로를 낼 수가 없다.

사도개설 사례

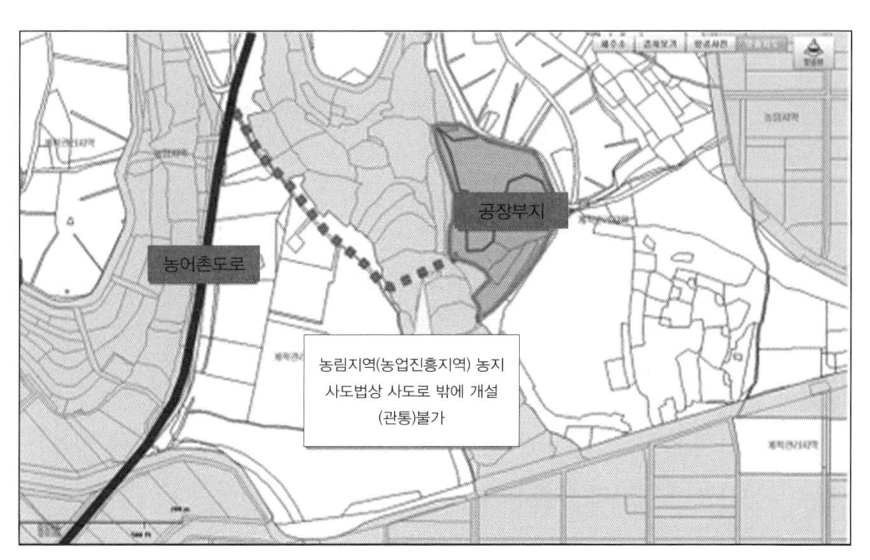

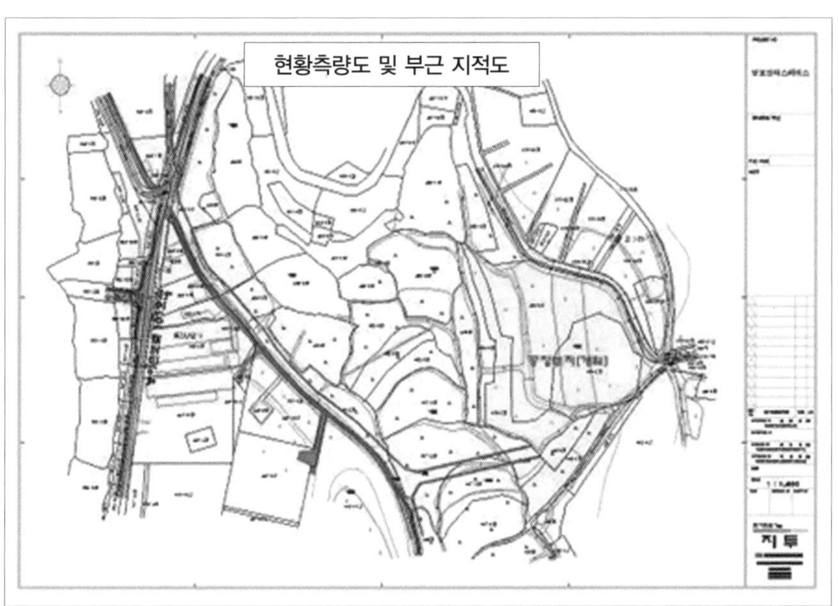

물류창고 개발부지에 대한 NPL 투자 사례

다들 부동산시장이 어렵다고 말한다. 아예 습관으로 굳어진 것 같다.

이런 시장상황에서 "꿩 먹고 알 먹는, 일석이조요, 도랑치고 가재 잡는 부동산투자로 단기적으론 임대수익의 달콤함을 즐기고, 장기적으로는 시세차익을 꿈꾸는 투자가 있다."고 하면 누구에게나 귀가 솔깃해지고 눈이 번쩍 뜨이는 부동산투자 정보라고 확신할 것이다.

이곳에서 소개하고자 하는 NPL(부실채권) 물건은 수도권과 가까운 지역에 적정한 물류창고부지를 저렴하고 합리적인 가격에 NPL 유입투자 방식으로 매입해 물류창고로 임대수익을 올리면서 장기적으로는 시세차익을 기대할 수 있는 투자다.

NPL을 활용한 물류창고 개발부지 NPL 유입투자 사례

물류창고 개발부지의 개념

① 서울 수도권 외곽도로 IC에서 10분 거리

② 진입로 : 대형 컨테이너 트럭 진입이 가능

③ 창고허가 : 농림지역에서는 '계획관리지역'만 가능

④ 도심지역 : 제1종 근린생활시설 소매점으로 영업하는 편법(창고업 허가 어려움)

물건 개요

① 물건 위치 : 경기도 남양주시

② 물건 지목 : 대지

③ 물건 면적 : 1470㎡ (445평)

④ 물건 지형 : 장방형의 토지, 인접 부지와 등고 차이가 있는 계단형

⑤ 물건 현황 : 나대지

⑥ 주위 환경 : 단독주택 및 각종 근린생활시설, 창고, 전 및 임야 등이 혼재된 지역

⑦ 용도지역 : 계획관리지역

⑧ 도로 접근 : 소로2류 (약 4미터)의 포장

⑨ 공시지가 : 2014년 1월 기준 148,300원/㎡(489,390원/평), 물건 공시지가 2억 1,800만 원

⑩ 실거래 예상가 : 약 3억 6,000만 원

물건의 NPL채권 거래내역

① 경매 감정가 : 366,600,000원

② 채권 최고가 : 430,000,000원

③ 임의경매 청구액 : 300,000,000원

④ 예상 채권 매입가 : 295,000,000원 (채권 양도양수 조건 : 사후정산 방식 = 채권 일부 양수도 방식, 경매유입 가격 : 3억 8,000만 원)

NPL채권 거래비용

① 채권 매입비용 : 295,000,000원

② 소유권 이전비용 : 18,000,000원 (취·등록세, 법무사 비용 등 포함)

③ 기타 비용 : 4,000,000원

④ 채권 매입비 소계 : 317,000,000원

NPL투자 사례 분석

투자 개념

① 투자 방식

- 물건 NPL 채권을 사후정산 방식 매입
- 경매 유입(경매 유입가격 3억 8,000만 원)으로 등기이전
- 경락 잔금 대출(2억 원)로 잔금 납부
- 경매 매입과 등기이전 직후 창고 건축
- 창고 임대

② 투자 기간

③ 채권 매입에서 경매 유입하여 창고 건축 후 임대 완료 기간(약 1.2년 산정)

총투자비용 산출합계 (부지확보 비용 + 창고건축 비용) = 479,000,000원

① 창고부지 확보 비용 : 채권매입비 소계(317,000,000원)

② 창고 건축 비용

- 창고 건축 면적 : 건폐율 40% (계획관리지역) 178평
- 창고 건축 비용 : 178평 x 80만 원 = 142,200,000원

③ 기타 비용 : 2천 만 원(창고 건물 인허가 및 설계비용 등)

창고 연간 임대수익 : 수익률 7.8%

① 보증금 : 30,000,000원

② 월 임대료 : 178평 x 18,000원/평 = 2,848,000원

③ 연간 임대수익 = 34,176,000원

④ 실투자 비용 : 439,000,000원(총투자 비용 - 임대보증금)

지렛대 효과 투자수익률 = 실투자비 대비 연간 수익률 10.9%

① 실투자 비용 : 199,000,000원

② 총투자 비용 : 479,000,000원

③ 임대보증금 : 30,000,000원

④ 대출금액 : 250,000,000원

⑤ 연간 임대수익 = 34,176,000원

⑥ 연간 금융비용 = 12,500,000원

⑦ 월간 금융비용 = 1,041,000원(연 5% 대출금리 적용)

⑧ 물건투자 연간 순수익(=연간 임대수익-연간 금융비용) = 21,676,000원

수도권 창고부지 개발물건의 선별

상권분석 관점

① 수도권 외관순환도로 IC에서 10분 거리
- 우수한 교통 접근성
- 창고 임대가 용이한 지역

② 안정적인 분양 및 임대 수요 잠재력이 있는 물건

③ 장기적으로 개발호재에 가장 빠르게 반응하는 상권

④ 적정하고 합리적인 가격의 창고부지

입지조건 관점

① 용도지역 : 계획관리지역
- 창고부지 개발에서 건폐율과 용적률이 높을수록 유리함.

② 부지 형태 : 정방형 부지가 유리함(대형 트럭 주차장시설 설계 고려 필요)

③ 배수시설이 양호

④ 도난방지 안전지역

⑤ 공시지가 및 실거래가 대비 가격 경쟁력이 있는 물건

SWOT 분석

남양주 창고개발부지 물건 투자의 장점

① 비교적 안전한 부동산 NPL 및 경매유입 투자 물건

- 부동산 물건의 하자 발생의 위험도가 낮은 물건.(대지)
- 경매유입, 부동산의 점유 및 권리관계에서 단순하고 안전함.
- 공시지가 대비 135% 이하의 NPL채권 매입 가능(비교적 저렴한 가격)
- 지목이 나대지로 부지 가격이 비교적 경쟁이 높음.

② 투자물건 직접 개발로 투자수익 극대화 가능.(투자물건 직접 개발)

- 안정적인 임대수익.
- 장기적 시세차익 실현가능.

③ 투자물건은 지목이 '대지'라 토지개발의 준조세비용 절감 : 토지전용부담금(공시지가의 30%) 절감

남양주 창고부지 물건 투자의 기회

① 경기 북부지역 개발사업 제한 및 규제 법률의 개정 가능성이 높다.

- 지방단체장 선거공약 실현.
- 상대적으로 낙후한 경기 북부 지역에 대한 보상 심리 작용 예상.

② 제2외곽순환도로의 IC 예정지와 10분 거리

- 서울 강남지역 접근성이 개선될 것으로 기대됨.
- 경기 북부 및 서울 강북지역의 접근성이 개선될 것으로 기대됨.

③ 상대적으로 가격 경쟁력 높음 : 수도권 기타 지역에 비하여 상대적으로

공시지가 대비 저평가지역으로 분류된다.

남양주 창고부지 물건 투자의 위협 및 단점

① 2014년 하반기 초 현재 기준으로는 부동산 거래가 부진하다.
② 남양주 지역 창고 수요와 공급 관계 : 창고 임대물건의 공급과잉 현상으로 장기적으로는 임차수익 실현의 애로사항이 예상된다.
③ 과거 금융위기 이전의 개발거품이 아직 상존한다.
④ 서울 수도권에서 강남생활권 기준으로 원거리로 접근성 떨어진다.

NPL을 활용한 창고 개발부지 투자전략

1. Up 계약 효과

① 채권 최고액에서 경매입찰 유입이 가능하여 up 계약 효과 실현
② 시세차익 실현을 위한 단기 급매도 시에도 양도소득세 면제 실현 가능

2. 단기적 수익 전략

저렴한 창고부지를 매입한 뒤 창고로 개발하는 투자로 높은 임대수익 실현 가능하다.

장기적 맞춤형 투자전략

① 장기적 토지가격 상승 예상 지역에 개발부지 확보 전략
② 최대 효율 실현이 가능한 제2차 부동산개발 가능(공장건설부지 매각 가능)

지목이 '대지'로 농지나 산지개발(전용)과 관련한 준조세비용 절감

① 농지보전부담금(농지)
- 공시지가의 30%
- 농지보전부담금의 상한선 : 5만 원/㎡(평당 16만 5,000원)

② 대체산림자원조성비(산지)
③ 개발부담금
- 개발부담금 부과율 = (사업종료 시 땅값 - 사업착수 시 땅값 - 개발비용)의 25%
- 부과대상 : 특별시와 광역시는 200평, 그 이외의 도시지역은 300평, 농어촌 등 비도시지역은 500평 이상

④ 기반시설부담금 : 연면적 200㎡(약60평) 이상의 건물을 새로 짓거나 증축할 시

PART. 05

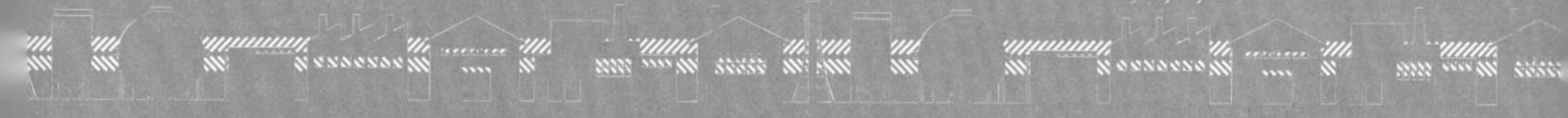

창고 공장부지의 투자실무

공장설립 사업계획서 작성 실무

공장설립 사업계획서 작성 사례

1. 창업사업계획 승인 신청

- 의제처리
  - 산림의 형질변경허가 신청서
  - 국유재산사용수익허가 신청

2. 공장신설 승인 신청

- 농지전용허가 신청
- 농지전용 용도변경 승인 신청

3. 공장등록변경 신청

예시 : 창업사업계획 승인 신청

<table>
<tr><td colspan="3">사업계획신청서</td><td colspan="2">■ 승인
□ 변경</td><td>처리기간
30일</td></tr>
<tr><td rowspan="5">신
청
인</td><td>① 상호 또는 명칭</td><td></td><td>② 사업자등록번호</td><td colspan="2"></td></tr>
<tr><td>③ 대표자 성명</td><td></td><td>④ 법인등록번호</td><td colspan="2"></td></tr>
<tr><td>⑤회사 형태</td><td></td><td>⑥ 설립 년 월 일</td><td colspan="2"></td></tr>
<tr><td>⑦주소
(법인은 소재지)</td><td></td><td>⑧ 회사자산</td><td colspan="2"></td></tr>
<tr><td>⑨ 대행 상담사명</td><td colspan="4">한국산업단지공단(담당 :)</td></tr>
<tr><td rowspan="4">사
업
계
획</td><td>⑩ 공장소재지</td><td></td><td></td><td colspan="2"></td></tr>
<tr><td>⑪ 규모</td><td></td><td>⑫ 건물</td><td colspan="2"></td></tr>
<tr><td>⑬ 업종(분류번호)</td><td></td><td>⑭ 종업원 수</td><td colspan="2"></td></tr>
<tr><td>⑮ 공사착공예정일</td><td></td><td>공사준공예정일</td><td colspan="2"></td></tr>
</table>

중소기업 창원지원법 시행규칙 제 8 조의 규정에 의하여 덧붙임과 같이 사업계획을 작성하여 제출하오니 승인(변경승인)하여 주시기 바랍니다.

2000 년 월 일

신청인

대표

군수 귀하

<table>
<tr><td rowspan="2">첨부서류
1. 사업계획서(승인 신청의 경우에 한한다.) 1 부.
2. 변경계획서 및 변경사유서(변경 승인 신청의 경우에 한한다.) 1 부.
3. 변경내용의 신·구 대비표(변경 승인 신청의 경우에 한한다.) 1 부.
4. 중소기업창업지원법 시행규칙 제8조 제4호, 제6호 및 제10호에 관한 서류 각 1부.</td><td>수수료</td></tr>
<tr><td>없음</td></tr>
</table>

사업계획서

업체명 (주) 한국

대표자 : 홍길동 (인)

순서

1. 사업개요
2. 생산품 소개
3. 사업계획 승인 전후 제품별 생산액 비교
4. 용도지역 변경 대상 품목 확인
5. 공장설립 및 시설 설치계획
6. 사업계획 승인으로 의제처리되는 인·허가 관련 기재사항

1. 사업개요

가. 사업목적

현재 국내의 ○○○의 필수 소재인 Magnet Wire의 핵심 Coating 재료인 에나멜 전선용 전기절연제(특허출원중)를 개발 생산하여 관련 산업의 안정적인 발전에 기여하고, '제품을 이용한 융착 코팅제로 부식에 강하고 환경친화적인 일회용 옷걸이를 생산하여 전량 미국에 수출하여, 고부가가치의 첨단제품을 생산하여 국가경제 활성화에 일조하고, 수출로 인한 외화획득을 하여 고용능력 확충으로 지역사회에 이바지하고자 본 사업을 하고자 합니다.

나. 사업 기대효과

① 고용효과
본사의 제품은 고도의 기술인력과 장비설치 및 보수유지에 따른 인력의 대다수의 인원을 인근 지역의 인력을 고용코자 하며 향후 사업의 번창시 고용효과의 극대화를 이룰 것으로 전망됨.

② 소득증대 효과
원·부자재 및 소모품의 인근지역 구입으로 지역주민들의 소득증대는 물론 유휴인력의 고용효과로 소득증대효과가 큼.

③ 수출증대효과
고융착 일회용 옷걸이를 생산하여, 전량 미국시장에 수출 ('2006년도 3,000천 만 불 예상)하여 수출증대효과가 있으며, 설비 및 전기절연제를 개발 국산화함으로서 수입대체효과로 외화 절감효과가 있음.

다. 투자계획

1) 자금투자 규모
- 시설자금 : 15억 원
- 운전자금 : 3억 원

2) 예상 매출액(1차년도) : 50억 원
3) 자산규모(1차년도) : 8억 원
4) 종업원 수(1차년도) : 9명

2. 생산제품 소개

구분	제품명	분류번호	규격	환경오염 배출시설 설치대상 업종 여부
주 생산품	• 에나멜전선용 전기절연 코팅제 • 고융착 코팅제 • 융착 옷걸이	• 달리 분류되지 않은 도료, 인쇄잉크 및 관련제품 (24229) (20%) • 달리 분류되지 않은 기타 제조업(3620069) (25%)	다양함	
기타 생산품				

【제품설명】

제품의 개요 : 에나멜전선용 전기절연코팅제, 고융착코팅제
제품의 설명 : 본 제품은 ○○○의 필수 소재인 Magnet Wire(반도체 재료)의 핵심 Coating 재료인 에나멜전선용 전기절연제 및 고융착코팅제로서, 특허출원 중인 제품으로서 고부가가치를 이루는 첨단 제품임.

제품공정도

공정 순서	공정 설명
원·부원료 입고	수지 및 제품사양에 맞는 재료를 입고
⬇	
계량	제품 사양에 맞게 수지 및 원자재를 계량하여 반응조에 투입
⬇	
용해 및 반응	제품에 맞는 원자재 및 수지를, 반응조에서 용해 및 반응한 후 관을 통하여 희석조로 이송한다.
⬇	
희석	제품 사양에 맞게 용제를 투입 희석한다.
⬇	
검사	제품의 규격, 사양 등을 검사한다.
⬇	
포장 및 출하	• 전기절연제는 포장 및 출하한다. • 고융착코팅제는 옷걸이 생산공장으로 출하한다.

※ 상기 제품 생산시에는 용수사용 및 폐수 발생 전혀 없음.

• 원료사용량 및 제품생산 예정량(참고사항으로서 꼭 기재할 필요는 없음)

원료 사용량		제품 생산 예정량	
원료명	연간 사용량(Ton)	제품명	연간 사용량((Ton)
Meta Cresol	350	폴리우레탄 바니쉬	300
Xylene	350		
D·M·D(Resin)	90	폴리에스터 바니쉬	240
D · M · T (Dimethyl Terephthalate)	90		
에틸렌 글리콜	30	폴리비닐 바니쉬	160
글리세린	30		
Epoxy Resin	30	나일론 바니쉬	300
Poly Amide Resin	45		
계	1,015	계	1,000

【제품설명】

① 제품의 개요 : 일회용 옷걸이
② 제품의 설명
본 제품은 철선에 고융착 코팅을 하여 전량 미국으로 수출하고자 하는 제품으로서, 장시간 운반에도 녹슬지 않고 무해한 옷걸이로서 고융착코팅제(특허출원 중)를 이용한 환경친화적인 제품임.

제품의 공정도

공정순서	공정설명
원·부자재 입고	철선 및 고응착코팅제 입고
⬇	
철선 공급	제품 사양에 맞는 철선을 투입한다.
⬇	
코팅	고융착코팅제에 철선을 담구어 코팅한다..
⬇	
건조 및 권취	전기건조기를 통과하여 건조시킨 후 감는다.
⬇	
성형	가공된 철선을 성형하여 옷걸이를 만든다.
⬇	
포장 및 출하	완성된 옷걸이를 포장하여 출하한다.

※ 상기 제품 생산시에는 용수사용 및 폐수발생 전혀 없음.

3. 사업계획 승인 전후 제품별 생산액 비교

[기존 사업계획 승인 공장을 인수하여 창업하는 경우와 일반 중소기업자들의 공장신설, 증설 및 이전시에만 기재]

구분	업종명	표준산업 분류번호 (세분류)	생산액	
			승인 전	승인 후
기존 업종				
	소계			(　　)
신규 업종	• 달리 분류되지 않은 도료, 인쇄잉크 및 관련 제품 • 달리 분류되지 않은 기타 제조업	• 24229(20%) • 3620069(25%)		50억
	소계			50억
합계				50억

※ 1) 한국표준산업분류중 세분류(4단위)별로 구분
2) 기존 사업계획 승인업체의 최종년도와 사업계획 승인 후 정상가동 시 생산액을 1개년 기준으로 기재할 것
3) ( ) 내는 구성비

【참고】

• 기존 시설 보유현황 및 신규 시설 설치계획

구분	시존시설 보유현황		신규시설 설치현황	
	단위	수얃	단위	수량
1. 대지			㎡	6,354
2. 공장			㎡	1,52006.2
3. 기계설비				
반응기(전기사용)			2㎡, 5Hp	1대
희석조			2㎡, 5Hp	1대
용해조			2㎡, 5Hp	1대
강선공급기			1Hp	1대
코팅기			0.15㎡	1대
권취기			2Hp	1대
전기건조기			2㎡	1대
성형기			2Hp	8대
포장기			2Hp	1대
콘베이어			2Hp	1대
4. 기타				

4. 용도지역변경 대상품목 확인

용도지역		국토관리법, 도시계획법	준농림	지목 (다수인 경우 열거)	임야
용도 변경 해당 업종		동지역 원자재 활용		지역명	해당 없음
				원자재	해당 없음
		기존 공장 생산제품(부산물 활용)		기존 공장명	해당 없음
				생산제품	해당 없음
		창업공장 생산 제품을 필요로 하는 경우		기존 공장명	해당 없음
				생산제품	해당 없음
		기타 승인권자가 지역 특성 등을 감안, 창업 입지를 허용할 필요가 있는 경우		산업분류표	해당 없음
				업종	해당 없음

5. 공장설립 및 시설 설치 계획

구분	120069년	년	년	년	계
① 설계용역					

② 부지	6,354㎡	㎡	㎡	㎡	㎡
③ 조성공사	6,354㎡	㎡	㎡	㎡	㎡
④ 공장건물건축	1,044㎡	㎡	㎡	㎡	㎡
⑤ 기계설비					
⑥ 부대건물	555.2㎡	㎡	㎡	㎡	㎡
– 사무실	206.6㎡	㎡	㎡	㎡	㎡
– 연구실	220.8㎡	㎡	㎡	㎡	㎡
– 창고	127.8㎡	㎡	㎡	㎡	㎡
– 식당	㎡	㎡	㎡	㎡	㎡
– 기숙사	㎡	㎡	㎡	㎡	㎡
⑦ 수·배전 시설	80kw				
⑧ 용수시설	2톤	생활용수			
⑨ 폐수처리시설					
⑩ 기타					

부지 및 건축면적은 연면적으로 기재

6. 사업계획승인으로 의제처리되는 인·허가 관련 기재사항

가. 중소기업창업지원법 제22조 제1항 관련 기재사항

인·허가 절차명	인·허가 받고자 하는 내용	비고
1.공장설립 승인 (공업배치 및 공장설립에 관한 법률 제13조))	• 공장용지면적 : 6,354㎡ • 공장건축면적 : 1,52006.2㎡ • 제조시설면적 :1,044㎡ • 부대시설면적 : 555.2㎡ • 녹지시설면적 : ㎡	• 건축면적 500㎡ 이상 또는 상시 종업원 수 16인 이상인 경우만 기재
2. 사방지 내의 사업허가 (사방사업법 제14조)	• 허가의 종류 : 해당 없음 : • 허가받고자 하는 면적 : ㎡ • 수량 :	
3. 사방지 해제 (사방사업법 제20조의 2)	• 지정되어 있는 면적 : 해당 없음 • 해제받고자 하는 면적 : ㎡	• 임야도 별도 첨부
4. 공유수면 점용 및 사용의 허가 (공유수면관리법 제4조) 가. 공유수면 점용의 경우	• 점용장소 : 번지지선 • 점용 면적 : ㎡ • 점용기간 :	• 점용계획서 별도 첨부
5. 공유수면 매립 면허 (하천법 제23조)	• 매립 장소 : 번지지선 • 매립 면적 : ㎡ • 착공기간 : 해당 없음 • 준공기간 :	• 매립계획서, 수리계산서(하천의 경우) 별도 첨부

6. 하천공사 시행허가 (공유수면관리법 제4조)	• 하천의 명칭 : • 위치 : 해당 없음 • 점용면적 : ㎡ • 폐천예상면적 : ㎡ • 공사기간 :	• 수리계산서 (제방신축공사에 한함)
7. 하천점용 동의 허가 (하천법 제22조) 가. 토지, 하천부속물 점용의 경우	• 하천명 : 해당 없음 • 점용위치 : • 점용면적 : • 공사기간 :	• 실측평면도 (축척 1/3,000 ~ 1/6,000) 별도 첨부
나. 공작물의 신축·개축, 변경, 제거의 경우	• 하천명 : 해당 없음 • 공사위치 : • 공사면적 : • 공사기간 :	• 구적도 (하천부속물 점용의 경우에 한한다.)
다. 토지의 굴착 (성토, 절토, 형상 변경의 경우)	• 하천명 : 해당 없음 • 위치 : • 공사의 종류 및 수량 : • 시행지 면적 : • 점용기간 : • 공사기간 :	• 설계서 별도 첨부
라. 토석 (사력, 하천, 산출물) 경우	• 하천명 및 위치 : • 채취의 장소 : 해당 없음 • 종류 및 수량 : • 채취면적 : • 채취시간 : • 공사기간 :	• 종 단면도 및 횡 단면도, 골재채취량 계산서, 실측평면도, 별도첨부
마. 유수인용(주수)의 경우	• 하천명 : 해당 없음 • 인용위치 : • 인용(주수) 수량 : • 하천 점용 면적 : • 인용(주수)의 시기 : • 하천점용 기간 : • 공사기간 :	• 실측평면도 (축척 1/3,000 ~ 1/5,000) • 설계서 및 도면 • 환경보전법에 의한 배출시설 설치 허가증 (주수의 경우에 한함) 별도첨부
8. 보전 임지의 전용 허가 (산림법 제18조)	• 산림 소재지 : 해당 없음 • 보전임지의 면적 : • 전용신청 면적 : ㎡ • 산림훼손구역 면적 : ㎡ • 벌채구역 면적 : • 벌채 수종 및 본수, 재적 :	• 전용구역 실측도, 산림훼손 또는 벌채구역도 별도첨부

9. 산림내 입목 벌채(임산물 굴취, 채취)등의 허가와 신고(산림법 제90조)	• 산림 소재지 : 화성군 양감면 사창리 • 산림훼손구역 면적 : ㎡ • 벌채구역 면적 : ㎡ • 임목벌채 수종 및 수량 : • 기간 : • 발법 : 장비 및 인력 :	• 훼손임지 실측도, 벌채구역도 별도첨부
10. 사도의 개설허가 (사도법 제4조)	• 구간 : 해당 없음 • 연장 : m • 폭원 : m	
11. 도시계획구역 내의 토지분할 등 허가 (도시계획법 제4조) 가. 도시계획구역 내의 토지분할인 경우	• 종전 토지 면적 : ㎡ • 용도지역 : 해당 없음 • 분할토지 면적 : ㎡	• 토지합필 신청서 (분할 후 합필하는 경우에 한함) 별도첨부
나. 도시계획구역 내의 토지 형질 변경 (토석채취, 죽목볼채, 죽목 재식)인 경우	• 토지형질변경 면적 : • 토석채취면적 • 토석수량 : 해당 없음 • 죽목벌채수종 : • 벌채나무 수 : • 죽목재식수종 : • 재식나무 수 :	
12. 도시계획의 변경결정 (도시계획법 제12조)	• 도시계획 변경 요청내용 : 해당 없음	
13. 도시계획시행자 지정 및 실시계획의 인가 (도시계획법 제23조)	• 사업의 종류 및 명칭 : • 면적 : 해당 없음 • 사업착수일 • 준공예정일	• 공사설계도서 별도첨부
14. 국토이용계획의 변경 결정 (국토이용관리법 제8조)	• 국토이용계획상 용도지역과 그 면적 • 지적공부상 지목 : 해당 없음 • 제품의 주원료 • 원료생산지명 및 공장과의 운반거리 : • 기존공장의 업종 및 배출시설의 종류	• 공장설치예정지의 편입토지조서, 지형도(1/25,000 이상) 별도첨부
15. 국토이용계획의 용도 변경 신고 (국토이용관리법 제24조)	• 국토이용계획상 용도지역과 그 면적 • 지적공부상 지목 • 제품의 주원료 • 원료생산지명 및 공장과의 운반거리 : • 기존공장의 업종 및 배출시설의 종류	
16. 토지 등의 거래계약의 허가 및 신고 (국토이용관리법 제21조)	• 토지의 지번, 지목 면적, 이용현황 및 권리의 설정현황 • 토지에 있는 공작물 등에 관한 사항 : 해당 없음 • 이전 또는 설치하고자 하는 권리의 종류 : 소유권 • 계약예정금액 : 원/㎡	• 지형도, 토지등기부등본 별도첨부
17. 농지전용의 허가 (농지의 보전 및 이용에 따른 법률 제4조)	• 농지소재지 : 해당 없음 • 전용(용도변경)하고자 하는 농지 면적 : ㎡ • 사업예정부지 면적 : ㎡	• 별표 3, 제10-3조 제2항 각호의 서류별도첨부

18. 초지의 전용허가 (초지법 제23조)	• 초지소재지 : • 초지이용현황 : 해당 없음 • 전용계획면적 : ㎡	• 지형도(허가청이 시장·군수인 경우 생략) 전용대상 초지의 현장상황판단 자료로 할 수 있는 근경 및 원경사진 별도 첨부 • 피해방지계획서(인근 초지 또는 농지에 피해를 가져올 우려가 있는 시설을 하는 경우에 한함) 별도첨부 • 잔여 초지활용계획서 (초지의 일부만을 전용하는 경우에 한함)
19. 무련분묘개장의 허가 (매장 및 묘지에 관한 법률 제16조)	• 분묘의 소재지 : 해당 없음 • 분묘의 묘수	• 분묘의 사진 별도첨부
20. 낙농지대지정의 해제 (낙농진흥법 제7조)	• 소재지 : 해당 없음 • 해제신청 면적 : ㎡	
21.국유재산의 사용수익 허가 (국유재산법 제 24 조)	• 국유재산 소재지 : 화성군 양감면 사창리 • 국유재산의 종류 : 임야 • 지번, 지목, 지적 : 163㎡(진입도로)	• 신청서 별도첨부
22.도로·하천·구거 및 제방의 용도 폐지 (국유재산법 제 24 조)	• 재산의 소재지 : 해당 없음 –지번 : –지목 : – 지적 :	
23. 농지개량시설의 목적 외 사용승인 (농어촌정비법 제20조)	• 대상시 설명 : 해당 없음 • 대상시설 소재지 : • 목적 외 사용의 내용, 방법, 기간 :	
24. 도로점용의 허가 (도로법 제40조 제1항)	• 도로의 종류 : – 노선명, 노선번호 : • 점용장소와 면적 : • 점용기간 : 해당 없음 • 공작물(시설)의 구조 : • 공사시설의 방법 : • 공사시기 : • 도로의 복구방법: • 도로굴착시 흙먼지의 비산을 막는 방법 :	• 설계도, 도로점용에 관한 사업계획서 (도로굴착의 경우에 한한다.)
25. 접도(연도)구역 안에서의 허가 (도로법 제50조 제5항 및 제51조 제3항)	• 도로의 종류 : – 노선명, 노선번호 : • 건축물 및 공작물의 설치 : – 구조 : 해당 없음 – 대지 위치, 지목, 면적 • 건축물 공작물의 면적 – 신청부분 : –신청 이외의 부분 : • 토지형질변경 : – 대지위치 : – 대지면적 : – 토지 형질변경의 면적 : ㎡	• 설계도 병도첨부

<table>
<tr><td colspan="6" rowspan="2">산림의 형질변경 허가신청서</td><td colspan="2">처리기간</td></tr>
<tr><td colspan="2">10일</td></tr>
<tr><td rowspan="2">신청인</td><td>성명</td><td></td><td colspan="2">주민등록번호
법인등록번호</td><td colspan="2"></td><td></td></tr>
<tr><td>주소</td><td colspan="6"></td></tr>
<tr><td rowspan="3">산림소유지</td><td>성명</td><td></td><td colspan="2">주민등록번호</td><td colspan="3"></td></tr>
<tr><td colspan="2">주소</td><td colspan="5"></td></tr>
<tr><td colspan="2">당해 산림에 대한
권리관계</td><td colspan="5">소유권</td></tr>
<tr><td colspan="2">산림소재지</td><td colspan="4"></td><td>지적</td><td></td></tr>
<tr><td colspan="2">산림의 형질변경
구역면적</td><td colspan="2"></td><td colspan="2">형질변경용도</td><td colspan="2">공장부지</td></tr>
<tr><td colspan="2">벌채구역면적</td><td colspan="2">㎡</td><td colspan="2">벌채수량</td><td colspan="2">㎡</td></tr>
<tr><td colspan="2" rowspan="2">벌채수종 및 수량</td><td>수종별</td><td>본수</td><td>재적</td><td>수종별</td><td>본수</td><td>재적</td></tr>
<tr><td></td><td></td><td></td><td></td><td></td><td></td></tr>
<tr><td colspan="2">형질변경기간</td><td colspan="6"></td></tr>
<tr><td colspan="2">벌채기간</td><td colspan="6"></td></tr>
<tr><td colspan="2">형질변경방법</td><td colspan="2"></td><td colspan="2">벌채방법</td><td colspan="2">장비 및 인력</td></tr>
<tr><td colspan="8">산림법 제90조 및 동법 시행규칙 제88조 제1항의 규정에 의하여 위와 같이 산림을
형질변경하고자 신청하오니 허가하여 주시기 바랍니다.

2019년 월 일
신청인 (주) ○○○○
대표 ○○○ (인)

○○군수 귀하</td></tr>
<tr><td colspan="7">※ 구비서류
① 사업계획서(연차별 사업계획표시) 1부
② 형질변경임지실측도 및 벌채구역도(1/6000 또는 1/3000) 각 1부
(다만, 형질변경 임지구역과 벌채구역이 일치하는 경우에는 벌채구역도를 생략한다.)
③ 산림의 소유권 또는 사용 · 수익권을 증명할 수 있는 서류 1부</td><td>수수료
없음</td></tr>
</table>

사업계획서

업체명 (주) 한국

대표자 홍길동 (인)

1. 사업명

• 공장설립을 위한 형질변경

2. 사업소재지

• ○○도 ○○군 ○○면 ○○리

3. 사업시행자

• ○○도 ○○군 ○○면 ○○리
• 성명 : ○○○
• 주민등록번호 : ○○○○○○-○○○○○○○

4. 토지조서

소재지	지번	지목	지적면적	신청면적	비고
○○면 ○○리	○○○	임			토지사용승낙서 첨부
계	○○필지				

5. 현황

상기 토지는 오산에서 발안 방향 삼거리 양감면 방면으로 약 3㎞ 지점 사거리에 위치한 임야로서 국토이용계획법상 준농림 지역임.

현재 본 신청지 전면에 0001번지(~화성군)에 현황 구거 및 도로가 형성되어 있으며 후면에는 기존 공장과 주택등이 형성되어 있음.

6. 목적

창업사업계획서 별첨

7. 배수처리 및 피해방지 계획

부지 내 전면 0002번지에 기존 구거가 형성되어 있어 신청지 진입로 구간은 점용허가를 득하여 진입로 부분에 흄관 D800m/m를 설치할 계획이며, 단지 내 우수는 플륨관 및 집수정을 설치하여 기존 구거에 연결 배수할 계획이며, 단지 내 오수는 정화조를 설치 충분히 정화후 오수맨홀을 설치하여 분리 배수 할 계획임.

또한 신청지 내의 절토부와 성토부는 경사를 두고 잔디를 식재하여 토사 유출을 방지하고 인근 농경지에 피해가 없도록 하겠음.

8. 상수도 계획

자가수도를 개발할 계획임.

9. 토목공사 개요

<table>
<tr><td>• 절토 : 18,110㎡
• 성토 : 510㎡
• 잔토 : 17,600㎡
• 오수맨홀 : 1개소
• 집수정 : 9개소</td><td>흄관(D300) : 110.5m
흄관(D450) : 9m
흄관(D800) : 20m
배수관 날개벽 : 2개소
플륨관(D300) : 122.5m
잔디식재 : 580m</td></tr>
</table>

10. 토목공사 개요

명칭	면적(㎡)	비율(%)
건축 부지	1,392.6	21.92
주차장 부지	103.5	1.63
야적장 부지 및 기타 부지	3,317.9	52.22
녹지 부지	1,540	24.23
계	6,354	100

11. 건축 개요

<table>
<tr><th>대지위치</th><td colspan="10"></td></tr>
<tr><th>용도지역</th><td colspan="10"></td></tr>
<tr><th>대지면적</th><td colspan="10"></td></tr>
<tr><th>건물면적</th><td rowspan="2">구분</td><td colspan="2">A동</td><td colspan="2">B동</td><td colspan="2">C동</td><td colspan="2">D동</td><td rowspan="2">계</td></tr>
<tr><th></th><td>용도</td><td>면적</td><td>용도</td><td>면적</td><td>용도</td><td>면적</td><td>용도</td><td>면적</td></tr>
<tr><th></th><td>1층</td><td>공장</td><td>900</td><td>공장</td><td>144</td><td>연구실</td><td>220.8</td><td>창고</td><td>127.8</td><td>1,392.6</td></tr>
<tr><th></th><td>2층</td><td></td><td></td><td></td><td></td><td>사무실</td><td>206.6</td><td></td><td></td><td>206.6</td></tr>
<tr><th></th><td>옥탑</td><td></td><td></td><td></td><td></td><td>제외</td><td>26.6</td><td></td><td></td><td>26.6</td></tr>
<tr><th></th><td>계</td><td></td><td></td><td></td><td></td><td></td><td>427.4</td><td></td><td>127.8</td><td>1,52006.2</td></tr>
<tr><th>건축면적</th><td colspan="10">1,392.6㎡</td></tr>
<tr><th>연면적</th><td colspan="10">1,52006.2㎡</td></tr>
<tr><th>건폐율</th><td colspan="4">1,392.6/6,354=21.91%</td><td colspan="2">용적률</td><td colspan="4">1,52006.2/6,354=25.16%</td></tr>
<tr><th>주차대수</th><td colspan="10">공장:1,171.8/200=5.85 사무실:427.4/150=2.84. 설치 : 9 대</td></tr>
<tr><th>조경면적</th><td colspan="10">법정 : 6,354×10%=635.4 ㎡ 설치 1,540 ㎡</td></tr>
</table>

〔별지 제 2 호 서식〕 〈개정 97.2.17〉

국유재산시	(●) 사용수익허가 ( ) 대부 ( ) 매수	신청서	처리기간 20일

신청인	성명		주민등록번호	
	주소		전화번호	

신청내용

재산의 표시			신청면적 (㎡)	용도	사용인 · 대부자 또는 매수자	비고
소재지	지목	지적(㎡)				
화성군 양감면 사창리	임야	2,784	163	공장진입도로	(주)○○ 대표 ○○○	

첨부서류
1. 등기부등본
2. 토지(임야)대장등본
3. 도시계획확인원
4. 지적도등본
5. 부근 약도
6. 건축물 관리대장(건물이 있는 경우)

국유재산법시행규칙 제16조·제36조 또는 제37조의 규정에 의하여

위 재산의 (●)사용수익허가 ( )대부 ( )매수를 신청하고자 합니다.

2019 년 월 일
신청인 (주) 한 국
대표 홍 길 동 (인)

화 성 군 수 귀 하

<table>
<tr><td colspan="4" rowspan="3">농지전용허가신청서</td><td>처리기간</td></tr>
<tr><td>시 · 군 · 구 : 15일</td></tr>
<tr><td>시 · 도 : 25일</td></tr>
<tr><td rowspan="2">신청인</td><td>성명</td><td>(주) ○○대표 ○○○</td><td>(법인) 등록번호</td><td>주민, 법인번호</td></tr>
<tr><td>주소</td><td colspan="3"></td></tr>
<tr><td rowspan="7">전용하고자 하는 용지</td><td>소재지</td><td colspan="3"></td></tr>
<tr><td>구분</td><td>계(㎡)</td><td>답</td><td>전</td></tr>
<tr><td>농업진흥구역</td><td></td><td></td><td></td></tr>
<tr><td>농업보호구역</td><td></td><td></td><td></td></tr>
<tr><td>농업진흥지역 밖</td><td>3,501</td><td>142</td><td>3,359</td></tr>
<tr><td>계</td><td>3,501</td><td></td><td></td></tr>
<tr><td colspan="2">사업예정부지 총 면적</td><td colspan="3">3,501 ㎡ (농업진흥지역 ㎡)</td></tr>
<tr><td>사업기간</td><td colspan="2">착공예정일 : 97 년 10 월 일</td><td colspan="2">준공예정일 : 2006 년 6 월 일</td></tr>
<tr><td>전용목적</td><td colspan="4">공장부지 조성</td></tr>
<tr><td colspan="5">농지법 제 36 조 제1항의 규정에 의하여 위와 같이 농지전용의 허가(변경허가)를 신청합니다.

2014 년 11 월 일

신청인 (주) 한 국 산 업
대 표 홍 길 동 (인)

용 인 시 장 귀하</td></tr>
<tr><td colspan="4" rowspan="3">※ 구 비 서 류
1. 전용목적을 기재한 사업계획서
2. 전용하고자 하는 농지의 소유권을 입증하는 서류 또는 사용권을 가지고 있음을 입증하는 서류(사용승낙서 또는 사용승낙의 뜻이 기재된 매매계약서를 말한다.)
3. 전용하고자 하는 농지에 대하여 전용예정구역이 표시된 지적도등본 또는 임야도등본과 지형도(당해 농지의 전용허가에 관한 권한이 영 제 72 조 제2항의 규정에 의하여 시장·군수 또는 자치구청장에게 위임된 경우에는 지형도를 생략할 수 있다.)
4. 당해 농지의 전용이 농지개량시설 또는 도로의 폐지 및 변경이나 토사의 유출 · 폐수의 배출 또는 악취의 발생등을 수반하여 인근 농지의 농업경영과 농어촌생활환경의 유지에 피해가 예상되는 경우에는 대체시설의 설치등 피해방지계획서
5. 변경내용을 증명할 수 있는 서류를 포함한 변경사유서 및 허가증(변경허가신청에 한한다.)</td><td>수수료</td></tr>
<tr><td>농지법 시행령 제75조에 의함</td></tr>
<tr><td></td></tr>
</table>

※전용하고자 하는 농지의 명세는 뒷면에 기재하여 주시기 바랍니다.

전용신청농지명세서								
소재지			지번	지목	면적 (㎡)	진흥지역 용도구분	전용면적 (㎡)	주재배 작물명
시 · 군	읍 · 면	리 · 동						
용인	이동	어비	○○○	전	3,359	지역 밖	3,359	
			○○1	답	142	지역 밖	142	

※ 이 신청서는 아래와 같이 처리됩니다.

신청인	농지관리위원 (시·군·읍·면)	경유기관 (시·군·자치구)	처리기간 (시·군·시·도)
신청서 작성	접수 → 확인	접수 → 실시 → 검토 → 경유	접수 → 검토 → 허가증 작성

농지전용허가권한(농지법시행령 제72조)

구분	시·군·자치구	시·도
농업진흥지역 안 농지	3,000㎡ 미만	3,000㎡ 이상
농업진흥지역 밖 농지	10,000㎡ 미만	10,000㎡ 이상

피해방지계획서

주소 : 시 면 리
○○○번지

업체명 : (주) ○○○○○○

대표자 : ○○○

피해방지계획서

1. 목적

당사는 첨단 생물공학기술을 이용한 환경보전 제품인 무공해 환경친화적 첨단 생물산업이며, 공장가동으로 인한 폐수는 전혀 발생치 않으며, 경기도 및 통상산업부에서 적극 육성하는 유망 벤처기업으로 이동면 어비리에 부지를 마련 공장을 신축함에 있어 인근지역 주민과 토지에 공사로 인한 피해영향을 없애고자 철저한 피해방지계획을 수립하여 피해 방지에 만전을 기하고자 본 피해방지계획서를 제출합니다.

피해방지시설

명칭	규격	단위	수량	비고
흄관	400㎜	M	44	
맨홀	1×1m	EA	4	
u형측	0.3×0.3m	M	130	

피해방지 개요

① 본 부지를 조성함에 있어서 절·성토로 인한 인근 농지나 주변농가에게 피해가 가지 않도록 철저한 피해방지계획을 수립하여 착공함으로써 인근 농지나 주민에게 피해가 없을 것으로 사료됨.

② 공장부지의 절·성토로 인한 토사 유출·입에 따른 중기차량이나 흙의 비산을 방지하기 위하여 흙의 이동 시에 덮개와 안전조치를 이행함은 물론 최저속도로 유지하여 인근 주민의 피해가 발생치 않도록 최선을 다할 것임.

③ 인근에서 유입되는 우수 및 유수는 부지 자체 내에 흄관 및 U 형 측구을 설치하여 기존 배수로와 연결함으로써 인근 지역에 우수 및 유수로 인한 피해방지계획에 만전을 기할 것임.

④ 공장신설로 인한 기타 문제점이 발생될 시에는 즉각 처리토록할 것이며, 관할시의 지시에 적극 따르겠습니다.

[별지 제5호 서식]

<table>
<tr><td colspan="6">공장 ■신설 ■승인 □증설 □이전 □변경승인 □업종변경 (신청)서</td><td>처리기간
뒷면참조</td></tr>
<tr><td rowspan="3">신청인</td><td>회사명</td><td colspan="2">대한산업(주)</td><td colspan="2">전화번호</td><td>031-000-0000</td></tr>
<tr><td>대표자 성명</td><td colspan="2"></td><td colspan="2">주민등록번호(법인등록번호)</td><td>000000-0000000</td></tr>
<tr><td colspan="2">대표자 주소(법인소재지)</td><td colspan="4">경기도 화성군 양감면 용소리 000-00번지</td></tr>
<tr><td rowspan="6">승인
신청사항</td><td>공장소재지</td><td colspan="3">경기도 화성군 양감면 용소리 000-00번지</td><td>지목</td><td>답 · 전</td></tr>
<tr><td>용도지역</td><td>국토이용관리법</td><td>계획관리</td><td>도시계획법</td><td>생산품</td><td>화장지</td></tr>
<tr><td>회사명</td><td colspan="3">댜한산업(주)</td><td>대표자</td><td></td></tr>
<tr><td>업종</td><td colspan="2">위샹용 종이제품 제조업</td><td colspan="2">분류번호</td><td>21093</td></tr>
<tr><td rowspan="2">규모</td><td>공장용지면적(㎡)</td><td>조시설면적(㎡)</td><td colspan="2">부대시설면적(㎡)</td><td>종업원 수</td></tr>
<tr><td>6,208</td><td>1,656</td><td colspan="2"></td><td>16명(남:5, 여:11)</td></tr>
<tr><td rowspan="2">기존공장</td><td>소재지</td><td colspan="2"></td><td colspan="2">공장등록번호</td><td></td></tr>
<tr><td>업종</td><td>장용지면적(㎡)</td><td></td><td colspan="2">공장건축면적(㎡)</td><td></td></tr>
<tr><td colspan="2">변경승인신청사항</td><td colspan="5"></td></tr>
</table>

기존 공장란은 이전승인신청 시에만 기재

공업배치 및 공장설립에 관한 법률 제13조 제1항, 제20조 제2항 및 동법 시행규칙 제6조 및 제7조의 규정에 의하여 위와 같이 신청합니다.

년 월 일

신청인 : 대한산업 (주)

대표 : ○ ○ ○ (인)

공업배치 및 공장설립에 관한 법률시행령 제19조 제3항의 규정에 의하여 위와 같이 공장설립(변경)을 승인합니다.

※ 의제처리 되는 인 · 허가 및 승인 조선 : 별지 참조

년 월 일

군 수 (인)

공장설립 사업계획서

업체명 : (주) ○○○○○○

대표자 : ○○○

<table>
<tr><th colspan="7">사업개요</th></tr>
<tr><td>회사명</td><td colspan="2">대한산업(주)</td><td colspan="2">주소</td><td colspan="2">경기도 화성군 양감면 용소리 000–00번지</td></tr>
<tr><td>대표자 성명</td><td colspan="2"></td><td colspan="2">전화번호</td><td colspan="2">031–0000–0000</td></tr>
<tr><td>업종</td><td colspan="6">위생용 종이제품 제조업(21093)</td></tr>
<tr><td>생산품</td><td colspan="6">화장지</td></tr>
<tr><td>위치</td><td colspan="6">경기도 화성군 양감면 용소리 000–00번지</td></tr>
<tr><td>용도지역</td><td>준농림</td><td colspan="5">지목</td></tr>
<tr><td rowspan="2">공장의 업종</td><td>업종명</td><td colspan="5">위생용 종이제품 제조업</td></tr>
<tr><td>분류기호</td><td colspan="2">21093</td><td colspan="3">기준공장 면적률</td></tr>
<tr><td rowspan="4">공장의 규모
(㎡)</td><td>용지면적</td><td colspan="2">6,208㎡</td><td colspan="3">종업원 수</td></tr>
<tr><td>건축면적</td><td colspan="4">제조시설 : 1,656</td><td>부대시설 :</td></tr>
<tr><td rowspan="2"></td><td colspan="3">건축면적/ 용지면적</td><td colspan="2">1,656/ 6,208 = 26..6%</td></tr>
<tr><td colspan="3">건폐율</td><td colspan="2">26.6%</td></tr>
<tr><td colspan="5">계</td><td colspan="2">자기 자본</td></tr>
<tr><td colspan="5">3억 원</td><td colspan="2">3억 원</td></tr>
</table>

- "업종"은 한국표준산업분류 상 세세분류인 5 단위까지 기입
- "건축면적"은 공장설립일로부터 4년 이내의 건설계획분을 포함하여 기재
- "기준공장면적율 (건축연면적/공장용지면적)"은 공장입지기준고시(상공자원부 고시 제 94–2006 호)참조

공장건설계획

(단위 : ㎡)

구분	기존건물 (2006. 11. 9. 승인)	년	년	년	계
계	1,656				1,656
공장	1,656	공장설립 승인 후 창고를 공장으로 용도변경 예정			1,656

공장건설계획

생산공정도	생산공정 요약 설명
원자재 입고	장지 원지 및 포장용지. Box 등을 입고
작업준비	인터홀더에 원지를 걸어 준비를 한다.
절단	안터홀더에 원지를 풀어 사양에 맞게 포개어진 화장지를 품규격에 맞게 절단
검사 및 포장	제품사양 및 규격에 맞는지 검사 후 포장
출하	납품처에 출하(LG정유 사은품 화장지)

배출시설명세

시설명	용량 및 규격 (HP · ㎾ · ㎥)	수량	배출오염물질		비고
			종류	배출량	
인터홀터(해지기)	3HP	2			
인터홀터(해지기)	2HP	2			
절단기	1HP	3			
포장기	0.5HP	3			
압축기	5HP	2			
콘베이어	1HP	2			

전력·용수 등 사용계획

(단위 : ㎡)

용수(톤/ 일)		전력(kW/일)		연료(톤/ 일)		
상수도	지하수	일반전력	자가발전	벙코C유	가스	기타
	2(생활용수)	70				

공장설립승인으로 의제처리되는 인·허가 내역서

<table>
<tr><th>절차명</th><th>인허가 받고자 하는 내용</th><th>구비서류</th></tr>
<tr>
<td>농지전용허가·신고 ·용도 변경 승인
(농지법 제36조·제37조·제42조·제45조)</td>
<td>
신청지 소재지 :
화성군 양감면 용소리

전용신청 면적(㎡)
<table>
<tr><td>구분</td><td>계</td><td>전</td><td>답</td></tr>
<tr><td>농업진흥구역</td><td></td><td></td><td></td></tr>
<tr><td>농업보호구역</td><td></td><td></td><td></td></tr>
<tr><td>진흥지역 밖</td><td></td><td></td><td></td></tr>
<tr><td>계</td><td></td><td></td><td></td></tr>
</table>

용도변경신청면적(㎡) 및 용도
<table>
<tr><td rowspan="2">구분</td><td colspan="2">변경 전</td><td colspan="2">변경 후</td></tr>
<tr><td>용도</td><td>면적</td><td>용도</td><td>면적</td></tr>
<tr><td>농업진흥 구역</td><td></td><td></td><td></td><td></td></tr>
<tr><td>농업보호 구역</td><td></td><td></td><td></td><td></td></tr>
<tr><td>진흥지역 밖</td><td>잡 · 전</td><td>6,208</td><td>장</td><td>6.208</td></tr>
<tr><td>계</td><td>잡 · 전</td><td>6208</td><td>장</td><td>6.208</td></tr>
</table>

신청농지명세(㎡)
<table>
<tr><td>지번</td><td>지목</td><td>지적</td><td>청면적</td><td>용도구역</td></tr>
<tr><td>0068-2</td><td>잡</td><td>840</td><td>840</td><td>준농림</td></tr>
<tr><td>0068-4</td><td>잡</td><td>4,080</td><td>4,080</td><td>준농림</td></tr>
<tr><td>20068</td><td>전</td><td>1,288</td><td>1,288</td><td></td></tr>
<tr><td colspan="2">계</td><td>6,208</td><td>6,208</td><td>준농림</td></tr>
</table>

사업예정부지 총면적: 6,208 ㎡
전용신청농지의 주재배작물 : 없음
</td>
<td>피해방지계획서는 공장설립 승인 후 건축허가신청(건축허가를 의제처리한 경우에는 착공신고) 전까지 제출하여 확인을 받을 것
※ 지적도 · 임야도 등은 자체 발급하여 확인할 것</td>
</tr>
<tr><td colspan="3">이하 의제처리내역 해당 없음</td></tr>
</table>

<table>
<tr><td colspan="6" rowspan="2">농지전용용도변경승인신청서</td><td colspan="2">처리기간</td></tr>
<tr><td colspan="2">25일</td></tr>
<tr><td rowspan="2">신청인</td><td>성명</td><td colspan="2">대한산업 (주)
대표 :</td><td colspan="2">주민(법인)등록번호</td><td colspan="2">000000-0000000</td></tr>
<tr><td>주소</td><td colspan="6">경기도 화성군 양감면 용소리 000-00번지</td></tr>
<tr><td colspan="2">허가·신고·협의번호</td><td colspan="2">'96-6023</td><td colspan="2">허가·신고 협의일자</td><td colspan="2">96.12.17
97.5.2</td></tr>
<tr><td rowspan="9">용도변경신청내역</td><td>농지소재지</td><td></td><td></td><td></td><td></td><td></td><td></td></tr>
<tr><td rowspan="2">농업진흥구역
용도구분</td><td colspan="3">용도변경 전</td><td colspan="3">용도변경 후</td></tr>
<tr><td>계(㎡)</td><td>답</td><td>전</td><td>계(㎡)</td><td>답</td><td>전</td></tr>
<tr><td>농업진흥구역</td><td></td><td></td><td></td><td></td><td></td><td></td></tr>
<tr><td>농업보호구역</td><td></td><td></td><td></td><td></td><td></td><td></td></tr>
<tr><td>농업진흥구역 밖</td><td>6,208</td><td>840</td><td>5,368</td><td>6,208</td><td>840</td><td>5,368</td></tr>
<tr><td>계</td><td>6,208</td><td>840</td><td>5,368</td><td>6,208</td><td>840</td><td>5,368</td></tr>
<tr><td>용도((목적)</td><td colspan="3">창고부지</td><td colspan="3">공장부지</td></tr>
<tr><td>사유</td><td colspan="6">물류창고 및 농수산물 유통창고 부지에서 공장부지로 용도변경하고자 함.</td></tr>
<tr><td colspan="8">농지법 제42조의 규정에 의하여 농지에서 전용한 토지의 용도를 위와 같이 변경하고자 승인신청 합니다.

년 월 일

신청인 대한산업 (주)

대표 (인)

화성군수 귀하</td></tr>
<tr><td colspan="6" rowspan="2">※ 구비서류
1. 용도변경의 목적 등을 기재한 사업계획서
2. 당해 토지에 대하여 용도변경 예정구역이 표시된 지적도등본 또는 임야도등본.
3. 당해 토지의 용도 변경이 농지개량시설 또는 도로의 폐지 및 변경이나 토사의 유출, 폐수의 배출 또는 악취의 발생 등을 수반하여 인근 농지의 농업경영과 농어촌 생활환경의 유지에 피해가 예상되는 경우에는 대체시설의 설치 등 피해방지계획서.</td><td colspan="2">수수료</td></tr>
<tr><td colspan="2">없음</td></tr>
</table>

승인 신청 토지의 지번별 용도변경 명세

소재지			지번	지목	면적(㎡)	농업진흥지역	용도변경 전		용도변경 후	
군	면	리				용도	용도	전용면적	용도	전용면적
화성	양감	용소	01	잡	840	지역 밖	잡	840	장	840
			02	잡	4,080	지역 밖	잡	4,080	장	4,080
			03	전	1,288	지역 밖	전	1,288	징	1,288

사업계획서

신청인

업체명 (주) ○○○○

대표자 ○○○ (인)

변경사유서

'96. 12. 27 일 및 '97. 5. 2일 화성군 양감면 용소리 01, 02, 03 번지에 ○○○씨가 농수산물 및 물류창고 부지조성목적으로 농지전용허가를 득하여 창고를 준공 사용하였으나 경기악화 및 본인의 자금사정으로 인하여, 부득이 금번에 ○○산업(주)(대표 ○○○)에서 위생용 화장지 공장으로 사용하고자 이에 농지전용 용도변경 승인을신청합니다.

변경대비표

1. 일반사항

구분	당초	변경
소재지	경기도 화성군 양감면 용소리 000-00	좌동
소유자		좌동
대표자		
업종	농수산물 유통보관, 물류창고	위생용 종이제품 제조업(21093)
기준공장 면적률		15%

2, 토지조서

구분					변경				
지번	지목	지적	신청면적	비고	지번	지목	지적	신청면적	비고
01	잡	840	840		01	장	840	840	
02	잡	4,080	4,080		02	장	4,080	4,080	
03	전	1,280	1,280		03	장	1,288	1,288	

3.조서

구분	단위	면적		비고
		당초	변경	
창고	㎡	1,656	1,656	창고→공장 용도변경예정

<table>
<tr><td colspan="8">공장 □등록 ■등록변경 □부분가동 신청서</td><td>처리리간
구비서류란 참조</td></tr>
<tr><td rowspan="3">신청인</td><td>회사명</td><td colspan="4">(주) 한국산업</td><td>전화</td><td colspan="2">031-000-0000</td></tr>
<tr><td>대표자 성명</td><td colspan="4"></td><td>주민등록번호
(법인등록번호)</td><td colspan="2"></td></tr>
<tr><td>대표자 주소
(법인은 소재지)</td><td colspan="7">경기도 화성군 정남면 괘랑리 000번지</td></tr>
<tr><td rowspan="6">공장현황</td><td>공장소재지</td><td colspan="4">경기도 화성군 정남면 괘랑리 000번지</td><td>지목</td><td colspan="2">공장용지</td></tr>
<tr><td rowspan="2">용도지역</td><td colspan="2">국토이용관리법</td><td colspan="2">계획관리</td><td>종업원 수</td><td colspan="2">14명</td></tr>
<tr><td colspan="2">도시계획법</td><td colspan="2"></td><td>생산품
(등록신청)</td><td colspan="2">기능코팅제
토양경화제</td></tr>
<tr><td colspan="3">공장의 업종
(분류번호)</td><td colspan="2">공장용지면적
(㎡)</td><td>제조시설면적
(㎡)</td><td colspan="2">부대시설면적
(㎡)</td></tr>
<tr><td colspan="3">달리 분류되지 않는 도료 인쇄잉크 및 관련 제품 제조업(24229), 기초무기화합물제조(24112)</td><td colspan="2">687</td><td>196</td><td colspan="2"></td></tr>
<tr><td colspan="8"></td></tr>
<tr><td rowspan="3">변경내용</td><td>구분</td><td>회사명</td><td>대표자 성명</td><td colspan="2">공장용지면(㎡)</td><td>제조시설면(㎡)</td><td colspan="2">부대시설(㎡)</td></tr>
<tr><td>변경 전</td><td>한국산업</td><td></td><td colspan="2">687</td><td>196</td><td colspan="2"></td></tr>
<tr><td>변경 후</td><td>(주)한국산업</td><td></td><td colspan="2">687</td><td>196</td><td colspan="2"></td></tr>
<tr><td colspan="9">공업배치 및 공장설립에 관한 법률 제16조 제1항 내지 제3항 및 동법 시행규칙 제11조 · 제12조 · 12조의 2의 규정에 따라 위와 같이 신청 합니다.

년 월 일

신청인 (주) 한 국 산 업
대 표 ○ ○ ○ 인
화 성 군 수 귀 하</td></tr>
<tr><td colspan="8">※구비서류:
등록변경신청시:
1. 등록사항 변경의 경우에는 변경사항을 증명하는 서류 1부
2. 법 제16조의 규정에 의하여 공장등록을 한 자로부터 공장을 인수한 자의 경우에는 양수 또는 임차 사실을 증명하는 서류 1 부

처리기간
1. 공장등록신청, 부분가동신청 : 10일
2. 공장등록변경신청 : 7일</td><td>수수료
없음</td></tr>
</table>

2. 창고 인·허가 설계도서 예시

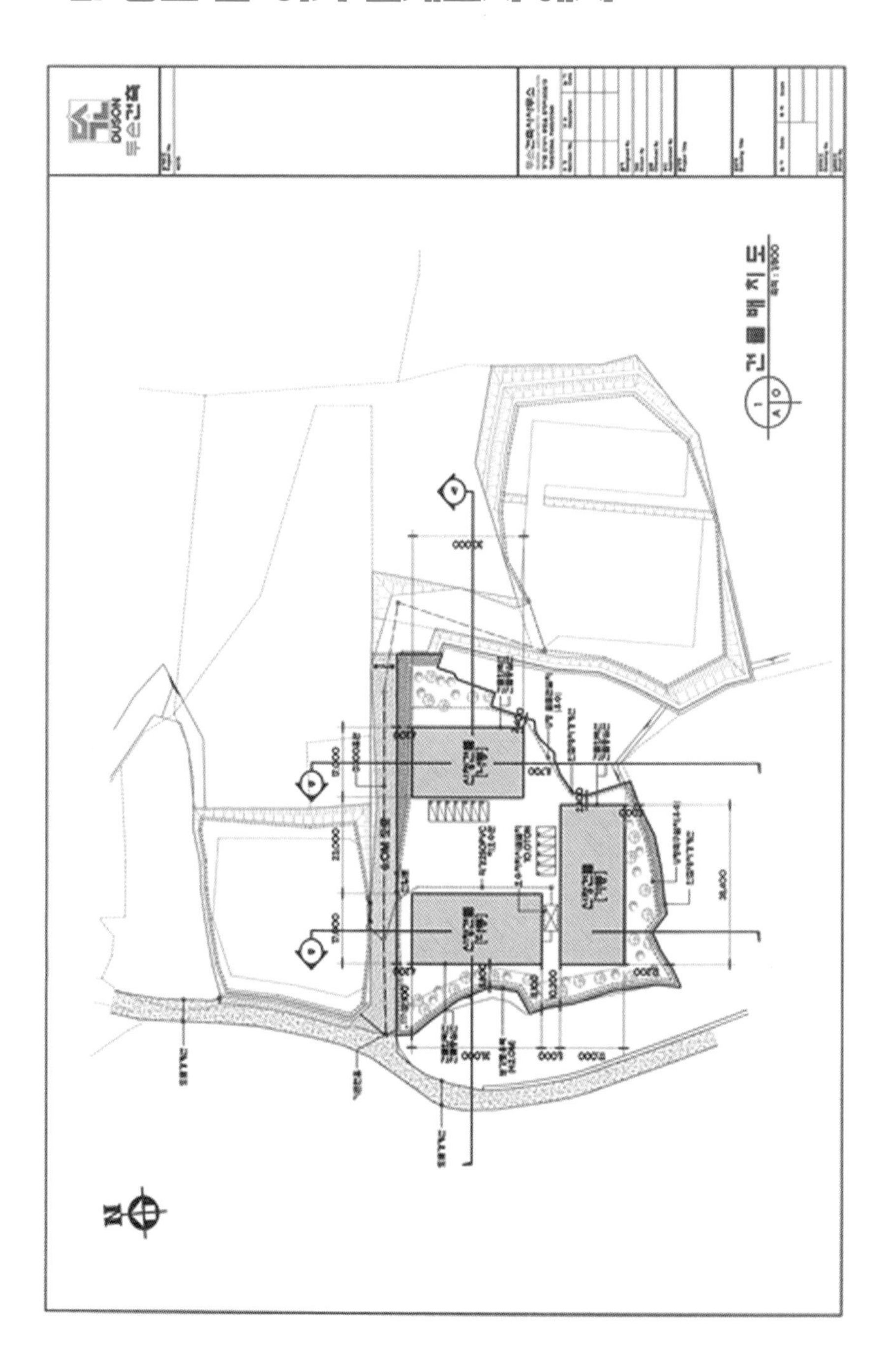

건축설계개요 (1차 설계변경, 단위:㎡)

건축주	이 일 천					
주민등록번호	-					
건축주주소	-					
대지위치	경기도 안성시 대덕면 소내리 248-5 외 1필지					
대지면적	4,669					
지역/지구	계획관리지역					
토지면적조서	지번	지목	지적	신청면적	제외지	비고
	248-5	답	4,158	4,158	-	
	248-2	임	511	511	-	
	합계		4,669	4,669		
건물면적조서	동별	층수	용도	면적	비고	
	가동	1층	공장시설[일반공장]	652.80		
	나동	1층	공장시설[일반공장]	595.00		
	다동	1층	공장시설[사무실]	170.00		
			공장시설[창고]	425.00		
	합계			1,842.80		
수평투영면적	-					
건축면적	1,842.80					
연면적	1,842.80					
건폐율	1,842.80 / 4,669.00 * 100 = 39.47%					
용적률	1,842.80 / 4,669.00 * 100 = 39.47%					
주용도	공장시설					
구조/지붕	일반철골구조/판넬					
건물높이	가~다동 : 8.0M					
정화조	오수처리시설설치					
조경	해당없음					
도로와의관계	6.0M 도로에 89.0M 접함					
주차장	12대	공장시설 : 1,842.80 / 150 =12.29대(법적)(12대설계)				
비고						

건축설계개요 (2차 설계변경, 단위:㎡)

건축주	이 일 천					
주민등록번호	650920-2392323					
건축주주소	경기도 안양시 동안구 비산동 455 삼성래미안 APT 101-2701 / 관악대로 121					
대지위치	경기도 안성시 대덕면 소내리 248-5 외 1필지					
대지면적	4,669					
지역/지구	계획관리지역					
토지면적조서	지번	지목	지적	신청면적	제외지	비고
	248-5	답	4,158	4,158	-	
	248-2	임	511	511	-	
	합계		4,669	4,669		
건물면적조서	동별	층수	용도	면적	비고	
	가동	1층	공장시설[일반공장]	652.80		
	나동	1층	공장시설[일반공장]	510.00	- 85.00	
	다동	1층	공장시설[사무실]	170.00		
			공장시설[창고]	425.00		
	합계			1,757.80	- 85.00	
수평투영면적	-					
건축면적	1,757.80					
연면적	1,757.80					
건폐율	1,757.80 / 4,669.00 * 100 = 37.65%					
용적률	1,757.80 / 4,669.00 * 100 = 37.65%					
주용도	공장시설					
구조/지붕	일반철골구조/판넬					
건물높이	가~다동 : 8.0M					
정화조	오수처리시설설치 10.0 TON					
조경	해당없음					
도로와의관계	6.0M 도로에 89.0M 접함					
주차장	12대	공장시설 : 1,757.80 / 150 =11.72대(법적)(12대설계)				
비고	- 설계변경 - 1. 나동 면적변경 : 595.00M2(기존) ---> 나동:510.00M2(변경) 2. 나동 위치변경					

DUSON 두손건축

두손건축사사무소

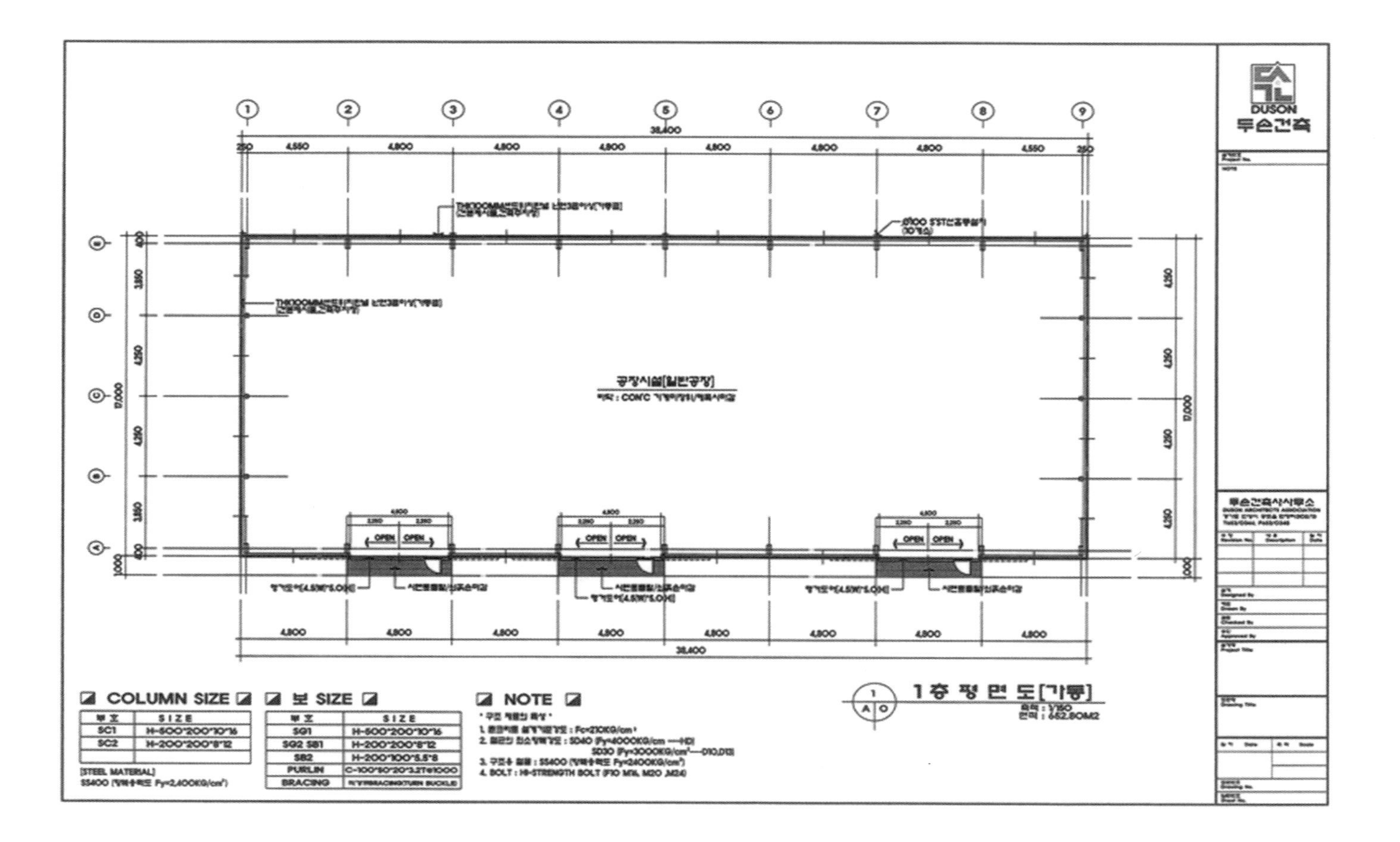
DUSON
두손건축
공장시설[일반공장]
OPEN
1층 평면도[가동]
COLUMN SIZE
보 SIZE
NOTE
SC1 H-500*200*10*16
SC2 H-200*200*8*12
SG1 H-500*200*10*16
SG2 SB1 H-200*200*8*12
SB2 H-200*100*5.5*8
PURLIN C-100*50*20*3.2T@1000
BRACING
[STEEL MATERIAL]
38,400
17,000
4,800
4,550
4,250
3,850

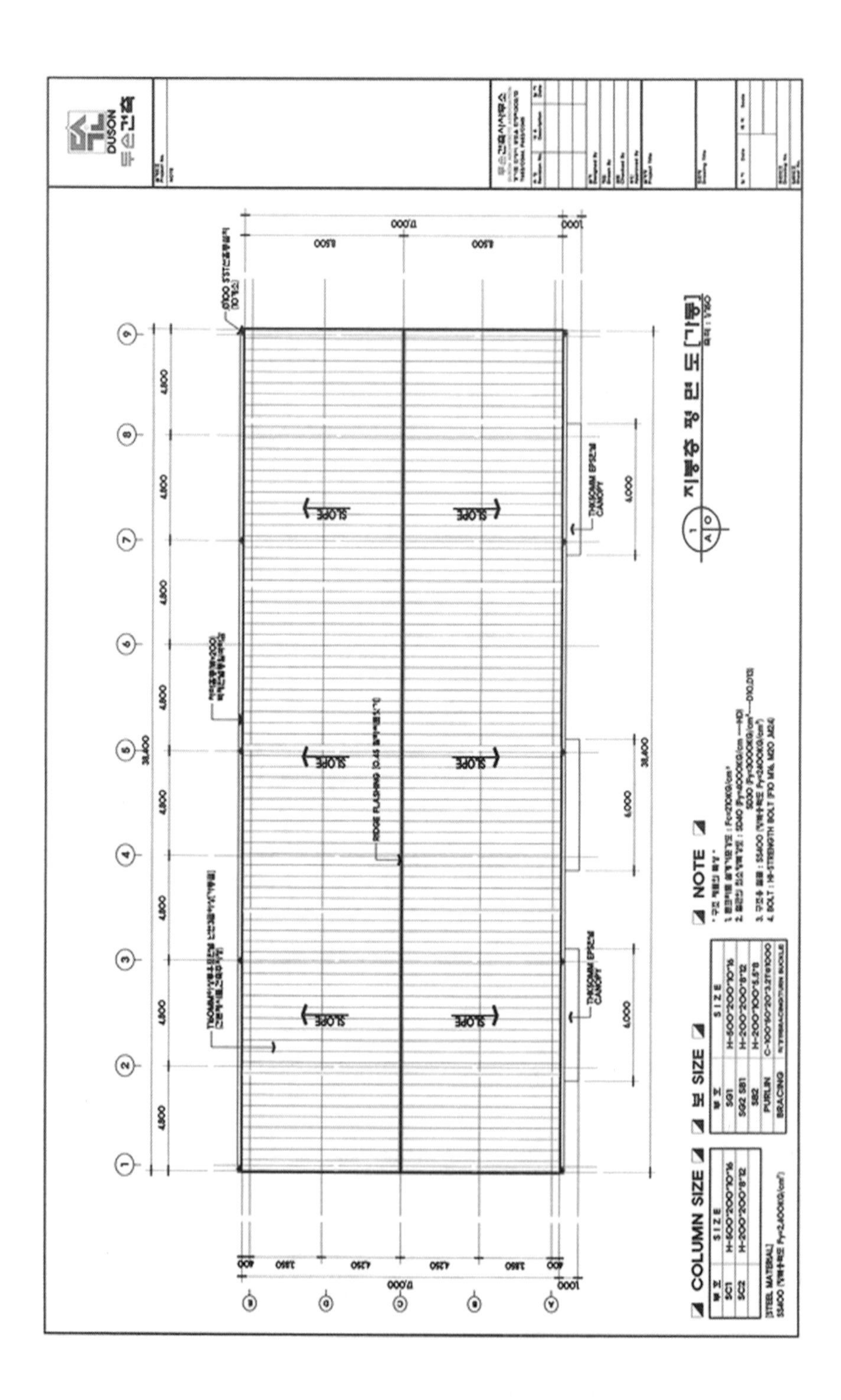
DUSON
두손건축
지붕층 평면도[가동]
COLUMN SIZE
보 SIZE
NOTE
SLOPE
RIDGE FLASHING
CANOPY
38,400
17,000

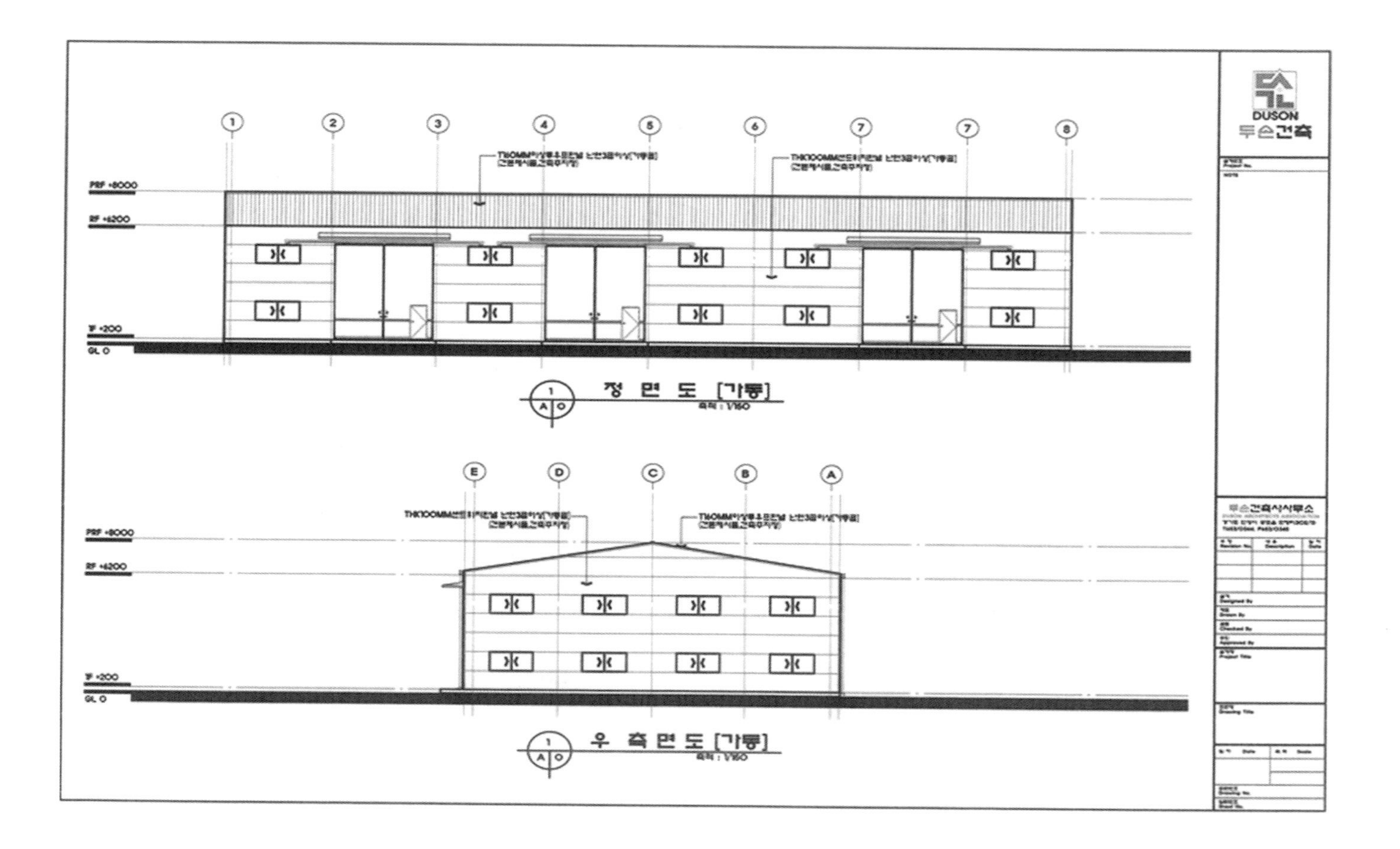
DUSON
두손건축
PRF +8000
RF +6200
1F +200
GL 0
정 면 도 [가동]
축척 : 1/150
우 측 면 도 [가동]
축척 : 1/150

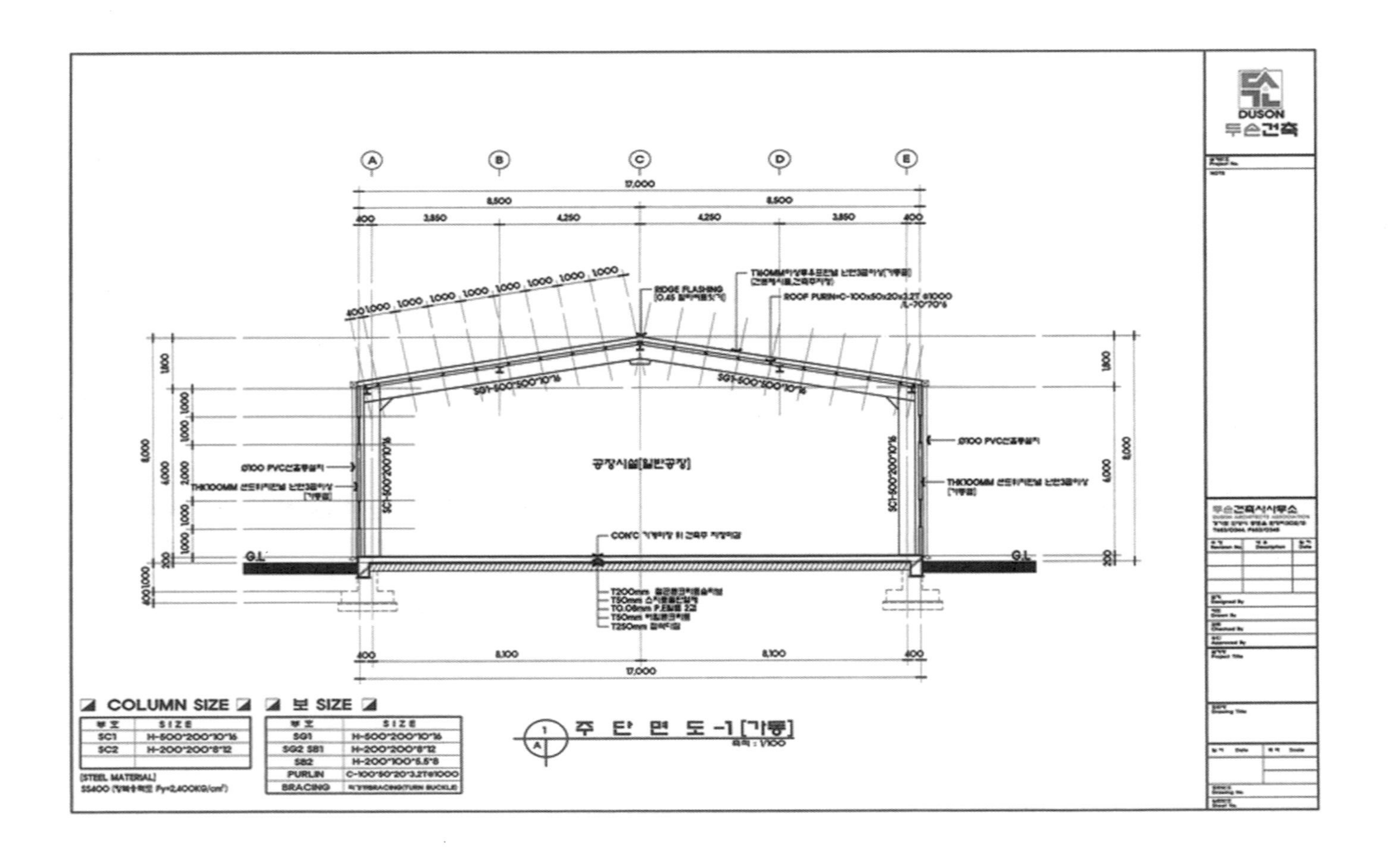
DUSON
두손건축
17,000
8,500
8,500
400
3,850
4,250
4,250
3,850
400
RIDGE FLASHING
ROOF PURLIN=C-100x50x20x3.2T @1000
SG1-500*200*10*16
SC1-500*200*10*16
Ø100 PVC선홈통설치
공장시설[일반공장]
G.L
400
8,100
8,100
400
17,000
COLUMN SIZE
부 호 | SIZE
SC1 | H-500*200*10*16
SC2 | H-200*200*8*12
[STEEL MATERIAL]
보 SIZE
부 호 | SIZE
SG1 | H-500*200*10*16
SG2 SB1 | H-200*200*8*12
SB2 | H-200*100*5.5*8
PURLIN | C-100*50*20*3.2T@1000
주 단 면 도 -1 [기둥]
축척 : 1/100

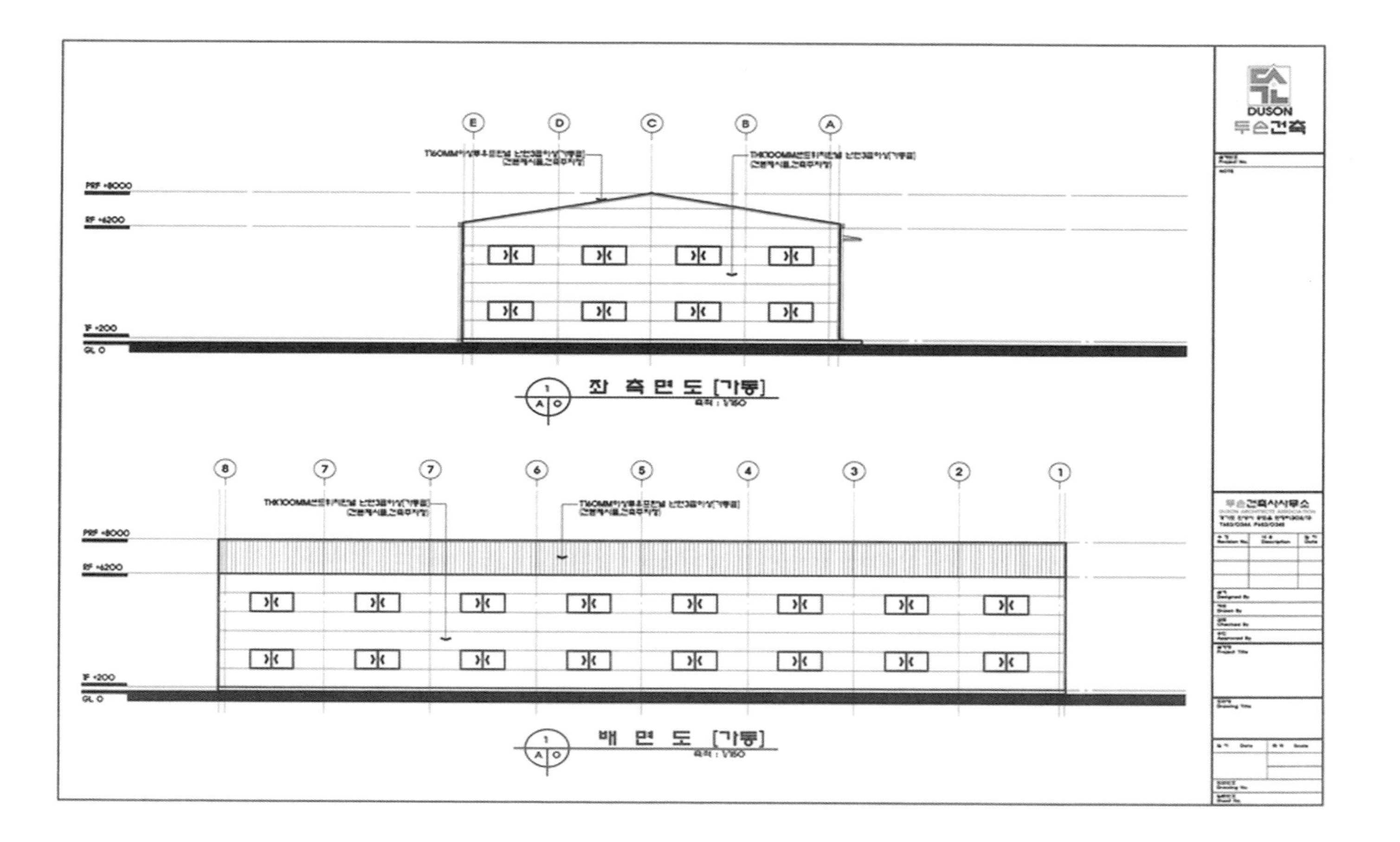
DUSON
두손건축
PRF +8000
RF +6200
1F +200
GL 0
좌 측 면 도 [가동]
배 면 도 [가동]
두손건축사사무소

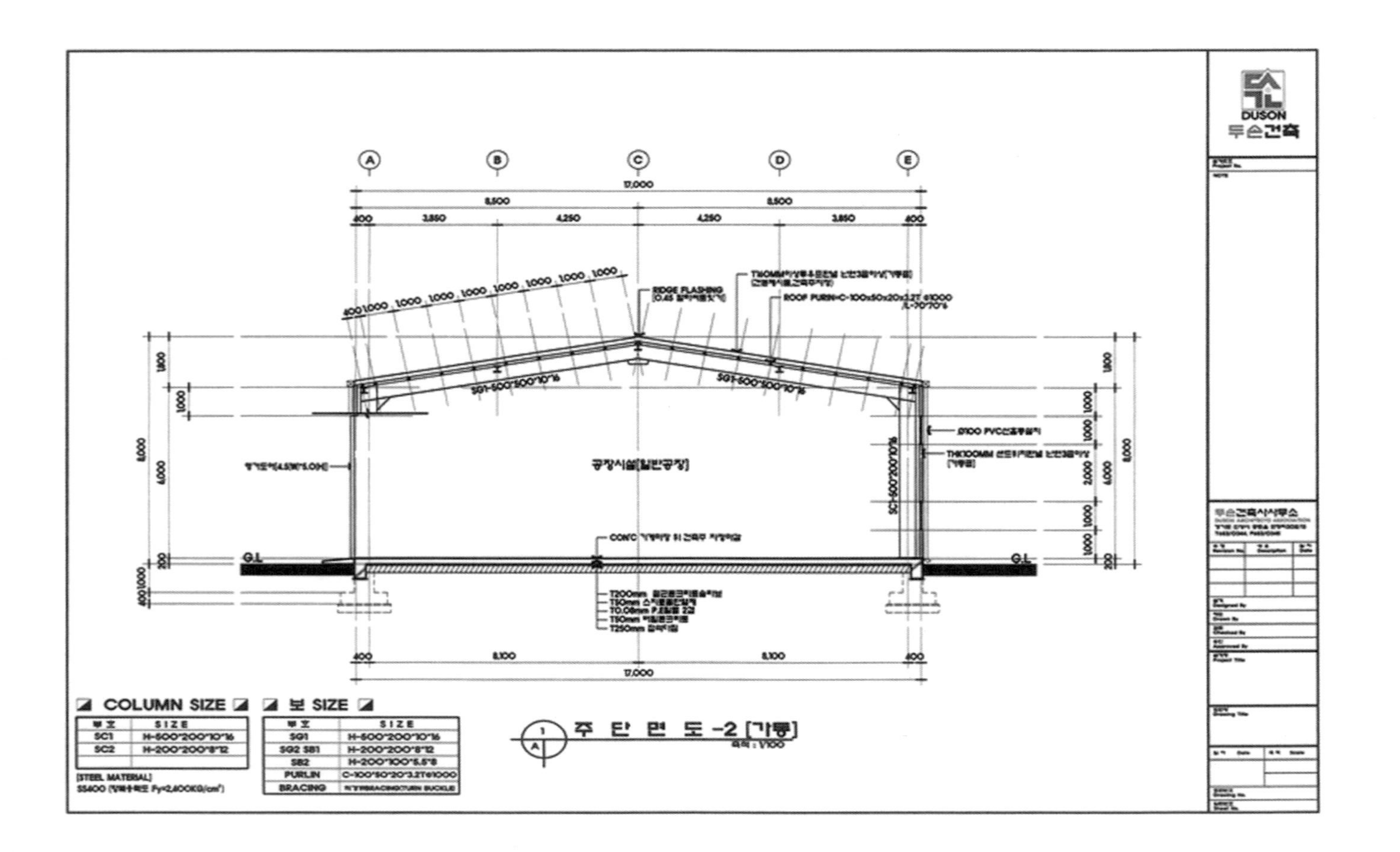
DUSON
두손건축
RIDGE FLASHING
ROOF PURLIN-C-100x50x20x3.2T @1000
공장시설[일반공장]
Ø100 PVC선홈통설치
G.L
17,000
8,500
8,100
주 단 면 도 -2 [가동]
축척 : 1/100
COLUMN SIZE
보 SIZE
SC1 H-500*200*10*16
SC2 H-200*200*8*12
SG1 H-500*200*10*16
SG2 SB1 H-200*200*8*12
SB2 H-200*100*5.5*8
PURLIN C-100*50*20*3.2T@1000
BRACING
[STEEL MATERIAL]
SS400

3. 물류단지 개발 업무매뉴얼

<table>
<tr><th>인허가</th><th>구 분</th><th>내 용</th><th>법적 근거</th></tr>
<tr><td>관 련
법제도</td><td>물류단지
개발법규
및
계획체계</td><td>
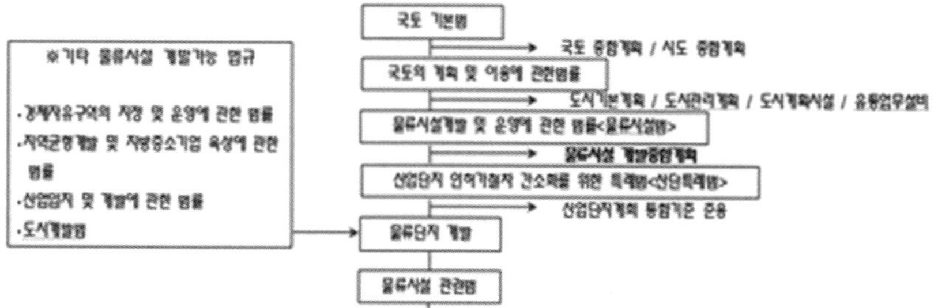

<table>
<tr><th>물류시설 종류</th><th>관련 법규</th></tr>
<tr><td>물류 터미널(일반, 복합)</td><td>물류 시설법 제2조</td></tr>
<tr><td>집배송시설 및 공동집배송센터</td><td>유통산업 발전법 제2조</td></tr>
<tr><td>농수산물종합유통센터(민간, 지자체)</td><td>농수산물 유통 및 가격안정에 관한법률 제2조</td></tr>
<tr><td>축산물작업장</td><td>축산물가공처리법 2조</td></tr>
<tr><td>하역시설, 화물보관처리시설</td><td>항만법 제2조</td></tr>
<tr><td>공항시설중 화물운송시설</td><td>항공법 제2조</td></tr>
<tr><td>철도,궤도시설 경영자가 사업에 사용되는 화물운송하역 및 보관시설</td><td>철도법 또는 삭도·궤도법</td></tr>
<tr><td>화물자동차운수사업의 차고, 화물취급소, 공영주차장</td><td>화물자동차운수사업법 제2조</td></tr>
<tr><td>의약도매상의 창고, 영업소시설</td><td>약사법 제44조</td></tr>
<tr><td>보세창고 및 보세장치장</td><td>관세법</td></tr>
<tr><td>수산물가공업시설의 냉동,냉장업시설, 수산물가공업 시설</td><td>수산물품질관리법 제19조</td></tr>
<tr><td>창고, 야적장, 저장소, 저고시설 등</td><td>도시계획시설의 결정 구조 및 설치기준에 관한 규칙</td></tr>
<tr><td>대규모 점포, 전문상가단지</td><td>유통산업발전법 제2조</td></tr>
<tr><td>농수산물도매시장 및 공판장</td><td>농수산물 유통 및 가격안정에관한 법률 제2조</td></tr>
<tr><td>자동차경매장,매매업, 공동사업장</td><td>자동차관리법 2조</td></tr>
<tr><td>농협의 4개조합 또는 중앙회가 설치하는 구매또는 판매사업 관련시설</td><td>농업협동조합법 중소기업협동조합법 외 3개 조합법</td></tr>
<tr><td>공장(제조업을 영위하기위한 사업장)</td><td>산업집적활성화 및 공장설립에관한 법률</td></tr>
<tr><td>산지가공 지원대상자가 설치하는 기능별 생산공장</td><td>농산물가공산업육성법 제5조, 수산물품질관리법 제17조</td></tr>
<tr><td>농협 등이 설치하는 미곡의 건조보관가공시설</td><td>양곡관리법 제22조</td></tr>
<tr><td>정보처리시설,금융보험의료교육연구시설,종사자및입주자의생활편의시설,전시장,관광휴게시설,폐기물처리시설,단독공동주택,기숙사,숙박시설,운동시설,근생시설,근린공공시설,주차장</td><td>물류단지개발지침 별표2, 국계법 시행령 제71조, 건축법시행령 별표1</td></tr>
</table>
</td><td></td></tr>
</table>

<table>
<tr><th>인허가</th><th>구 분</th><th>내 용</th><th>법적 근거</th></tr>
<tr><td>관 련
법제도</td><td>물류시설개발종합계획
2008년
~
2012년</td><td>

□ 물류단지 배치계획

<table>
<tr><th colspan="2">항목 \ 지역</th><th>서울</th><th>인천</th><th>수도권동부</th><th>수도권서부</th><th>수도권남부</th><th>수도권북부</th></tr>
<tr><td colspan="2">행정구역</td><td>서울</td><td>인천</td><td>이천, 여주, 광주, 양평, 하남, 가평, 남양주</td><td>부천, 광명, 시흥, 안산, 안양, 군포, 의왕, 과천, 수원, 성남, 용인</td><td>화성, 오산, 평택, 안성,</td><td>김포, 고양, 파주, 의정부, 양주, 동두천, 연천, 포천, 구리</td></tr>
<tr><td colspan="2">화물특성</td><td>신발, 섬유, 의류, 기계, 전자, 정보</td><td>기계, 신소재, 환경, 철강, 수출입화물</td><td>의류, 농산물</td><td>정밀기기, 메카트로닉스, 자동차, 반도체, 기계</td><td>수출입화물, 소비재</td><td>농수산물, 피혁제품 가구</td></tr>
<tr><td colspan="2">총공급규모
(2012년)</td><td colspan="6">714만㎡</td></tr>
<tr><td colspan="2">주요기능</td><td>도시내 배송기능</td><td>도시내 배송기능</td><td>중부축 물류집산</td><td>서해안축 거점기능</td><td>남부지역 물류집산</td><td>북부지역 물류기능, 남북교류기능</td></tr>
<tr><td rowspan="2">시설</td><td>기존시설</td><td>물류터미널, 농산물도매시장</td><td>항만공항시설,물류터미널</td><td></td><td>복합물류터미널, 집배송센터</td><td>항만</td><td>전문상가, 창고</td></tr>
<tr><td>권장시설</td><td>집배송센터, 화물취급장, 전문상가</td><td>항만, 화물취급장, 집배송센터, 전문상가</td><td>화물취급장, 집배송센터, 산지농수산물유통시설, 쇼핑센터</td><td>화물취급장, 집배송센터, 전문상가</td><td>화물취급장, 집배송센터, 전문상가</td><td>화물취급장, 집배송센터, 전문상가, 쇼핑센터</td></tr>
</table>

* 주 : 1) 기존시설 : 타법에 의해 시행중인 시설
2) 권장시설 : 본 계획에 의해 추진될 물류단지내 시설로서 이 시설들의 단지내 배치가 우선되어야 함
3) 전문상가 : 산업기자재전문상가, 공구상가, 공단상품전시상가 등 포함

□ 배치시설

○ 다른 법령이나 계획에 의하여 시행중이거나 계획 중인 기존시설을 고려하여 세부시설 결정
○ 거점별 『권장시설』은 전국적인 물류단지망의 구성상 필수적인 시설을 제시한 것으로 단지 조성시 가급적 유치하도록 권장하는 시설이며, 지정권자의 의지나 지역상황에 따라 추가적인 시설 유치가 가능

</td><td>국토부 고시
2008. 6</td></tr>
</table>

<table>
<tr><th>인허가</th><th>구 분</th><th>내 용</th><th>법적 근거</th></tr>
<tr><td>관 련
법제도</td><td>물류단지
입 지</td><td>□ 도시계획시설 중 유통업무설비 설치가능 용도지역
○ 국계법상 유통업무설비
<table><tr><td>주거지역</td><td>준주거지역</td></tr><tr><td>상업지역</td><td>전부</td></tr><tr><td>공업지역</td><td>일반공업지역, 준공업지역</td></tr><tr><td>관리지역</td><td>계획관리지역(2종지구단위계획)</td></tr><tr><td>자연녹지지역</td><td>대규모 점포 중 대형점에 한함</td></tr></table>※ 물류단지 지정·추진시 부적합한 용도지역이라도 물류단지 지정고시되면 도시관리계획이 변경 결정된 것으로 간주

□ 물류단지 입지의 도시계획 부합
○ 도시기본계획 및 도시관리계획 부합
○ 도시기본계획상 보전용지에서 물류단지계획 승인 불가
○ 시가화 예정용지로써의 도시기본계획 변경절차 이행 선행</td><td>도시계획시설 결정구조 및 설치기준 규칙 제62조</td></tr>
<tr><td>물류단지
개 발</td><td>물류의 기능
및
시설종류</td><td>□ 물류단지 기능
○ 물류기능
- 환적기능, 집배송기능, 보관기능, 조립·가공기능, 컨테이너처리기능, 통관기능
○ 상류기능
- 판매기능, 전시기능, 포장기능, 기획기능
<table><tr><td>물류단지
시 설</td><td>○ 물류터미널, 창고, 대규모 점포, 전문 상가단지, 공동 집배송 센터, 중소유통공동도매 물류센터
○ 농수산물(도매시장, 공판장, 종합유통센터), 화물의 하역, 보관시설, 자동차 매매업
○ 차고, 화물 취급소, 의약품도매상의 창고 및 영업소 시설, 보세창고, 수산물가공시설(냉동,냉장업시설만)</td></tr><tr><td>지원시설</td><td>○ 가공품 생산공장, 농수산물 유통센터, 공장(산집법), 미곡의 건조·가공시설, 정보처리시설
○ 금융, 보험, 의료, 교육, 연구시설
○ 물류단지 종사자를 위한 생활편의 시설
○ 문화집회시설, 폐기물 처리시설
○ 단독주택, 공동주택, 숙박시설, 운동시설, 위락시설 및 근생시설</td></tr></table></td><td></td></tr>
</table>

<table>
<tr><th>인허가</th><th>구 분</th><th>내 용</th><th>법적 근거</th></tr>
<tr>
<td>물류단지
개 발</td>
<td>토지이용
계 획</td>
<td>
<table>
<tr><th>대 분 류</th><th>소 분 류</th></tr>
<tr><td>물류단지시설용지</td><td>o 물류시설용지
- 물류터미널 용지, 컨테이너 시설용지, 창고시설용지
- 집배송시설 및 공동집배송센터, 농수산물종합유통센터 등
o 상류시설용지
- 대규모점포, 전문상가단지, 농수산물도매시장, 농수산물공판장 등
o 복합시설용지(물류단지시설>지원시설)</td></tr>
<tr><td>지원시설용지</td><td>- 가공・제조시설용지, 정보처리시설용지
- 금융・보험・의료・교육・연구시설용지
- 물류단지의 종사자 및 이용자의 생활과 편의를 위한시설용지
- 문화 및 집회시설용지, 폐기물처리시설용지
- 주거시설용지(단독주택 및 공동주택), - 숙박시설용지
- 운동시설용지, 위락시설용지 등, 복합시설용지(지원시설>물류단지시설)</td></tr>
<tr><td>공공시설용지</td><td>- 도로용지, 공원용지, 주차장용지(국가・지방자치단체가 설치한 것만 해당)
- 철도용지, 녹지, 구거 등</td></tr>
</table>
※복합시설 용지의 용지별 면적비율은 물류시설 상류시설 또는 지원시설이 각각 차지하는 바닥면적의 합계 연면적을 기준으로 산정한다.

$$\text{용지별 면적} = \frac{\text{시설별 연면적}}{\text{복합시설 연면적}} \times \text{복합시설 용지면적}$$
o 물류단지에는 물류단지시설용지의 비율이 공공시설용지를 제외한 면적의50% 이상으로, 그 물류단지시설용지에는 물류시설용지가 50%이상으로 계획되어야한다
o 단계별 개발시 물류시설용지 포함지역우선 개발
o 도로, 철도, 녹지, 주차장, 공공시설용지가 국계법 등 관계법령에 따른 설치 기준에 따라 확보
</td>
<td>물류시설의 개발 및 운영에 관한 법률 2조 7호 내지 8호

물류시설의 개발 및 운영에 관한 법률 시행령 26조</td>
</tr>
</table>

인허가	구 분	내 용	법적 근거
세제 및 부담금 감면사항	세제 등 지원사항	(아래 표 참조)	
	각종 부담금 감면 사항	(아래 표 참조)	

세제 등 지원사항

구 분	물류단지개발	물류터미널 등 유통업무시설	근 거
사업 시행자권한	-토지수용권(물류단지계획승인후) ※민간법인 : 2/3이상 매입후 -도시관리계획 변경 등 인허가 의제처리 -국공유지 무상귀속(신규건설공공시설 규모이내)	-토지수용권 -인허가 의제처리 -국공유지 무상귀속	
세제혜택	-사업시행자 취등록세 면제, 재산세 50%감면 -유통사업자 취등록세 면제 (건물은 토지취득일로부터 5년간) 재산세 5년간 50%감면, 소득세, 법인세 20%감면(중소기업)	-지방세 : 시군구 조례에 의함 -소득세, 법인세 20%감면 (중소기업)	지방세법 제280조제5항
정부, 지자체 예산지원	-예산여건, 사업계획 내용등을 검토하여 간선시설건설 등 지원결정		

각종 부담금 감면 사항

구 분	물류단지개발	물류터미널 등 유통업무시설	근 거
농지전용 (농지조성비)	- 농업진흥지역내 : 감면없음 - 농업진흥지역외 : 국가,지자체,정부투자기관,지방공사 → 100%감면 민간사업자 → 50%감면	좌 동	농지법 시행령 별표
산지전용 (대체산림자원 조성비)	-보전산지 : 감면없음 -준보전산지 : 국가,지자체,정부투자기관,지방공사 → 100%감면 : 민간사업자 → 50%감면	좌 동	산지관리법 시행령 별표5
대체조지 조성비	공공용 시설인 경우 50%감면	좌 동	조지법시행규칙 별표5
개발부담금	-사업인가일 기준 : 2005.12.31이후 → 부담연장 2006. 1. 1이후 → 50%부담	좌 동	개발이익환수에관한법률 제5조, 시행령 별표1
생태계보전 협력금	환경영향평가 대상사업인 경우	좌 동	
광역교통시설 부담금	실시계획 승인시 광역교통개선 협의내용에 의함 (100만㎡이상, 수용인구 2만인 이상)		대도시광역교통관리 특별법

인허가	구 분	내 용	법적 근거
개발한토지 시설 등의 처 분	분 양	□ 분양가격 결정 분양물건: 물류단지 시설용지분양 / 분양가격: 조성원가 + 적정이윤 분양물건: 판매를 목적으로 사용될 토지,시설 분양 (대규모 점포, 전문상가단지 등) / 분양가격: 감정평가액을 예정가격으로 경쟁입찰 분양물건: 물류단지외의 용도로 공급하는 토지,시설 / 분양가격: 감정평가액 기준 ※적정이윤 = (조성원가 - 자본비용, 개발사업대행비용, 선수금) * 5/100 초과하지 않는 범위 물류단지조성원가산정표(제39조제3항 관련) (아래 표)	
	임 대	□ 임대료 산정기준 (아래 표)	

□ 분양가격 결정

분 양 물 건	분 양 가 격
물류단지 시설용지분양	조성원가 + 적정이윤
판매를 목적으로 사용될 토지,시설 분양 (대규모 점포, 전문상가단지 등)	감정평가액을 예정가격으로 경쟁입찰
물류단지외의 용도로 공급하는 토지,시설	감정평가액 기준

※적정이윤 = (조성원가 - 자본비용, 개발사업대행비용, 선수금) * 5/100 조과하지 않는 범위

물류단지조성원가산정표(제39조제3항 관련)

조성원가항목	내 역
용지비	용지매입비, 지장물 등 보상비, 조사비, 등기비 및 그 부대비용
용지부담금	토지 등의 취득과 관련하여 부담하는 각종 부담금
조성비	해당 물류단지 조성에 필요한 직접비로서 조성공사비·설계비 및 그 부대비용
기반시설 설치비	해당 물류단지 조성에 필요한 기반시설 설치비용(다른 법령이나 인·허가조건에 따라 국가 또는 지방자치단체에 납부하는 부담금 및 공공시설설치비 등을 포함한다)
직접인건비	해당 사업을 직접 수행하거나 지원하는 직원의 인건비 및 복리후생비
이주대책비	이주대책의 시행에 따른 비용 및 손실액
판 매 비	광고선전비 그 밖에 판매에 필요한 비용
일반관리비	인건비, 임차료, 연구개발비, 훈련비, 그 밖에 일반관리에 필요한 비용(직접인건비에 포함된 금액은 제외한다). 일반관리비의 비율은 「국가를 당사자로 하는 계약에 관한 법률 시행령」 제9조에 따른 공사에 관한 비율을 초과할 수 없다
자본비용	물류단지개발사업의 시행을 위하여 필요한 사업비의 조달에 필요한 비용으로서 최초 실시계획에서 정하여진 사업기간(변경이 있거나 그 밖에 불가피한 사유로 실시계획기간을 연장한 경우 같은 기간을 포함한다)까지의 비용
그 밖의 비용	「산업재해보상보험법」에 따른 보험료 및 하자보수충당금 등 물류단지개발사업과 관련하여 발생하는 비용으로서 위의 항목에 포함되지 아니하는 비용

□ 임대료 산정기준

분 양 물 건	분 양 가 격
최초 임대료	분양가격 * 임대계약 체결일 현재계약기간 1년의 정기예금 이자율
재계약 임대료	개별공시지가 * 임대기간 만료일 현재 계약기간1년의 정기예금 이자율

창고와 공장 경매 투자

틈새 투자종목, 공장경매

경매로 공장을 구입하면 대체로 시세의 60% 선에서 매입할 수 있다. 이처럼 취득비용을 대폭 절감할 수 있을 뿐만 아니라 구입 후 간단한 정비만 하고 즉시 가동에 들어갈 수 있어 경쟁력을 갖춘 제품 확보는 물론 생산원가 절감 등 유리한 점이 많다.

공장을 매입하고자 할 때 현장답사는 기본이다. 또한 주변 시세와 공과금·임차관계·기계나 기구·장비 유무 등의 확인도 응찰하기 전에 반드시 확인해야 할 사항이다. 또한 건물을 임대해서 쓰는 경우, 지상권 문제가 있을 수 있으므로 사전에 철저한 조사가 필요하다. 가급적 변호사나 경매전문가의 자문을 구하는 것이 좋다.

전기·도로·수도 등 기반시설 여부 또한 잘 살펴보는 것이 중요한데 아무래도 전용 공단 내에 위치한 공장이 유리하다.

공장경매에는 응찰자들이 대부분 중소기업 운영자들로 한정돼 있어 보통 3, 4회 유찰 후 새 주인이 결정된다. 공장을 구입할 때는 낙찰을 받은 후 1개월 이내에 낙찰대금을 법원에 납부해야 하기 때문에 현금 동원에 부담이 따르므로 경매에 참여하기 전에 자금 동원 계획을 세워놓아야 한다.

공장저당법에 따라서 토지와 건물, 기타 공장에 포함된 기계기구까지 담보물이 될 수 있으므로 소유권 이전 후 은행 등에서 등록한 공장재산을 담보로 시가의 50~70%까지 대출을 받을 수 있다.

물건을 고를 때는 제품의 판매시장 및 원재료 구입 시장과의 거리를 비롯하여, △간선도로·항만·철도 이용의 편리성 △물류비 부담 △동력자원 및 용·배수에 관한 비용 △노동력 확보 △관련 산업과의 거리 등을 중점적으로 점검해야 한다.

종류가 다른 공장을 인수해 용도변경을 할 때는 미리 해당 시·군청 공업계를 방문, 용도변경 허가여부를 확인해봐야 하며, 공장 재산목록에 올라 있는 주요 동산은 감정평가서에 자세히 나와 있으므로 기계·기구에 대해 잘 챙겨봐야 한다.

공장경매 투자리스크

공장은 쉽게 접근할 수 있는 경매물건이 아니다.

투자에 있어서 미래 가치가 높은 것 중 하나는 관리지역 내에 있는 공장용지로 사용할 수 있는 땅이다. 그것도 공장총량제 시행으로 공급이 절대적으로 부족한 수도권지역 소재의 공장이나 공장용지를 눈여겨볼 만한 가치가 있다.

더욱이 일반 개인들이 임대수익을 올리기 위한 목적과 향후 재매각을 통해 차익 실현에 초점을 맞춘 투자처로서의 기능에 주의를 기울이는 투자들이 늘고 있어 점차 가격이 상승하고 있다.

서울 및 수도권지역은 공장용지로 사용할 만한 땅이 제한적이기도 하지만 무엇보다도 수도권정비계획법에 의해 공장총량제가 실시되어 수도권 전체

지역에 걸쳐 공장건축 허가면적이 강력한 규제를 받아 건축허가를 받기란 매우 까다롭다. 건축허가를 받는 데도 1년 이상 걸리는 것이 일반적인 현상이다.

따라서 공장부지의 수요가 증가됨에도 불구하고 공급이 제한되어 있는 상황에서 새로운 재테크 수단으로 떠오르고 있다.

수도권 지역의 공장용지 시세는 평당 200~300만 원 선에 형성돼 있지만 경매를 통하면 30%~40% 정도 싸게 낙찰을 받을 수 있다. 그럼에도 불구하고 아직 투자자들로부터 관심을 받는 주요 대상에서 비켜 있어 입찰경쟁률은 낮은 편이다. 이것이 저렴한 비용을 투자해 큰 시세차익을 노릴 수 있는 이점이다.

그러나 공장만큼 경매 투자에서 세심한 주의를 기울여야 하는 부동산도 드물다. 아파트와 달리 거래가 활발하지 않아 시세를 파악하기가 어렵고, 법원 감정가격도 실제 매매가 가능한 금액과 큰 차이가 나기도 한다. 또한 기계·기구, 업종 변경, 폐기물처리 문제, 직원 임금문제에 따른 명도문제 등 조사하고 확인해 해결해야 하는 문제가 하나 둘이 아니다.

물론 이런 문제만 해결할 수 있다면 어느 물건보다도 수익성 보장되는 수익물건이라는 점에서 매력적인 투자 상품이라는 점만은 틀림이 없다.

공장입지는 산업용지와 개별입지로 구분된다

공장의 설립은 일반적으로 '산업집적활성화 및 공장설립에 관한 법률'에 의하여 공장의 신설·증설·업종 변경 등의 형태로 분류되며, 공장입지 유형은 계획입지와 개별입지에서의 공장설립 등 2가지 유형으로 나눌 수 있다.

따라서 공장설립 예정자는 당해 공장이 어떤 형태의 공장설립에 해당하며 어떤 입지를 선택할 것인가를 판단한 후 필요한 인·허가 절차를 밟아야 한다.

공장설립 유형을 파악하라

1. 공장설립은 두 가지 유형으로 구분된다

공장설립이라 함은 산업집적활성화 및 공장설립에 관한 법률 제13조 및 제20조 규정에 의하여 공장 건축면적 500㎡ 이상인 공장을 신설·증설·이전하거나 업종을 변경하기 위해서는 시장·군수 또는 구청장의 승인을 얻어야 한다.

현재 우리나라에서의 공장설립 유형은 개별입지에서의 공장설립과 계획입지에서의 공장설립으로 대별된다.

개별입지에서의 공장설립이라 함은 각 기업이 개별적 사유에 따라 계획입지 외의 지역에서 공장설립에 인·허가 사항에 대해 개별적인 승인을 얻어 공장을 설립하는 것을 말한다. 공장설립 유형은 산업집적활성화 및 공장설립에 관한 법률 제13조에 규정된 공장설립 승인과 중소기업창업지원법 제21조에 규정된 창업사업계획 승인 및 산업집적활성화 및 공장설립에 관한 법률 제28조의 2의 규정에 의한 아파트형 공장설립 등 3가지 유형이 있다.

이에 반해 계획입지에서의 공장설립이라 함은 국가나 공공단체, 민간기업이 공장을 집단적으로 설립·육성하기 위하여 일정 지역을 선정하여 포괄적 계획에 따라 개발한 일단의 공업용지에 입주하는 것을 말하는 것이다. 공장설립 유형은 산업입지 및 개발에 관한 법률 규정에 의한 국가산업단지·지방산업단지·농공단지 입주 밑 중소기업진흥 및 제품구매촉진에 관한 법률 제20조의 규정에 의한 협동화사업단지 입주 등 4가지 유형이 있다.

한편 건축법, 지방세법 등 관련 법률에서는 공장설립 형태를 해당 법률의 목적에 따라 별도로 정의하고 있다.

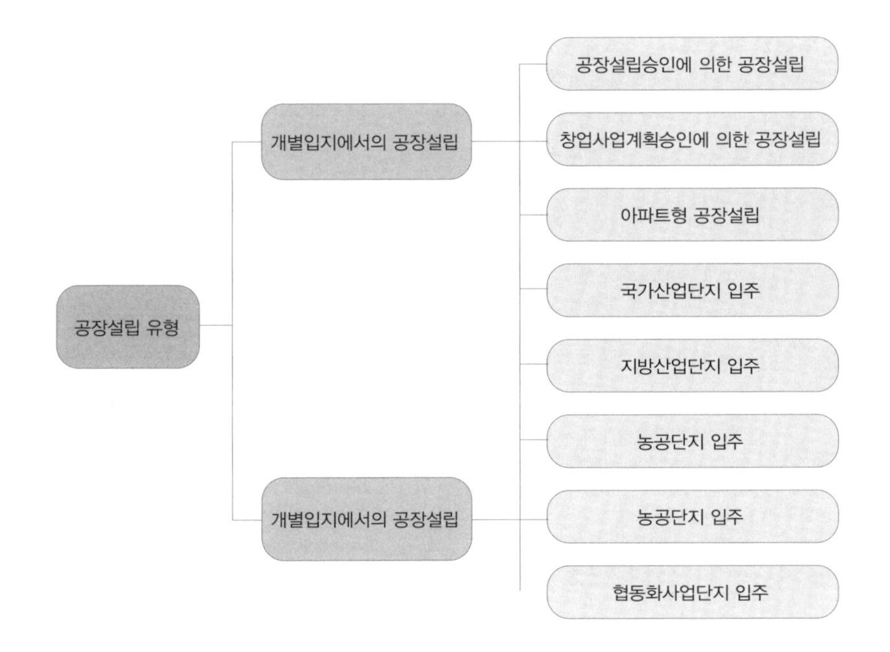

2. 입지선정은 사업성패를 좌우한다

① 개별입지의 공장설립 절차

개별입지에서의 공장설립 절차는 관련 법규 분석을 통하여 공장설립 예정 부지에 공장을 설립할 수 있는가를 검토하고 당해 부지를 매입하는 입지선정 단계와 당해 공장에 대한 공장설립 승인부터 공장등록에 이르기까지의 인·허가 절차를 밟는 단계 등으로 나누어 볼 수 있다.

② 계획입지의 공장설립 절차

계획입지에서의 공장설립 절차는 개별입지와 마찬가지로 입지선정과 공장설립 인·허가 절차 등 2단계로 나누어진다.

입지유형별 장·단점

구분	개별입지	계획입지
장점	- 적기적소에 공장설립이 가능하며 공장증축이 용이(입지 가능한 토지 매입 후 바로 공장설립 가능) - 용지가격의 저렴.(농지, 임야 등 매입 비용) - 개발이익이 상대적으로 큼. (매입 용지가격 대 개발 후 이익이 계획입지에 비해 5~6배 수준) - 기존 지역과의 연계가 용이. (구인, 원자재 조달, 판로 등)	- 기반시설의 양호. (용수, 전력, 도로, 교통 등) - 공장의 집단화에 따른 상호정보교환, 기술교류, 다른 업종과의 교류, 협업화가 용이 (폐기물처리장, 폐수종말처리장 등의 운영으로 환경처리시설의 투자 및 운영비가 상대적으로 적음) - 공장설립 절차 간편 (입주계약으로 공장설립의 재처리)
단점	- 공장설립이 복잡하고 까다로움. (80여 개 토지관련법령, 30여 개 공장설립 관련 법령) - 기반시설의 취약. (용수, 전력, 도로, 운송, 등) - 환경처리시설 부족으로 인한 환경처리비용 부담이 과다함.	- 적기적소에 공장용지를 확보하기 어려움. (선분양 후입주로 적기 확보 곤란, 산업단지의 분포 편중으로 적소에 공장용지 확보가 어려움) - 구획된 단지이므로 일단 입주하면 사업확장이 곤란(증축 제한) - 용지가격이 상대적으로 높음 (국가 또는 지방산업단지의 분양가는 개별입지에 비해 2~3배 수준)

③ 투자목적으로는 개별입지가 더 유리한 측면이 있다.

공장설립은 입지유형에 따라 설립절차, 입지여건, 토지이용의 용이성, 기반시설의 정비, 환경 등 여러 요인에 있어서 상대적인 장·단점을 지니고 있다. 따라서 사전에 면밀히 검토한 후 투자유형을 결정하는 것이 좋다. 다만, 재테크 수단으로 투자하고자 할 경우, 계획입지는 업종변경·용도변경 등의 제한이 크므로 활용성이 떨어지고 개발이익을 내기 어렵다. 따라서 개별입지에 투자하는 것이 훨씬 유리하다.

공장재단 경매 투자법

공장재단에 대한 경매 투자는 쉬운 작업이 아니다. 이에 공장재단 경매 투자에 대해 알아보도록 한다.

① 공장재단은 저당물의 목적물이 되도록 하는 재단을 말한다.

공장재단은 1개 또는 수 개의 공장에 속하는 일정한 기업용 재산으로 구성되는 일단의 기업재산으로서 공장저당법에 의하여 소유권과 저당권의 목적이 된다. 공장소유자가 공장재단을 담보로 차입을 하는 경우 토지·건물· 기계·기구 등 기타 모든 설비품을 통 털어서 저당권의 목적물이 되도록 하는 재단을 말한다.

② 공장재단의 구성물은 1개의 부동산으로 취급된다.

공장재단은 (1) 공장에 속하는 토지와 공작물, (2) 기계·기구·전선·전주·배치제관·궤도 등 기타의 부속물, (3) 지상권 및 전세권 등 토지사용권, (4) 임대인의 동의가 있는 경우에는 물건의 임차권, (5) 공업소유권(특허·실용신안 · 의장·상표권 등)의 전부 또는 일부로써 이를 구성할 수 있다.

③ 공장재단의 등기와 목록제출

공장재단은 공장재단등기부에 소유권보존의 등기를 함으로써 설정되므로, 공장재단에 관하여 소유권보존의 등기를 신청하는 경우에는 부동산등기법에 게기한 서면 외에 공장재단목록을 제출하여야 한다. 이러한 그 등기 후 10월 이내에 저당권설정의 등기를 하지 않는 경우에는 그 효력을 상실한다. 그러나 저당권이 소멸한 것만으로는 공장재단은 소멸하지 아니하며, 저당권의 말소등기부터 6개월 내에 새로운 저당권의 설정등기를 하지 않으면 소멸한다.

④ 공장재단은 분리하여 처분할 수 없고, 일괄하여 처분하여야 한다.

공장재단은 '1개의 부동산'으로 보며, 소유권·저당권 이외의 권리의 목적이 되지 못한다. 따라서 공장재단을 구성하는 개개의 물건은 이를 분리하여 처분할 수 없을 뿐만 아니라 소유권 이외의 권리, 즉 가압류·가처분, 공업소유권만을 거래의 대상으로 할 수는 없다.

그러나 광업재단과는 달리 저당권자의 동의를 얻은 경우에는 임대할 수 있다. 따라서 공장재단은 그 저당권 목적물인 토지·건물 등과 함께 일괄적으로 강제집행의 방법에 의하여 경매를 할 수 있을 뿐이다.

이에 대해 판례 또한 일괄 매각을 취하는 입장이다. 즉 "공장저당법에 의한 공장저당인 이상 공장저당의 목적물이 된 토지 또는 건물에 대한 압류(경매법에 의한 경매도 같다.)의 효력은 그에 비치된 기계·기구 등에 대하여도 미치고 법원은 토지 또는 건물과 그에 설치되어 있는 기계·기구 등을 분리하여 경매를 하지 못하고 이를 일체로 하여서만 경매를 하여야 한다고 해석할 것이다."(대법원 1969.12.9. 69 마 920 결정). 다만, 매각 부동산이 공장재단의 일부를 구성하고 있을 때에는 이에 대한 개별집행은 금지되므로 재단의 일부에 속함이 드러난 경우에는 그 매각 절차가 취소된다.

⑤ 공장경매는 등기부등본을 통해 경매 유형을 확인하여야 한다.

공장경매는 공장저당법 규정에 공장저당권의 실행에 의한 토지·건물·기계류 등이 일괄적으로 이루어지는 경매와 민법상 저당권의 실행에 의한 공장의 토지 또는 건물에 대해서 이루어지는 경매가 있다.

대부분 공장경매는 공장저당권법에 의한 경매로 이루어지는데, 입찰자 입장에서는 공장저당권에 의한 경매와 일반 저당권에 의한 경매에 따라 그 법적 차이가 있어 등기부등본을 통하여 반드시 경매 유형을 확인하여야 한다. 즉 공장재단 소유권보존등기의 신청이 있으면 그 재단에 속하게 될 것으로 등기가 있는 토지나 건물 등에 관하여는 등기기관은 직권으로써 그 등기용지 중의 '상단부 사항란'에 공장재단에 속하였다는 취지가 기재된다. 즉 당해 부동산 등기부에 공장재단에 속하는 소유권보존등기의 신청이 있었다는 취지, 신청서 접수의 연월일과 접수번호가 기재된다.

⑥ 공장저당법에 의한 공장저당권과 민법상 공장저당권의 실행 차이

공장저당법에 의한 공장저당권의 효력이 미치는 범위는 동일한 자가 소유한 경우, 공장의 토지 및 건물, 그에 설치된 기계·기구 기타 일체의 공장 공용물이나 공장저당권 설정등기 시에 그 목록이 제출되어 등기부에 기재되어야 공장저당권의 효력이 미친다.

따라서 공장저당법에 의한 공정저당권의 실행으로 인한 경매는 공장저당 물건인 토지 또는 건물과 그에 설치된 기계·기구 기타 공장의 공용물은 유기적인 일체성이 있으므로 일괄하여 경매처분을 하여야 한다.

이에 반하여 민법상 일반 저당권에 의해 경매가 일루어지는 경우, 공장의 토지와 건물에 대해서만 경매가 가능하다. 그러나 이 경우도 공장의 부속물이라 할 수 있는 기계·기구, 기타 공장의 공용물은 함께 매각되어야 하기 때문에 일반 저당권자는 경매신청과 함께 공용물 목록을 제출하여 경매신청을 하여야 한다.

⑦ 공장저당목록을 확인하여야 한다.

공장저당법에 의한 경매의 경우 '감정목록에 빠져 있는 기계류 등은 낙찰자가 그 소유권을 가질 수 없다.'는 것이 대법원의 판례다. 이에 반해 민법상 일반 저당권에 의한 경매의 경우 "감정목록에 기계설비가 누락되어 있다 하더라도 그 소유권이 제3자 명의로 되어 있지 않으면 낙찰자는 그 소유권을 취득한다."는 것이 대법원의 판례이다.

공장경매, 이것만은 피하라

공장경매는 보이지 않는 함정이 매우 많다.

공장은 일반 건축물보다 다수의 이해관계인이 얽혀 있어 권리분석이 복잡

하므로 경매 종목 중에서도 가장 많은 발품을 요구하는 종목이다. 또한 용도변경 등을 통하여 많은 수익을 올릴 수 있는 만큼 위험 또한 더 크므로 다른 어느 품목보다도 권리분석에 세심한 주의를 기울여야 한다.

① 초보자는 공단 내 공장보다는 독립된 공장을 노려라.

공단 내 공장은 임대나 매각 측면에서는 좋지만 용도변경이나 지목변경이 제한되므로 초보자라면 수도권 지역에 산재해 있는 개별공장을 노리는 것이 좋다. 개별공장의 경우에는 공장 건물보다 토지의 가치가 더 크다. 다만, 이 경우에는 공장의 용도변경이나 지목변경이 가능한지, 토지를 활용할 수 있는 건축물 등의 건축이 가능한지 여부를 확인 분석해야 한다.

② 공장에 대한 투자의 첫 번째 조건은 6미터 이상의 도로다.

공장경매에 뛰어들 때 가장 먼저 고려해야 할 점은 바로 도로다. 공장은 교통 편리성이 확보되지 않으면 물류비 부담이 늘어나기 때문에 그 어느 것보다도 고속도로·순환도로와의 접근성이 좋아야 한다. 이에 도로는 공장용지의 가치를 높이는 절대적 요건이므로 투자용으로 경매를 함에 있어 도로가 없을 경우 새로 만들 수 있는지, 기존도로 폭은 넓힐 수 있는지를 현장 활동을 통해 먼저 알아보고 입찰 여부를 결정하는 것이 좋다.

③ 공장폐기물의 처리 문제를 확인하여야 한다.

대다수 투자자들은 공장용지를 낙찰 받아 매각하여 투자수익을 보려는 목적으로 경매에 나서기 때문에 공장 운영상황은 별로 신경을 쓰지 않는 것이 일반적인 현상이다.

하지만 폐기물은 매수인이 무조건 인수하여야 하므로 이전 공장소유주가 불법폐기물매립 건으로 관할 관청에서 과태료 부과처분을 받은 경우, 이를 매수인이 인수하여야 한다. 얼마 전 공장을 낙찰 받은 사람이 폐수처리비용만 5

억 원 이상을 지출해야 한다는 사실을 알게 돼 포기한 사례도 있었다. 따라서 반드시 실사를 통해 경매물건이 과거 오염물질을 배출하던 공장이었는지, 산업폐기물이 불법적으로 매립돼 있는지 반드시 확인해야 한다.

④ 법원목록에 기재된 기계류의 소유자를 확인하라.

대법원 판례에 의하면, "법원 목록에 기계류 등이 경매물로 기재되어 있더라도 제3자인 소유자가 별도로 있다면, 경매가 진행되어 낙찰되었다 하더라도 저당권의 효력이 미치지 아니하여 소유권을 취득할 수 없다." 따라서 낙찰자는 추가비용을 부담해 기계류등을 인수할 수밖에 없다. 다만, 기계류를 소유권 유보부로 할부 판매한 자가 그 대금 전액을 영수증을 발급하여 은행이 이를 믿고 기계류등에 저당권을 설정하여 대출하는 경우에는 임의경매에 대하여 유보된 소유권을 판매자가 주장하는 것은 신의성실 원칙에 반함으로 이 경우 저당권의 효력이 미친다고 보고 있다. 따라서 낙찰자는 그 소유권을 취득할 수 있다.

⑤ 기계류는 세심한 주의를 요한다.

공장경매는 공장의 토지와 건물뿐만 아니라 기계·기구 등이 포함되어 있어, 비전문가일 경우 감정평가의 금액이 적정한지, 제대로 작동하는지 등의 여부를 검토한다는 것이 사실상 불가능하다. 따라서 될 수 있으면 전문가를 통해 사전에 조사 후 입찰에 참여하여야 한다.

⑥ 전기세·수도세 등의 체납을 확인하라.

전 소유자나 사용자가 체납한 전기·수도요금 등은 매수인에게 승계되는 사항은 아니지만 현실적으로는 매수인이 납부할 수밖에 없다.

한편, 체납된 전기세 등을 매수인이 인수하여 납부하여야 함을 입찰 전에 알았다면 그 납부가 불공정하거나 사회질서에 반하지 않는다는 것이 대법원의 판례이다.

대법원의 판례 요지는 다음과 같다.

건물의 근저당권자로서 그 건물을 경락받은 상호신용금고가 그 건물의 전 소유자인 회사가 전기·수도요금을 체납함에 따라 전기 및 수도 공급이 중단되고 있는 관계로 체납된 요금을 인수하여 납부하는 것이 사실상 불가피하다는 사정을 미리 알고 있는 상태에서 건물을 경락받았고, 그 후 그 건물을 그대로 보유하고 있다가 전매차액을 노려 교회에 급히 양도처분하면서 그의 요구에 따라 한국전력공사와 서울특별시로부터 그 건물에 대한 전기 및 수도의 공급재개를 승인받기 위한 방편으로 스스로 한국전력공사와 서울특별시에 대하여 건물의 전 소유자인 회사의 체납된 전기·수도요금의 지급채무를 인수하기로 약정하게 된 것이라면, 건물 경락인이 건물의 취득 및 처분에 따른 거래과정에서 전 소유자가 체납한 전기·수도요금을 인수하여 지급한 것은 합리적인 기업의 계산과 판단에 따라 이루어진 것이지 한국전력공사와 서울특별시의 전기·수도 공급 거절로 인하여 초래된 궁박한 상태에서 이루어진 불공정한 법률 행위에 해당한다고 볼 수 없고, 사회질서에 반하는 법률행위라고 할 수도 없다. (대법원 1995.2.10. 선고 94 다 29553 판결)

⑦ 근로자의 임금체불 여부를 확인하라.

근로자의 임금은 매수인이 인수하여 체불된 임금을 지급할 의무는 없지만 체불임금이 있으면 근로자와 대치하는 과정에서 소유권이전이 장기화할 수도 있으므로 이 또한 입찰 전에 반드시 체크하여야 할 사항이다.

⑧ 기존 공장업종의 변경 여부를 확인하여야 한다.

낙찰 받은 공장이 운영하던 업종과 다른 업종을 고려하는 경우에는 관할관청에서 인·허가 여부를 반드시 확인해야 한다.

PART. 06

공장 인·허가 규제와 관련 법규 해설

공장 인·허가 규제 관련 법률

규제 관련 법률 일람

검토해야 할 법규로서는 다음의 것을 들 수 있다.

① 국토의 계획 및 관리에 관한 법률
② 건축법
③ 산업집적활성화 및 공장설립에 관한 법률
④ 수도권정비계획법
⑤ 공장입지기준[산업집적활성화 및 공장설립에 관한 법률 근거]

제8조(공장입지의 기준) 지식경제부장관은 관계 중앙행정기관의 장과 협의하여 다음 각 호의 사항에 관한 공장입지의 기준(이하 "입지기준"이라 한다.)을 정하여 고시하여야 한다. 이를 변경한 경우에도 또한 같다.

1. 국토의 계획 및 이용에 관한 법률 등 대통령령으로 정하는 법령에서 용도지역별로 허용 또는 제한되는 공장의 업종 규모 및 범위 등에 관한 사항

2. 제조업종별 공장부지 면적에 대한 대통령령으로 정하는 공장건축물등(이하 "공장건축물 등"이라 한다.)의 면적의 비율(이하 "기준공장 면적률"이라 한다.)과 그

적용 대상

3. 제조업종별 환경오염 방지에 관한 사항

4. 환경오염을 일으킬 수 있는 공장의 입지제한에 관한 사항

⑥ 자연보전권역 안에서의 공장의 신설·증설 또는 이전이 허용되는 경우

[산업집적활성화 및 공장설립에 관한 법률 근거]

제20조(공장의 신설 등의 제한) ① 수도권정비계획법상 과밀억제권역·성장관리권역 및 자연보전권역에서는 공장건축면적 500㎡ 이상의 공장(지식산업센터를 포함한다. 이하 이 장에서 같다.)을 신설·증설 또는 이전하거나 업종을 변경하는 행위를 하여서는 안 된다.

수도권 공장설립 규제 현황

구분	과밀억제지역	성장관리지역	자연보전지역
대기업	- 산업단지, 공업지역 : 기존 공장증설(3천 ㎡) - 기타 지역 : 현지 근린공장·건축자재업종·첨단업종 공장 : 신·증설(1천 ㎡) * 첨단업종 기존공장 : 증설(3천 ㎡)	– 모든 지역 ① 반도체 등 14개 첨단업종 공장 100% 증설 ②기존 공장 : 증설(3천 ㎡) ③ 현지 근린공장·건축자재업종공장 : 신·증설(5천 ㎡)	– 모든 지역 ① 기존 공장 : 증설(1천 ㎡) ② 현지 근린공장·건축자재업종공장·첨단업종공장 : 신·증설(1천 ㎡)
중소기업	-산업단지 : 업종·규모 제한 없음. - 공업지역(도시형공장) : 신·증설 (규모 제한 없음) - 기타 지역(현지 근린공장·첨단업종 공장) : 신·증설(규모 제한 없음)	업종·규모 제한 없음	- 산업단지(현지 근린공장·건축자재업종·첨단업종·도시형공장 : 신·증설(규모 제한 없음) – 공업지역(도시형 공장) : 신·증설(53천 ㎡) –기타 지역(현지 근린공장·건축자재업종공장·첨단업종 공장) : 신·증설(1천 ㎡)
외토기업	– 경제자유구역 : 업종·규모 제한 없음.	– 경제자유구역 : 업종·규모 제한 없음. – 산업단지 : 25개 업종 10년까지 허용	

자연보전권역 안에서 공장 신설·증설·이전이 허용되는 경우

1. 산업단지	공업지역 및 기타 지역에서 허용되는 행위(중소기업공장의 경우에는 면적제한을 적용하지 아니한다.)
2. 공업지역	가. 중소기업 도시형공장(제34조 제2호에 따른 도시형 공장은 제외한다)의 신설 및 증설(신설 및 증설 결과 공장건축 면적이 3천 ㎡ 이내인 경우에만 해당한다.) 나. 중소기업공장의 기타 지역에서 공업지역으로의 이전 또는 공업지역 상호 간의 이전(공장 건축면적이 기존 공장 건축면적과 이전 전 지역에서 해당 공장이 증설 가능한 면적을 합산한 범위 이내인 경우에만 해당한다.) 다. 기타 지역에서 허용되는 행위
3. 기타지역	가. 현지 근린공장 및 첨단업종공장의 신설 및 증설(신설 및 증설 결과 공장 건축면적이 1천 ㎡ 이내인 경우에만 해당한다.) 또는 기존 공장의 증설(증설되는 공장 건축면적이 1천㎡ 이내인 경우에만 해당한다.). 다만, 별표 1 제3호 가목 4에 해당하는 공장의 경우에는 지식경제부장관이 환경부장관과 협의하여 정하는 업종에만 해당한다. 나. 도시형공장(제34조 제2호에 따른 도시형 공장은 제외한다.) 중 수질에 미치는 영향이 자연보전지역의 지정목적에 적합하다고 인정되는 공장으로 지식경제부장관이 환경부장관과 협의하여 지식경제부령으로 정하는 공장(중소기업으로 신설 및 증설 결과 공장건축 면적이 1천 ㎡ 이내인 경우에만 해당한다.) 다. 건축자재업종 공장의 신설 및 증설(신설 및 증설 결과 건축면적 1천 ㎡ 이내인 경우에만 해당한다.) 또는 기존 공장의 증설(증설되는 공장 건축면적이 1천 ㎡ 이내인 경우에만 해당한다.) 라. 중소기업 도시형공장(제34조 제2호에 따른 도시형 공장은 제외한다.)인 기존 공장의 증설(증설되는 공장 건축면적이 3천 ㎡ 이내인 경우에만 해당한다.) 마. 중소기업 도시형 공장(제34조 제2호에 따른 도시형 공장은 제외한다.)의 기타 지역 상호 간의 이전(기존 공장 건축면적과 이전 전 지역에서 해당 공장이 증설 가능한 면적을 합산한 범위 이내인 경우에만 해당한다.) 바. 폐업한 기존 공장을 양수하여 동일한 규모로 설립하는 중소기업 공장의 신설(기존 공장과 동일한 업종이거나 해당 지역에서 신설이 허용되는 업종의 신설에만 해당한다.) 사. 축산물위생관리법에 따른 도축용 시설의 신설 및 증설(신설 및 증설 결과 건축면적 5천 ㎡ 이내인 경우에만 해당한다.) 또는 기존 시설의 증설(증설되는 건축면적이 5천 ㎡ 이내인 경우에만 해당한다.) 아. 양곡관리법 제22조에 따라 미곡유통업을 육성하기 위한 미곡종합처리장의 신설 및 증설(신설 및 증설 결과 공장 건축면적이 3천 ㎡ 이내인 경우에만 해당한다.) 또는 기존 처리장의 증설(증설되는 건축면적이 3천 ㎡ 이내인 경우에만 해당한다.)
3. 기타지역	자. 임업 및 산촌진흥촉진에 관한 법률 제10조에 따른 가공시설 자금지원대상인 임산물 가공업의 시설의 신설 및 증설(신설 및 증설 결과 공장건축 면적이 5천 ㎡ 이내인 경우에만 해당한다.) 차. 해당 지역에서 신설이 허용되는 업종을 영위하기 위한 기존 공장의 증설(증설되는 면적이 신설이 허용되는 공장 건축면적의 범위 이내인 경우에만 해당한다.) 카. 수질 및 수생태계 보전에 관한 법률 제2조 제10호에 따른 폐수배출시설에 해당하지 않는 공장의 신설 또는 증설(다만, 한강수계 상수원수질개선 및 주민지원 등에 관한 법률 제8조에 따른 오염총량관리계획을 수립·시행하는 지역인 경우에만 해당한다.)
비고 산업단지, 공업지역, 기타 지역, 중소기업, 대기업, 기존 공장, 기존 공장 건축면적, 증설이 허용되는 면적은 별표 1의 비고란과 같다. 1. 산업단지는 법 제2조 제 14 호에 따른 산업단지(중소기업진흥에 관한 법률 제29조에 따른 협동화실천계획의 승인을 얻은 협동화단지를 포함한다. 이하 같다.)와 도시계획법(법률 제 6655호 국토의 계획 및 이용에 관한 법률 부칙 제2조에 따라 폐지된 종전의 도시계획법을 말한다.) 제2조 제10호에 따라 일단의 공업용지	

조성사업으로 조성된 단지로 한다.
2. 공업지역은 국토의 계획 및 이용에 관한 법률 제36조 제1항 제1호 다목에 따른 공업지역, 같은 법 제51조 제3항에 따른 제2종 지구단위계획구역(산업형 및 복합형만 해당한다.)과 같은 법 시행령 제31조 제2항 제7호 나목 및 마목에 따른 산업개발진흥지구 및 복합개발진흥지구 안에서 공업용도로 구획되는 것으로 한다.
3. 기타 지역은 산업단지, 공업지역 외의 지역으로 한다.
4. 중소기업은 중소기업기본법 제2조에 따른 중소기업으로 한다.
5. 대기업은 중소기업 외의 기업으로 한다.
6. 기존 공장은 대통령령 제21267호 산업집적활성화 및 공장설립에 관한 법률 시행령 일부 개정령의 시행일 현재 법 제16조에 따라 등록을 한 공장을 말한다.
7. 기존 공장 건축면적은 대통령령 제21267호 산업집적활성화 및 공장설립에 관한 법률 시행령 일부 개정령의 시행일 현재 기존 공장의 등록된 건축면적으로 본다.
8. 기존 공장의 기존 부지면적은 대통령령 제 21267 호 산업집적활성화 및 공장설립에 관한 법률 시행령 일부 개정령의 시행일 현재 기존 공장의 등록된 부지면적으로 본다.
9. 증설이 허용되는 면적을 산정함에 있어서 2회 이상에 걸쳐 증설을 하는 경우에는 각각 증설되는 면적을 합한 것으로 한다.

용도지역별 공장 관련 제한 또는 허용행위

녹지지역에서 허용 또는 제한되는 공장의 업종·규모 및 범위

용도지역	허용 또는 제한 행위
보전녹지지역	공장설립 불가
생산녹지지역	• 도시계획조례가 정하는 바에 의하여 건축할 수 있는 건축물(4층 이하의 건축물에 한한다. 다만, 4층 이하의 범위 안에서 도시계획조례로 따로 층수를 정하는 경우에는 그 층수 이하의 건축물에 한한다.) – 건축법 시행령 별표 1 제4호의 제2종 근린생활시설로서 당해 용도에 쓰이는 바닥면적의 합계가 1,000㎡ 미만인 것(단란주점을 제외한다.) – 건축법 시행령 별표 1 제13호의 공장 중 도정공장·식품공장 및 제1차 산업생산품 가공공장과 읍·면 지역에 건축하는 산업집적활성화 및 공장설립에 관한 법률 시행령 별표 1 제3호 라목의 첨단업종의 공장으로서 다음의 1에 해당하지 아니하는 것. (1) 대기환경보전법 제2조 제9호의 규정에 의한 특정 대기유해물질을 배출하는 것. (2) 대기환경보전법 제2조 제11호의 규정에 의한 대기오염물질 배출시설에 해당하는 시설로서 동법 시행령 별표 1의 규정에 의한 1종 내지 3종 사업장에 해당하는 것. (3) 수질 및 수생태계보전에 관한 법률 제2조 제8호의 규정에 의한 특정 수질유해물질을 배출하는 것. 다만, 동법 제34조에 따라 폐수무방류 배출시설의 설치허가를 받아 운영하는 경우를 제외한다. (4) 수질 및 수생태계보전에 관한 법률 제2조 제10호의 규정에 의한 폐수배출시설에 해당하는 시설로서 동법 시행령 별표 13의 규정에 의한 1종 내지 4종 사업장에 해당하는 것. (5) 폐기물관리법 제2조 제4호의 규정에 의한 지정폐기물을 배출하는 것.

자연녹지지역	• 건축할 수 있는 건축물(4층 이하의 건축물에 한한다. 다만, 4층 이하의 범위 안에서 도시계획조례로 따로 층수를 정하는 경우에는 그 층수 이하의 건축물에 한한다.) – 건축법 시행령 별표 1 제4호의 제2종 근린생활시설(동호 나목에 해당하는 것과 일반음식점·단란주점 및 안마시술소를 제외한다.) • 도시계획조례가 정하는 바에 의하여 건축할 수 있는 건축물(4층 이하의 건축물에 한한다. 다만, 4층 이하의 범위 안에서 도시계획조례로 따로 층수를 정하는 경우에는 그 층수 이하의 건축물에 한한다.) – 건축법 시행령 별표 1 제13호의 공장 중 다음의 1에 해당하는 것. (1) 아파트형공장 · 도정공장 및 식품공장과 읍·면 지역에 건축하는 제재업의 공장 및 첨단업종의 공장으로서 별표 16 제2호 아목 (1) 내지 (5)에 해당하지 아니하는 것. (2) 공익사업을 위한 토지등의 취득 및 보상에 관한 법률에 의한 공익사업 및 도시개발법에 의한 도시개발사업으로 인하여 당해 시·군 지역으로 이전하는 레미콘 또는 아스콘 공장.
생산관리지역	• 도시계획조례가 정하는 바에 의하여 건축할 수 있는 건축물(4층 이하의 건축물에 한한다. 다만, 4층 이하의 범위 안에서 도시계획조례로 따로 층수를 정하는 경우에는 그 층수 이하의 건축물에 한한다.) – 건축법 시행령 별표 1 제17호의 공장(동 시행령 별표 제4호의 제2종 근린생활시설 중 제조업소를 포함) 중 도정공장 및 식품공장과 읍·면 지역에 건축하는 제재업의 공장으로서 다음에 해당하지 아니하는 것. (1) 대기환경보전법 제2조 제9호의 규정에 의한 특정 대기유해물질을 배출하는 것. (2) 대기환경보전법 제2조 제11호의 규정에 의한 대기오염물질 배출시설에 해당하는 시설로서 동법 시행령 별표 1의 규정에 의한 1종 내지 3종 사업장에 해당하는 것. (3) 수질 및 수생태계보전에 관한 법률 제2조 제8호의 규정에 의한 특정 수질유해물질을 배출하는 것. 다만, 동법 제34조에 따라 폐수무방류 배출시설의 설치허가를 받아 운영하는 경우를 제외한다. (4) 수질 및 수생태계보전에 관한 법률 제2조 제10호의 규정에 의한 폐수배출시설에 해당하는 시설로서 동법 시행령 별표 13의 규정에 의한 1종 내지 4종 사업장에 해당하는 것.

관리지역에서 허용 또는 제한되는 공장의 업종규모 및 범위(국토계획법)

용도	허용 또는 제한행위
보전관리지역	공장설립 불가

농업진흥지역(농지법)에서 허용 또는 제한되는 공장의 업종규모 및 범위

용도	허용 또는 제한행위
농림지역	• 공장설립 불가(다만, 농업진흥지역, 보전임지 또는 초지인 경우에는 각각 농지법·산지관리법·초지법이 정하는 바에 의한다.)
자연환경보전지역	• 공장설립 불가

농업진흥구역 (법 제32조 제1항, 시행령 제29조)	• 다음에 해당하는 공장설립 허용 – 국내에서 생산되어 가공되지 아니한 농수산물(임산물의 경우에는 수실·대나무·버섯에 한한다.)을 주된 원료로 하여 가공하거나 건조·절단 등 간이처리를 하기 위한 시설로서 그 부지의 총면적이 3천 ㎡(양곡관리법 제22조 제1항의 규정에 의하여 미곡유통업의 육성을 위하여 미곡의 건조·선별·보관 및 가공시설을 종합적으로 설치하는 경우에는 3만 ㎡) 미만인 농수산물의 가공·처리시설(수질 및 수생태계 보전에 관한 법률 제2조 제10호에 따른 폐수배출시설 및 폐기물관리법 제2조 제4호에 따른 지정폐기물을 처리하기 위한 폐기물처리시설(지정폐기물을 배출하는 시설을 포함한다.)을 제외한다. – 부지의 총면적이 3천 ㎡ 미만인 농업기계수리시설. – 부지의 총면적이 3천 ㎡(지방자치단체 또는 농업생산자단체가 설치하는 경우에는 1만 ㎡) 미만인 남은 음식물이나 농수산물의 부산물을 이용한 유기질비료 또는 사료의 제조시설. – 농업진흥지역의 지정 당시 관계법령의 규정에 의하여 인가·허가 또는 승인 등을 얻거나 신고하고 설치된 기존의 건축물·공작물 기타 시설의 이용. – 농업진흥지역의 지정 당시 관계법령의 규정에 의하여 건축물의 건축, 공작물 기타 시설의 설치나 토지의 형질변경 기타 이에 준하는 행위에 대한 인가·허가·승인 등을 얻거나 신고하고 사업을 시행 중에 있는 자(관계법령에 의하여 인가·허가·승인 등을 얻거나 신고할 필요가 없는 경우에는 공사 또는 사업에 착수한 자를 말한다.)의 공사 또는 사업. – 중소기업자가 소유한 공장으로서 농업진흥지역 지정 당시 동 지역 안에 있던 공장(특정 대기유해물질 및 특정 수질유해물질을 배출하지 아니하는 공장에 한함)의 시설자동화 또는 공정 개선을 추진하기 위한 증설허용.(3,000㎡ 이내) 다만, 시설자동화 또는 공정 개선을 위하여 필요한 경우로서 국제법규, 수출상대국 또는 국내의 법령에서 규정된 규격·인증·안전·위생기준 등을 충족하기 위하여 불가피하다고 인정되는 경우에는 12,000㎡ 이내 공장증설 허용.
농업보호구역 (법 제32조 제2항, 시행령 제30조)	공장설립 불가

※ 농업진흥지역에서의 공장증설의 특례 (기업활동 규제완화에 관한 특별조치법 제16조 제2항 및 동법 시행령 제10조 제2항)

농지전용시 허용 또는 제한되는 범위(농지법)

구분	허용 또는 제한행위
농지취득자격증명의 특례(기업활동 규제 완화에 관한 특별조치법 제13조)	• 농지를 취득하고자 하는 자는 시·구·읍·면장으로부터 농지취득자격증명을 발급받아야 함. 다만, 공장의 신설·증설 또는 이전을 위하여 농지에 공장설립승인등을 얻은 자 중 다음 각호의 1에 해당하는 자는 농지법 제8조의 규정에 불구하고 농지취득자격증명을 발급받지 아니하고 농지를 취득할 수 있다. 1. 농지전용허가 또는 신고가 의제되는 협의를 거친 자 2. 제8조 제2항의 규정에 의하여 고시된 처리기준에 따라 공장설립승인등을 얻은 자 3. 농지법 제 34 조의 규정에 의한 농지전용허가를 받은 자 4. 농지법 제35조 또는 제43조의 규정에 의한 농지전용 신고를 한 자

농지전용허가의 제한 (법 제37조)	• 농지전용허가를 함에 있어서 국토의 계획 및 이용에 관한 법률에 의한 도시지역·계획관리지역 및 개발진흥지구안의 농지를 제외하고는 다음에 해당하는 시설의 부지로 사용하는 경우에는 그 전용을 허가할 수 없다. – 대기환경보전법 제2조 제9호의 규정에 의한 대기오염배출시설로서 대통령령이 정하는 시설. – 수질 및 수생태계보전에 관한 법률 제2조 제10호의 규정에 의한 폐수배출시설로서 대통령령이 정하는 시설. • 수질 및 수생태계보전에 관한 법률 시행령 별표 1에 의한 1종 사업장 내지 4종 사업장에 해당하는 시설. • 수질 및 수생태계보전에 관한 법률 시행령 별표 1에 의한 5종 사업장에 해당하는 시설 중 농림부령이 정하는 시설. 다만, 자원의 절약과 재활용촉진에 관한 법률 제2조 제6호의 규정에 의한 재활용시설, 폐기물관리법 제2조 제7호의 규정에 의한 폐기물처리시설 및 농수산물유통 및 가격안정에 관한 법률 제2조 제5호의 규정에 의한 농수산물공판장중 축산물공판장을 제외한다. – 농업의 진흥이나 농지의 보전을 저해할 우려가 있는 시설로서 대통령령이 정하는 시설

보전산지(산지관리법)에서 허용 또는 제한되는 공장의 업종규모 및 범위

용도지역	허용 또는 제한행위
보전산지	• 다음의 시설 설치 가능 – 관계 행정기관의 장이 다른 법률의 규정에 따라 산림청장과 협의하여 산지전용허가(신고)가 의제되는 허가·인가 등의 처분을 함으로써 설치되는 시설. 다만, 다음에 해당하는 시설을 제외. • 대기환경보전법에 의한 특정 대기유해물질 배출시설 • 대기환경보전법에 의한 대기오염물질배출시설(1종 내지 4종사업장에 설치되는 시설에 한함) • 수질 및 수생태계보전에 관한 법률에 의한 특정 수질유해물질 배출시설. 다만, 같은 법 제34조에 따라 폐수무방류 배출시설의 설치허가를 받아 운영하는 경우를 제외한다. • 수질 및 수생태계보전에 관한 법률에 의한 폐수배출시설(1종 내지 4종 사업장에 설치되는 시설에 한함.) • 폐기물관리법에 의한 지정폐기물을 배출하는 시설. 다만, 당해 사업장에 지정폐기물을 처리하기 위한 폐기물처리시설을 설치하거나 지정폐기물을 위탁하여 처리하는 경우에는 제외

자연녹지지역 안에서의 공장건축

국토계획법에는 토지의 이용 및 건축물의 용도, 건폐율, 용적률, 높이 등을 제한함으로써 토지를 경제적·효율적으로 이용하고 공공복리의 증진을 도모

하기 위해 서로 중복되지 아니하게 도시·군 관리계획으로 용도지역을 결정하게 하고 있다.

그 중에서 녹지지역은 자연환경·농지 및 산림의 보호, 보건위생, 보안과 도시의 무질서한 확산을 방지하기 위해 녹지의 보전이 필요한 지역으로 보전녹지, 생산녹지, 자연녹지로 세분된다.

보전녹지지역은 도시의 자연환경·경관·산림 및 녹지공간을 보전할 필요가 있는 지역을, 생산녹지지역은 주로 농업적 생산을 위하여 개발을 유보할 필요가 있는 지역을 말한다. 또한 자연녹지지역은 도시의 녹지공간의 확보, 도시의 확산 방지, 장래 도시용지의 공급 등을 위하여 보전할 필요가 있는 지역으로서 불가피한 경우에 한하여 제한적인 개발이 허용되는 지역으로 기업의 입장에서는 관심 지역이다.

보전녹지지역과 생산녹지지역은 개발 가능성이 거의 없다. 건축이 아예 제한되거나 건축이 되더라도 제한된 범위 안에서만 가능하기 때문에 개발은 거의 이뤄지지 않는다. 또한 국민소득이 높아질수록 녹지를 개발하기보다는 오히려 녹지를 늘려가는 추세이다.

하지만 자연녹지지역은 경우에 따라 개발이 될 가능성이 있다.

자연녹지지역에서는 4층 이하 건축물에 한해 단독주택, 제1, 2종근린생활시설, 의료시설 등 건축할 수 있는 건축물이 다양하다. 특히 주목할 만한 점은 도시•군계획조례에서는 첨단업종의 공장, 지식산업센터, 도정공장 및 식품공장과 읍·면지역에 건축하는 제재업의 공장 등의 건축을 허용하고 있다는 것이다.

공장을 신축하고자 하는 기업은 많아도 수도권 일대에 저렴한 가격의 공장부지를 확보하기란 쉽지 않다. 세계 10위권의 경제강국임에도 공장이라고 하면 당연히 대기 및 수질오염 등의 환경문제를 일으키고 소음, 진동 등으로 인해 기업의 입장에서는 고민이 아닐 수 없다.

하지만 첨단업종을 영위하는 기업의 경우 앞으로 자연녹지지역을 이용하여 이러한 고민을 상당 부분 해결할 수 있다.

최근 경기도 도시계획분과위원회에서는 첨단업종을 영위하는 모기업이 제출한 안성시 자연녹지지역 일대에 4만 ㎡가 넘는 대형공장 증설을 요구하는 개발행위 심의안을 조건부 의결했다.

이러한 결정은 지방자치제도 시행 하에서 지역경제 활성화를 고민하는 지방자치단체의 입장에서는 해당지역 경제 활성화와 고용창출의 효과를 달성할 수 있고, 기업의 입장에서는 본사와 가까운 지역에 저렴한 생산시설을 확보할 수 있는 모두가 만족할 수 있는 전략이 될 수 있다.

수도권 권역(수도권정비계획)과 입지제한

수도권정비법상 3대권역 정비전략

수도권의 인구와 산업을 적정하게 배치하기 위하여 수도권은 다음과 같은 3대권역으로 구분하여 관리하고 있다.

① 과밀억제권역 : 인구 및 산업이 과도하게 집중되었거나 집중될 우려가 있어 그 이전 또는 정비가 필요한 지역을 말한다. 서울과 서울을 둘러싼 과천, 안양, 광명, 군포, 의왕, 성남, 하남, 의정부, 고양 등이 과밀억제권에 해당한다. 과거에 서울의 위성도시라는 말을 들으며 제조업이 발달했었던 지역이 주로 해당한다. 해당 지역에는 대개 개발제한구역(그린벨트)이 많이 존재한다. 토지개발의 주 대상이 되는 계획관리지역 또는 관리지역은 존재하지 않거나 소규모로 존재한다.

② 성장관리권역 : 과밀억제권역으로부터 이전하는 인구와 산업을 계획적으로 유치하고 산업입지와 도시개발을 적정하게 관리할 필요가 있는 지역을 말한다. 해당지역에서는 개발제한구역은 존재하지 않거나 소규모로 존재하고 산업용지나 주택용지로 제공될 수 있는 계획관리지역이나 또는 관리지역

토지가 광범위하게 존재한다.

③ 자연보전권역 : 한강수계의 수질과 녹지 등 자연환경을 보전할 필요가 있는 지역을 말한다. 광주시, 이천시, 여주군, 가평군, 양평군 등이 자연보전권역에 해당한다. 해당지역에는 한강수계와 관련된 상수원 보호구역, 특별대책 1권역, 수변구역 등의 규제가 존재한다.

권역	정비전략
과밀억제권역	인구 및 산업이 과도하게 집중되었거나 집중의 우려가 있어 그 이전 또는 정비가 필요한 지역
성장관리권역	과밀억제권역으로부터 이전하는 인구 및 산업을 계획적으로 유치하고 사업의 입지와 도시의 개발을 적정하게 관리할 필요가 있는 지역
자연보전권역	한강수계의 수질 및 자연환경의 보전이 필요한 지역

수도권정비 3대권역 지정개요

구분	과밀억제권역	성장관리권역	자연보전권역
행정구역	서울, 인천(일부) 의정부, 구리, 남양주(일부), 하남, 고양, 수원, 성남, 안양, 부천, 광명, 과천, 의왕, 군포, 시흥 16개 시	동두천, 안산, 오산, 평택, 파주, 남양주(일부), 용인(일부), 연천군, 포천군, 양주군, 김포시, 화성시, 안성시(일부), 인천(일부), 시흥(일부) 12개 시 3개 군	이천, 남양주(일부), 용인(일부), 가평군, 양평군, 여주군, 광주시, 안성시(일부) 5개 시 3개 군
정비전략	과밀화 방지 도시문제 해소	이전기능 수용 자족기반 확충	한강수계보전 주민불편 해소

수도권 권역 현황

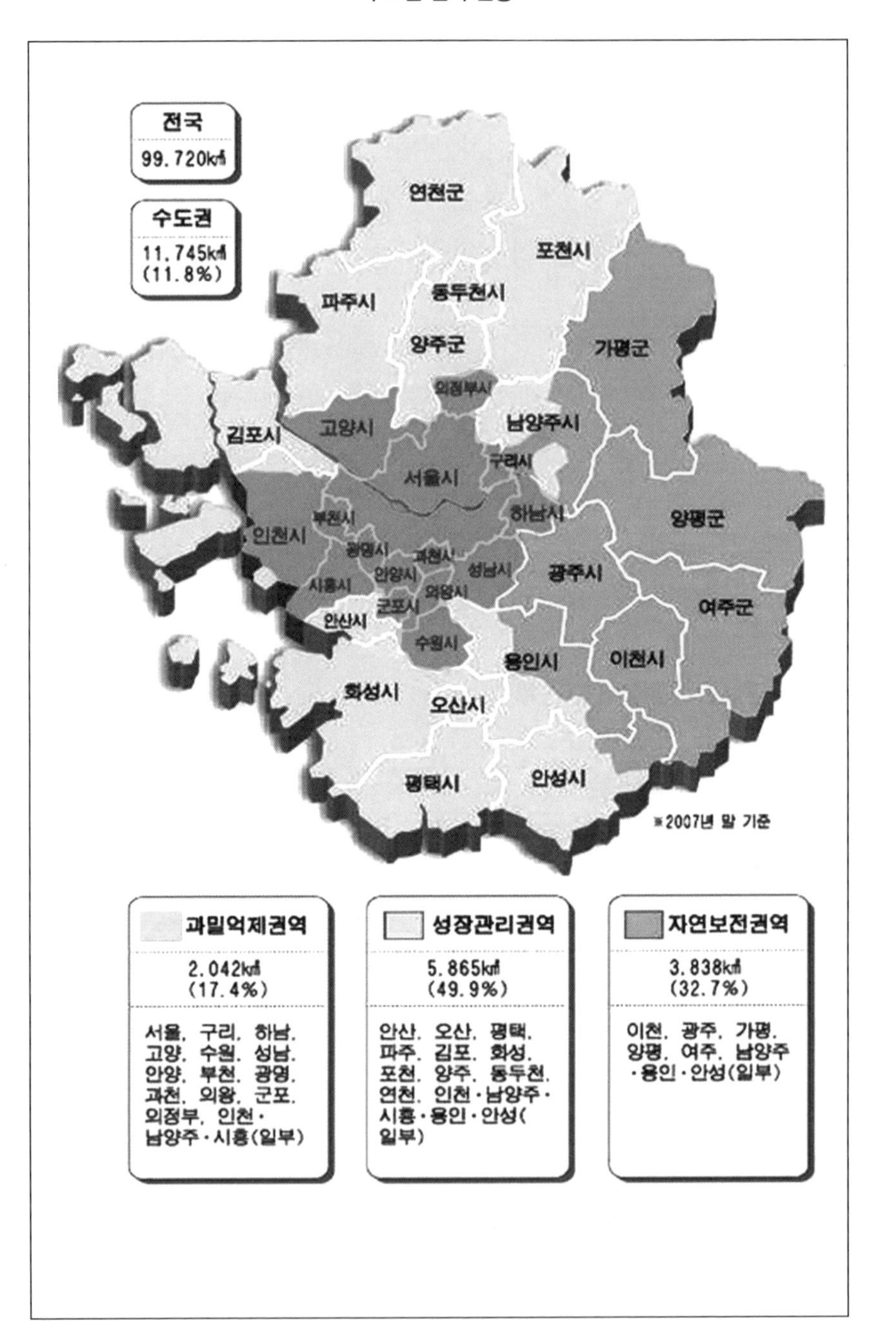

전국
99.720㎢
수도권
11.745㎢
(11.8%)
연천군
포천시
파주시
동두천시
양주군
가평군
의정부시
김포시
고양시
남양주시
구리시
서울시
부천시
하남시
양평군
인천시
광명시
과천시
성남시
광주시
안양시
시흥시
의왕시
여주군
군포시
안산시
수원시
용인시
이천시
화성시
오산시
평택시
안성시
※2007년 말 기준
과밀억제권역
2.042㎢
(17.4%)
서울, 구리, 하남, 고양, 수원, 성남, 안양, 부천, 광명, 과천, 의왕, 군포, 의정부, 인천·남양주·시흥(일부)
성장관리권역
5.865㎢
(49.9%)
안산, 오산, 평택, 파주, 김포, 화성, 포천, 양주, 동두천, 연천, 인천·남양주·시흥·용인·안성(일부)
자연보전권역
3.838㎢
(32.7%)
이천, 광주, 가평, 양평, 여주, 남양주·용인·안성(일부)

수도권에서는 수도권정비계획이 우선

수도권이란 서울특별시와 그 주변 지역을 말하고, 그 주변 지역은 인천광역시 및 경기도를 말한다. 즉 서울특별시와 인천광역시 및 경기도를 수도권이라 한다. 이 지역은 개발행위를 함에 있어서 다른 지역과는 달리 수도권정비계획법, 일명 '수정법'을 우선적으로 적용받는다. 즉 수정법은 수도권에만 적용되는 특별법이다.

수도권정비계획의 수립

수도권정비계획은 수도권의 인구 및 산업의 집중억제와 적정 배치를 위하여 국토교통부장관이 중앙행정기관의 장과 서울특별시장·광역시장 또는 도지사의 의견을 들어 입안한다. 수도권정비계획의 주요 내용은 아래와 같다.

① 수도권 정비의 목표와 기본방향에 관한 사항

② 인구 및 산업 등의 배치에 관한 사항

③ 권역의 구분 및 권역별 정비에 관한 사항

④ 인구집중유발시설 및 개발사업의 관리에 관한 사항

⑤ 광역적 교통시설과 상하수도시설 등의 정비에 관한 사항

⑥ 환경보전에 관한 사항

⑦ 수도권 정비를 위한 지원 등에 관한 사항

⑧ 위 사항에 대한 계획의 집행 및 관리에 관한 사항

⑨ 기타 법령이 정하는 수도권 정비에 관한 사항

수도권정비계획의 결정 및 고시

국토교통부장관이 입안한 수도권정비계획안은 수도권정비위원 회의 심의를 거친 후 국무회의의 심의와 대통령의 승인을 얻어 결정되고, 국토교통부장관은 결정된 수도권정비계획을 고시하고 중앙행정기관의 장 및 시·도지사에게 통보한다.

다른 계획 등과의 관계

수도권정비계획은 군사에 대한 사항을 제외하고는 수도권 안에서의 국토계획법에 의한 도시계획, 기타 다른 법령에 의한 토지이용계획 또는 개발계획 등에 우선하며, 그 계획의 기본이 된다. 또한 중앙행정기관의 장이나 서울특별시장 광역시장·도지사 또는 시장·군수·자치구의 구청장 등 관계 행정기관의 장은 수도권정비계획에 부합되지 않는 토지이용계획 또는 개발계획 등을 수립 시행해서는 안 된다.

인구집중유발시설

인구집중유발시설은 학교·공장·공공청사·업무용 건축물·판매용 건축물·연수시설, 기타 인구집중을 유발하는 시설로서 법령이 정하는 종류 및 규모 이상의 시설을 말한다. 건축물의 연면적 또는 시설의 면적을 산정함에 있어서 대지가 연접하고 소유자(공공청사의 경우에는 사용자를 포함)가 동일한 건축물에 대해서는 각 건축물의 연면적 또는 시설의 면적을 합산한다.

② 산업집적 활성화 및 공장설립에 관한 법률 제2조 제1호의 규정에 의한 공장으로서 건축물의 연면적(제조시설로 사용되는 기계 장치를 설치하기 위한 건축물 및 사업장의 각층의 바다면적과 사무실 및 창고의 각층의 바닥면적의 합계를 말한다.)이 500㎡ 이상인 것.

공업지역

① 국토계획법에 의하여 지정된 공업지역.

② 법령에 의하여 공업용지 및 이에 부수되는 용도로 이용되고 있거나 이용될 일단의 지역으로서 도시지역 중 산업입지 및 개발에 관한 법률에 의한 산업단지와 제2종 지구단위계획구역 및 개발진흥지구로서 공업용도로 구획되는 면적이 3만 ㎡ 이상인 것.

3대권역과 토지개발

과밀억제권역과 창고

과밀억제권역에는 개발제한구역이 광범위하게 존재하며 토지 측면에서 개발할 수 있는 여지가 극히 제한적이다. 따라서 해당지역에서는 축사 등을 편법으로 개조한 창고의 투자나 임대 또는 간간이 나오는 이축권(가까운 곳으로 건물을 옮겨 지을 수있는 권리)을 활용한 근린생활시설 등으로의 개발 등이 이루어지고 있다.

사업자들이 서울에서 아주 가까운 창고를 찾을 때 찾는 지역이나 하남, 구리, 고양시 등의 과밀억제권역의 창고들이다.

성장관리권역과 공장부지개발

성장관리권역인 파주, 김포, 화성, 평택 등에서 가장 활발하게 이루어지는 개발행위 중의 하나는 공장부지를 개발해서 분양하는 것이다. 그에 비해 창고나 전원주택의 개발은 국지적으로 이루어지고 있다.

전문중개사는 공장부지를 찾는 투자자가 있다면 특별하지 않는 한 해당지역을 추천하고 물건을 물색해야 한다. 왜냐하면 해당지역에서는 공장부지로 개발하면 토지의 가격도 가장 높게 받고 분양이 가장 쉽기 때문이다.

따라서 해당지역에서 대규모 계획관리지역 부지는 공장으로 허가를 받을 수 있느냐 없느냐가 토지의 가격과 거래성사에 절대적인 영향을 미친다. 연접개발제한 등에 걸려 공장부지로 개발이 불가능한 토지는 개발이 가능한 토지의 절반 가격 내외에서 거래될 수밖에 없는 것이다. 안성, 용인 등의 계획관리지역 토지는 입지에 따라서 공장부지로 개발하기도 하고 창고부지로 개발되기도 한다.

자연보전권역과 창고·전원주택·펜션

한강수계에 접하고 있어서 오폐수배출시설의 입지가 매우 까다로운 자연보전권역에서는 오폐수와 무관한 창고나 전원주택, 펜션 등의 개발사업이 주로 이루어지고 있다. 광주, 이천 계획관리지역에서 가장 대표적인 개발행위는 창고부지를 개발하는 것이며, 따라서 해당지역에서는 창고부지로 허가가 가능 여부가 해당 토지가격과 중개성사에 결정적인 영향을 미친다.

전문중개사는 중대규모의 창고를 찾는 고객이 있다면 광주, 이천, 용인, 안성 등의 지역을 추천해야 한다. 수변경관이 우수한 양평이나 가평, 청평 등지에서는 전원주택 개발사업과 민박, 펜션개발사업이 활발하게 이루어진다. 광주나 이천, 여주에서도 전원주택 개발사업이 국지적으로 이루어지고 있다.

3대권역에서의 행위제한

과밀억제권역 안에서의 행위제한

과밀억제권역 안에서는 학교·공공청사·연수시설, 기타 인구집중유발시설의 신설·증설 또는 공업지역의 지정 등의 행위나 허가, 인가, 승인 또는 협의 등을 해서는 안 된다. 단, 국민경제의 발전과 공공복리의 증진을 위하여 필요하다고 인정하는 경우에 한하여 다음의 행위나 이의 허가 등을 할 수 있다.

① 법령이 정하는 학교 공공청사의 신설 증설.

② 서울특별시 광역시 도별 기존 공업지역의 총면적을 증가시키지 않는 범위 안에서 공업지역의 지정. 단, 국토교통부장관이 수도권정비위원회의 심의 거쳐 지정하거나 허가 등을 하는 경우에 한한다.

성장관리권역 안에서의 행위제한

관계 행정기관의 장은 성장관리지역이 적정하게 성장하도록 하되, 과도한 인구집중을 초래하지 않도록 법령이 정하는 학교·공공청사·연수시설, 기타 인구집중유발시설의 신설·증설이나 이의 허가 등을 해서는 안 된다.

① 성장관리권역 안에서의 행위제한의 완화 : 관계 행정기관의 장은 성장관리권역 안에서 법령이 정하는 범위 내에 수도권정비계획이 정하는 바에 따라 공업지역을 지정할 수 있다. 과밀억제권역으로부터 이전하는 공장 등의 계획적 유치 위하여 필요한 지역, 개발수준이 다른 지역에 비하여 현저하게 낮은 지역의 주민의 소득기반을 확충하기 위하여 필요한 지역, 공장이 밀집된 지역의 재정비를 위하여 필요한 지역, 관계 중앙행정기관의 장이 산업정책상 필요하다고 인정하여 국토해양부장관에게 요청한 지역에서는 행위제한이 완화된다.

② 이주자에 대한 지원 : 국가·지방자치단체 또는 정부투자기관은 과밀억제권역 안의 인구집중유발시설을 성장관리권역 안에 조성한 대지로 이전하고자 하는 자에 대해서는 그 대지를 우선하여 분양할 수 있다.

자연보전권역 안에서의 행위제한

관계 행정기관의 장은 자연보전권역 안에서는 다음의 행위나 이의 허가 등을 해서는 안 된다. 단, 국민경제의 발전과 공공복리의 증진을 위하여 필요하다고 인정되는 경우로서 법령이 정하는 경우에 한하여 허가 등을 할 수 있다.

① 택지조성사업으로서 그 면적이 3만 ㎡ 이상인 것.
② 공업용조성사업으로서 그 면적이 3만 ㎡ 이상인 것.
③ 관광지조성사업으로서 시설계획지구의 면적이 3만 ㎡ 이상인 것.
④ 도시개발사업으로서 그 면적이 3만 ㎡ 이상인 것.

⑤ 복합단지개발사업으로서 그 면적이 3만 ㎡ 이상인 것.

⑥ 법령이 정하는 학교·공공청사·업무용 건축물·판매용 건축물·연수시설, 기타 인구집중유발시설의 신설·증설.

권역과 토지이용계획확인서

수도권정비 계획법상 권역은 토지이용계획확인서에 표시되어 있다. 재테크 차원에서의 투자는 수도권정비계획법상 권역을 따지지 않아도 무방한 편이다. 그러나 수도권에서 개발행위를 하고자 하는 사람은 해당지역이 수도권정비계획법상 어느 권역에 속하는지를 먼저 확인하고, 추진하는 개발행위가 당해 권역에서 가능한 행위인가를 확인해야 한다.

성장관리권역과 난개발

과밀억제권역이란 인구나 산업의 집중이 어느 정도 이루어진 지역을 말하며, 성장관리권역이란 인구 및 산업을 계획적으로 유치하고 산업입지와 도시개발을 적정하게 관리할 필요가 있는 지역을 말한다.

따라서 보통 3만 ㎡ 이하의 개발행위는 성장관리권역에서 많이 이루어지며, 그것이 과열되다 보면 난개발의 문제가 발생하게 된다. 개발 뉴스를 많이 탔던 화성시, 파주시, 김포시가 성장관리권역에 속한다.

수도권 토지개발과 분양성

수도권에서 공장용지, 창고용지, 전원주택용지 등의 개발행위가 많이 이루어지는 중요한 이유 중의 하나가 분양성이다. 한때 행정수도 이전이라는 이슈가 대두되어서 변수가 되었지만 수도권규제완화를 표방하면서, 인구와 수요자가 풍부한 수도권에서 용지를 만들고 분양을 해야 투자자금을 회수하는 데 용이하기 때문이다.

수도권 총량규제와 딜레마

수도권의 총량규제를 풀려고 하면 비수도권 지방자치단체의 반발이 심하고 인구와 산업이 수도권으로 과도하게 집중되어 국토의 균형개발에도 저촉된다. 총량 규제를 유지하려고 하면 국내산업의 신증설과 외국기업의 유치에 걸림돌이 된다.

국익을 우선하여 외국 기업에게만 신·증설을 허용하면 국내 기업 역차별의 문제가 발생한다. 쉬운 선택사항은 결코 아니다.

공장 등 소규모 개발사업의 사전환경성 검토서 작성지침

Ⅰ. 추진 개요

1. 목적

주변 환경에 미치는 영향이 경미한 소규모 개발사업의 종류와 규모를 정하고 사전환경성검토서(이하 '검토서'라 함)에 포함되어야 하는 구체적 내용과 작성방법을 간소화하여 협의방법 등의 효율성 제고.

2. 법적 근거

환경정책기본법 시행령 제8조 제4항 및 제5항

제8조(검토서의 작성내용 · 방법 등)

④ 환경부장관은 환경영향이 경미하다고 판단하여 그 종류, 규모 등을 정하

여 고시하는 소규모개발 사업에 대하여는 제1항 제3호 및 제4호의 내용 전부 또는 일부의 검토를 생략하게 할 수 있다.

⑤ 제1항에 따른 검토서에 포함되어야 하는 구체적인 내용과 작성방법 등에 관하여 필요한 세부사항은 환경부장관이 관계 중앙행정기관의 장과 협의하여 고시한다.

3. 소규모 개발사업의 종류 및 규모

가. 적용지역

▶국토의 계획 및 이용에 관한 법률 제36조 제1항 제2호 및 제3호의 용도지역별로 세분된 지역으로 사업계획의 면적이 다음의 면적 이상인 것.

지역구분		대상면적	비고
관리지역	보전관리지역	5,000㎡	
	생산관리지역	7,500㎡	
	계획관리지역	10,000㎡	
농림지역		7,500㎡	

나. 적용대상 및 규모

사업구분	적용대상	규모
공장 조성사업	공장(부대창고, 야적장 포함)	5천㎡~3만㎡ 미만
창고 조성사업	창고(야적장, 적치장 포함)	
육상 골재채취사업	육상골재(농지복구 목적 토취장 포함)	
주택 건설사업	전원주택단지(연접조성 제외)	
체육시설 조성사업	소규모 운동장에 한함	
교통시설 설치사업	주차장 시설에 한함	
공간시설 설치사업	공간시설(공원 포함, 유원지 제외)	
개간사업	개간사업(초지조성 포함)	

Ⅱ. 사전환경성검토서 작성 및 검토·협의절차 등

검토서 작성 및 협의절차 체계

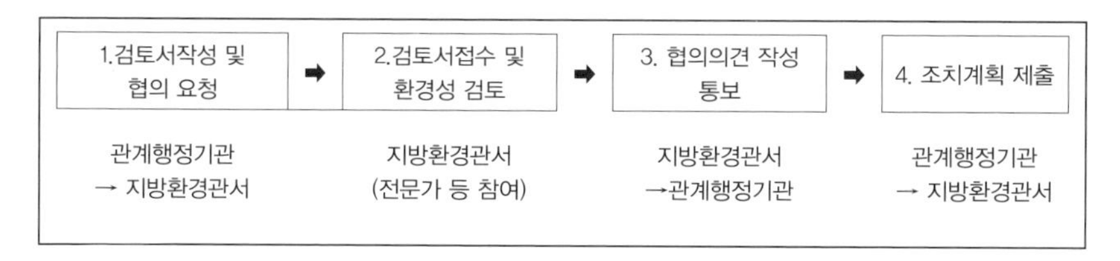

1. 검토서 작성 및 협의요청

가. 검토서 작성

(1) 작성 체계 : 환경정책기본법에 따른 작성방법 및 구비서류 준수

(2) 검토 항목 : 8개 항목(지형, 자연생태(동 · 식물상), 대기, 소음·진동, 악취, 수질, 경관, 해양환경) 중점검토

※ 사업지역의 입지 및 지형여건에 따라 일부 검토항목 제외 가능(예시 : 입지대상 지역이 평지인 전답의 경우 지형 항목, 해안가 입지가 아닌 경우 해양환경 항목 제외)

(3) 작성 방식 : 규모에 따라 작성방식 차등화

규모별(㎡)	작성 방식	비고
5천~1만 미만	Check List 방식	별지 제1-3호 서식
1만~3만 미만	Check List 방식, 기존 환경성검토서 방식 중 선택	

나. 협의 요청

(1) 사업자

- 작성방식에 따라 검토서를 작성하여 승인기관의 장에게 제출

(2) 승인기관의 장

- 작성방식 적합여부와 내용 등을 확인 후 협의기관의 장에게 사전환경성 검토 협의요청

2. 검토서 접수 및 환경성 검토

가. 접수 및 기본요건 검토

- 규모별 작성방식 적합 여부, 관계법률 등에 따른 입지제한 및 행위제한 저촉 여부, 협의근거 및 협의절차 등 기 본요건 적합성 검토

나. 환경성 검토

- 환경영향이 중대하여 자문위원 검토가 필요한 경우, 관계전문가 또는 자문위원 등에게 검토 의뢰
- 수질오염총량제 적용 지역의 경우, 수질오염총량제와 관련한 협의업무 처리절차(환경부 유역총량과 3353, '09.12.29)에 따라 수질총량관리부서에 수질오염총량 관련 구비서류 등에 대한 검토 의뢰 가능

다. 현장조사

- 특별한 사유가 없는 한 검토서 접수 후 7일 이내에 관계전문가 등 합동(3~5인 내외)으로 현장조사 실시
- 현장조사를 실시하는 경우, 자문위원 검토의뢰 생략(현장조사로 대체)

• 환경영향이 경미한 지역은 현장조사 및 자문위원 검토의뢰 생략 가능

라. 보완요청

• 아래에 해당하는 경우 승인기관장에게 보완요청
  - 체크리스트 방식 검토서가 적정하게 작성·구비되지 않아 환경성 검토가 곤란한 경우
  - 협의기관의 장이 중요하다고 판단하는 내용이 누락 · 결여되어 보완이 필요하다고 판단되는 경우
• 보완 요청은 1회를 원칙으로 함
  - 다만, 추가 자료 보완 없이는 더 이상 협의진행을 할 수 없다고 판단되는 경우에는 재보완 또는 추가자료 제출 요청 가능

※ 보완을 통해 해결이 불가능한 경우에는 반려

3. 협의의견 작성·통보

가. 협의의견 방향 결정

• 현장조사 결과 등을 토대로 가급적 접수일로부터 14일 이내에 협의의견 방향 결정

나. 협의의견 작성

• 협의의견은 특별한 사유가 없는 한 아래 방법에 따라 의견을 작성하여 승인기관의 장에게 통보

① 부동의

• 당해 사업이 관련 법령의 입지제한 및 행위제한규정 등에 저촉되는 경우
  - 기본 요건 검토단계에서 부동의 협의의견 통보(검토서 접수일로부터 7일 이

내 통보)

- 환경상 상당한 문제점이 있어, 사업규모 축소·조정, 토지이용계획 변경 조정 및 환경영향 저감방안을 수립하더라도 심각한 환경 영향이 예상되는 경우
  - 부동의는 부정적 환경영향이 명백한 경우를 전제로 하되, 6하 원칙에 기초하여 사업자 및 승인기관이 분히 납득할 수 있도록 부동의 사유를 명확히 제시.

※ 가급적 사업규모 축소 또는 토지이용계획 조정 및 환경보전방안 강화 등을 하여 부정적 환경영향을 최소화 할 수 있는 대안을 모색한다.

② (원안)동의

- 입지, 사업내용 및 검토서의 환경보전 방안대로 시행할 경우 별다른 환경문제가 없는 경우.
- 당해 사업의 시행이 환경에 미칠 영향이 경미하거나 그에 대한 적정한 저감방안이 강구되어 있어 환경적인 측면에서 이의가 없는 경우.
  - 제시된 사업계획 내용을 이행하되, 향후 환경성검토 과정에서 예측하지 못한 상황의 발생 또는 예측의 부적정으로 주변 환경에 악영향이 있거나 악화될 우려가 있는 경우 별도의 환경대책을 마련하도록 협의.

③ 조건부 동의

- 환경영향 최소화 등을 위해 사업내용(규모 등), 토지이용계획 및 시설물 배치계획, 배출허용기준 강화(환경보전 방안 추가·변경·조정 등 포함) 등의 조건부여 및 그 이행을 전제로 사업추진에 동의하는 경우.

다. 협의의견 통보

• 검토서 접수일로부터 법정기간(20일) 내 협의의견 통보

※ 협의기관의 장이 보완요청을 한 경우, 보완요청 당일부터 보완서류가 협의기관에 접수된 날까지의 기간은 협의기간에 산입하지 않는다.

4. 조치계획 제출

• 협의기관으로부터 협의내용을 통보받은 승인기관의 장은 협의내용을 인·허가에 반영하기 위하여 필요한 조치 강구.

• 승인기관의 장은 조치계획 또는 조치결과를 별지에 의거 작성, 30일 이내에 협의기관에 통보.

※ 단, 부동의 의견의 경우에는 조치결과 제출.

III. 행정사항

1. 협의기관장은 사전환경성 검토시 최대한 허가관련자료 활용 및 현장조사를 통하여 실질적, 합리적인 협의가 진행되도록 노력하여야 한다.

2. 협의기관장은 「사전입지상담제도 운영지침」에 따른 사전입지상담 시 별지 제1호 서식과 별지 제2호 서식의 체 크리스트를 활용할 수 있다.

3. 협의기관장은 별지 제1호 서식부터 별지 제3호 서식까지의 체크리스트를 지역 특수성 등을 고려하여 일부항목 을 추가하거나 세분화하여 활용할 수 있다.

4. 이 지침과 환경정책기본법이 정하고 있는 내용이 상충될 경우에는 환경정책기본법이 우선하여 적용된다.

5. 입지 관련규정 등이 개정되는 경우에는 변경되는 기준을 적용한다.

【별지 제1호 서식】

사업계획 및 주요 환경현황

<table>
<tr><td rowspan="6">사업개요</td><td colspan="2">사업목적</td><td></td><td></td><td></td><td></td></tr>
<tr><td colspan="2">추진절차</td><td></td><td></td><td></td><td></td></tr>
<tr><td colspan="2">사업명</td><td></td><td></td><td></td><td></td></tr>
<tr><td colspan="2">위치</td><td></td><td></td><td></td><td></td></tr>
<tr><td colspan="2">면적(㎡)</td><td>업종</td><td>사업시행자</td><td>승인기관</td><td>사업기간</td></tr>
<tr><td colspan="2"></td><td></td><td></td><td></td><td></td></tr>
<tr><td rowspan="3">토지이용계획</td><td colspan="2">구 분</td><td>공장용지</td><td>녹지</td><td>도로</td><td>기타용지</td></tr>
<tr><td colspan="2">면적(㎡)</td><td></td><td></td><td></td><td></td></tr>
<tr><td colspan="2">비율(%)</td><td></td><td></td><td></td><td></td></tr>
<tr><td>생태자연도
(녹지자연도)</td><td colspan="2">구 분</td><td colspan="2">Ⅰ(8)등급</td><td>Ⅱ(7)등급</td><td>Ⅲ(6)등급</td></tr>
<tr><td></td><td colspan="2">면적(㎡)</td><td colspan="2"></td><td></td><td></td></tr>
<tr><td></td><td colspan="2">비율(%)</td><td colspan="2"></td><td></td><td></td></tr>
<tr><td rowspan="4">토지이용현황</td><td colspan="2">용도지역·지구·구역</td><td>임야</td><td>전</td><td>답</td><td>기타</td></tr>
<tr><td rowspan="3">지목</td><td>구분</td><td></td><td></td><td></td><td></td></tr>
<tr><td>면적(㎡)</td><td></td><td></td><td></td><td></td></tr>
<tr><td>비율(%)</td><td></td><td></td><td></td><td></td></tr>
<tr><td rowspan="5">시설물 현
황 (사업부지
경계로 부터
500m이내)</td><td colspan="2">구분</td><td></td><td></td><td></td><td></td></tr>
<tr><td colspan="2">도로·철도</td><td></td><td></td><td></td><td>※도로의 경우 차선
수, 폭 등 기재</td></tr>
<tr><td colspan="2">정온시설
(주택, 학교 등)</td><td></td><td></td><td></td><td></td></tr>
<tr><td colspan="2">주변 시설
(공장·산업단지)</td><td></td><td></td><td></td><td>※명칭, 주요 업종
등 기재</td></tr>
<tr><td colspan="2">환경기초시설
(취·정수장 포함)</td><td></td><td></td><td></td><td></td></tr>
</table>

※ 별도 첨부자료 :
- 대상지역의 위치도(축척 1:3,000 내지 1:5,000)
- 전경사진 또는 위성사진(최근 자료를 사용하되 촬영날짜 기재)
- 토지이용계획도 및 시설물배치계획도
- 기타 사전환경성 검토에 필요한 당해지역 특성자료

【별지 제2호서식】

<table>
<tr><th colspan="2">검토항목</th><th>해당여부</th></tr>
<tr><td rowspan="4">자연환경보전법</td><td>생태경관보전지역 및 규제사항에 해당 여부</td><td></td></tr>
<tr><td>시도 생태경관보전지역 및 규제 사항에 해당 여부</td><td></td></tr>
<tr><td>자연유보지역 및 규제사항에 해당 여부</td><td></td></tr>
<tr><td>자연휴식지 및 규제사항에 해당 여부</td><td></td></tr>
<tr><td colspan="2">자연공원법에 의한 국립/도립/군립 공원 및 규제</td><td></td></tr>
<tr><td colspan="2">습지보전법에 의한 습지보호지역/습지주변관리지역/습지개선지역 및
규제 사항에 해당 여부</td><td></td></tr>
<tr><td colspan="2">야생동식물 보호법에 의한 야생동식물(특별) 보호구역 및 규제 사항에
해당 여부(시도 포함)</td><td></td></tr>
<tr><td colspan="2">독도 등 도서지역의 생태계보전에 관한 특별법에 의한 특정도서/시도 특정도서 및 규제 사항에 해당 여부</td><td></td></tr>
<tr><td colspan="2">백두대간보호에 관한 법률에 의한 백두대간보호지역 및 규제 사항에 해당 여부</td><td></td></tr>
<tr><td colspan="2">환경정책기본법에 의한 특별대책지역(수질/대기) 및 규제 사항에 해당 여부</td><td></td></tr>
<tr><td colspan="2">수변구역 및 규제사항(용도지역 변경 포함)에 해당 여부</td><td></td></tr>
<tr><td colspan="2">상습피해 침수지역 해당 여부</td><td></td></tr>
<tr><td colspan="2">수도법에 의한 상수원보호구역 및 규제 사항에 해당 여부</td><td></td></tr>
<tr><td colspan="2">수질환경보전법에 의한 배출시설 설치제한지역 및 규제 사항에 해당 여부</td><td></td></tr>
<tr><td colspan="2">폐기물처리시설 설치 촉진 및 주변지역 지원 등에 관한 법률에 의한
폐기물처리시설입지 지역 및 규제 사항에 해당 여부</td><td></td></tr>
<tr><td colspan="2">토양환경보전법에 의한 토양보전 대책지역 및 규제 사항에 해당 여부</td><td></td></tr>
</table>

※ 위 검토항목 중 어느 하나에 해당하는 경우 근거자료 첨부

【별지 제3호 서식】

중점 환경성검토 체크리스트

1. 지형·지질 관련

대상 지역에 산지가 포함되어 있는 경우에 한하여 작성한다.

현 황

표고	구분	0~25m	25~50m	50~75m	75~100m	100m 이상
	면적(㎡)					
	비율(%)					
경사도	구분	0~5°	5~10°	10~20°	20~30°	30° 이상
	면적(㎡)					
	비율(%)					
최대 절토사면고(m)						
최대 성토고(m)						
별도 첨부자료		• 주변지역 지형도(1:5,000) • 대상지역 표고분석도, 경사분석도				

중점 검토사항 및 제출 서류

중점 검토 사항	해당 여부	해당시 제출 서류
• 주요 능선에 영향 여부	이격거리(m)	• 능선축 현황도면(등고선, 축적 등이 표시된 지형도에 표기)
• 사면 비율이 15% 이상 여부		• 사면안정 및 보호대책
• 부지내 표고차가 15m 이상인가? • 절토사면고가 6m 이상(2단 이상으로 이상) 또는 건물 높이의 2배 이상		• 종·횡단면도
• 저감대책 발생하는가?		• 공사시 토사유출

2. 자연생태(동·식물상) 및 경관 관련

※ 다음 중 어느 하나에 해당되는 경우에 작성한다.
- 대상지역에 산지가 포함되어 있는 경우
- 대상지역 경계로부터 1km 이내에 법정보호 야생동·식물 서식지, 야생동·식물보호구역(특별보호구역 등 포함) 또는 철새도래지가 위치하는 경우
- 대상지역 경계로부터 500m이내에 생태경관보전지역 등이 분포하는 경우

현 황

<table>
<tr><td rowspan="4">녹지자연도</td><td>구분</td><td>8등급 이상</td><td>7등급</td><td colspan="2">6등급</td><td>6등급 미만</td></tr>
<tr><td>식생유형</td><td></td><td></td><td colspan="2"></td><td></td></tr>
<tr><td>면적(㎡)</td><td></td><td></td><td colspan="2"></td><td></td></tr>
<tr><td>비율(%)</td><td></td><td></td><td colspan="2"></td><td></td></tr>
<tr><td rowspan="3">동·식물상</td><td>구분</td><td>포유류</td><td>양서·파충류</td><td>조류</td><td>기타</td><td>식물</td></tr>
<tr><td>주요 분포종</td><td></td><td></td><td></td><td></td><td></td></tr>
<tr><td>법정보호종</td><td></td><td></td><td></td><td></td><td></td></tr>
<tr><td colspan="2">별도 첨부자료</td><td colspan="5">• 녹지자연도 및 식생분포도
• 주요 출현 · 서식 동물, 식물 분포현황
• 주변 경관자원을 표기한 지형도면</td></tr>
</table>

※ 공공기관 자료 활용 가능, 현지조사 시 조사자 인적사항 및 조사 시기 등 명기

중점 검토사항 및 제출 서류

중점 검토 사항	해당 여부	해당시 제출 서류
• 녹지자연도 7등급 이상 지역 훼손 여부	이격거리(m)	• 훼손 수목량 분석자료 • 식생훼손 최소화 대책(원형보전, 사업계획 변경, 대체녹지조성 등)
• 법정보호야생동·식물이 출현·서식하거나 서식지 및 보호구역 경계로부터 1km 이내		• 법정보호 야생 동·식물 서식지 보전대책(원형보전, 대체서식지 조성 등)
• 생태경관보전지역으로부터 500m 이내 • 산지의 5부능선 이상 입지 여부		• 경관영향 저감 방안에 관한 자료

3. 대기(악취, 소음·진동 포함) 및 수질(해양환경) 관련

대기(악취, 소음·진동)	※ 다음 중 어느 하나에 해당되는 경우에 작성한다. – 대상지역 경계로부터 300m 이내에 정온시설(주택,학교 등)이 위치하는 경우 – 대상지역이 환경정책기본법에 의한 대기보전특별대책지역,대기환경보전법에 의한 대기환경규제지역 또는 수도권 대기환경개선에 관한 특별법에 의한 대기관리권역으로부터 1km 이내인 경우
수질 (해양환경)	– 시설 운영 시 발생하는 오 · 폐수를 자체 처리하여 하천 또는 호소에 직접 방류하는 경우(공공처리시설 등에 연계처리시 제외) – 대상지역이 국가하천·지방하천, 소하천의 양안 100m 이내인 경우 – 대상지역이 환경정책기본법에 의한 상수원수질보전특별대책지역, 4 대강법에 의한 수변구역으로부터 수계상 상류방향 10km 이내인 경우 – 수질오염총량관리제 시행지역인 경우 – 해안가에 입지하거나 시설 운영시 발생하는 오·폐수를 자체 처리하여 해역으로 직접 방류하는 경우(공공처리시설등에 연계처리시 제외)

가. 대기(악취, 소음·진동 포함)

□ 현 황

<table>
<tr><td rowspan="4">대기질 측정자료(대상지 주변 주풍향 방향 1개 지점 이상)</td><td>구분</td><td>아황산가스
(SO)</td><td>일산화탄소
(CO)</td><td>이산화질소
(NO)</td><td>미세먼지
(PM–10)</td></tr>
<tr><td>연간</td><td></td><td></td><td></td><td></td></tr>
<tr><td>24시간
(또는 8시간)</td><td></td><td></td><td></td><td></td></tr>
<tr><td>1시간</td><td></td><td></td><td></td><td></td></tr>
<tr><td colspan="2">소음 · 진동</td><td>소음</td><td></td><td>진동</td><td></td></tr>
<tr><td colspan="2">별도 첨부자료</td><td colspan="4">정온시설(주택, 학교 등) 분포 현황도
대기질 조사지점, 위치도</td></tr>
</table>

※ ①의 경우 환경부 대기질 측정망 등 공공기관 자료 활용 가능

중점 검토사항 및 제출 서류

중점 검토 사항	해당 여부	해당시 제출 서류
• 공사·운영시 대기오염물질, 악취, 소음 진동 발생 여부		• 공사·운영시대기오염물질,악취, 소음·진동영향예측 및 저감 방안

나. 수질(해양환경)

(단위 : mg/L)

<table>
<tr><td>항목</td><td>구분</td><td colspan="2">생물학적
산소요구량
(BOD)</td><td>화학적산소
요구량
(COD)</td><td>부유물질량
(SS)</td><td>총인
(T–P)</td><td>총질소
(T–N)</td></tr>
<tr><td rowspan="3">수질 측정자료
(대상지 주변1
개 지점 이상)</td><td>하천</td><td colspan="2"></td><td></td><td></td><td></td><td></td></tr>
<tr><td>호소</td><td colspan="2"></td><td></td><td></td><td></td><td></td></tr>
<tr><td>해역</td><td colspan="2"></td><td></td><td></td><td></td><td></td></tr>
<tr><td colspan="2" rowspan="2">방류 하천·호소 또는 국가 하천·지방하천현황</td><td>수계</td><td>명칭</td><td>하천 등급</td><td>하천 연장</td><td>최단 이격거리</td><td>비 고</td></tr>
<tr><td></td><td></td><td></td><td></td><td></td><td></td></tr>
<tr><td colspan="2">별도 첨부자료</td><td colspan="6">• 수계도 (수질 측정지점, 위치도 등)
• 특별대책지역 또는 수변구역의 분포현황 및 이격거리에 관한 자료
• 수질오염총량관리제 시행지역의 경우, 해당 단위유역의 개발부하량 및 할당량 등에 관한 자료</td></tr>
</table>

※ ①의 경우 환경부 수질 측정망 등 공공기관 자료 활용 가능

중점 검토사항 및 제출 서류

중점 검토 사항	해당 여부	해당시 제출 서류
• 공사 · 운영시 수질오염물질 발생 여부 • 오염물질이 하천·호소 해역 등에 직접 유입 (공공처리시설 등에 유입되는 경우는 제외) • 사업지 주변에 특별관리해역, 수산자원보전지구 등이나 보전가치가 높은 습지(갯벌) 등이 존재		• 오·폐수처리대책 • 비점오염물질 저감대책 등 • 특별관리해역, 습지(갯벌) 등 현황, 훼손 여부 및 보전대책

조사항목별 조사(작성)자 명단

<table>
<tr><td colspan="2" rowspan="2">조사 항목</td><td>조사(작성)자</td><td></td><td rowspan="2">비고</td></tr>
<tr><td>성명</td><td>서</td></tr>
<tr><td rowspan="2">지형 · 지질</td><td>지형</td><td></td><td></td><td></td></tr>
<tr><td>지질</td><td></td><td></td><td></td></tr>
<tr><td rowspan="4">생태분야</td><td>자연생태</td><td></td><td></td><td></td></tr>
<tr><td>동물상</td><td></td><td></td><td></td></tr>
<tr><td>식물상</td><td></td><td></td><td></td></tr>
<tr><td>경관</td><td></td><td></td><td></td></tr>
<tr><td rowspan="3">대기분야</td><td>대기</td><td></td><td></td><td></td></tr>
<tr><td>악취</td><td></td><td></td><td></td></tr>
<tr><td>소음·진동</td><td></td><td></td><td></td></tr>
<tr><td rowspan="2">수질분야</td><td>수질</td><td></td><td></td><td></td></tr>
<tr><td>해양환경</td><td></td><td></td><td></td></tr>
</table>

※ 체크리스트 작성 간소화에 따른 협의 부실화방지 및 현지조사 확대를 위해 조사(작성)자 명단 첨부소규모

환경성 검토서 작성 간소화 시행

환경성검토서 작성 간소화 대상을 현행 소규모 공장 외 창고, 공원, 전원주택단지, 개간사업 등 환경 영향이 적은 7개 개발사업으로 확대됨으로써 환경성검토서 작성을 간단하게, 제출서류도 대폭 줄여 작성시간과 비용이 크게 줄었다.

간소화 대상 개발사업

현행 (5천 ㎡~3만 ㎡ 미만)	개정안 (5천㎡ ~ 3만 ㎡ 미만)	비고
공장	공장(부대창고, 야적장 포함)	
	창고(야적장, 적치장 포함)	
	육상골재(농지복구 목적 토취장 포함)	
	전원주택단지 (연접조성 제외)	
	소규모 운동장에 한함	
	교통시설(주차장 시설)	
	공간시설(공원포함, 유원지 제외)	
	개간사업(초지조성 포함)	

규모별 검토서 작성방식

규모별 (㎡)	작성 방식	비고
5 천~1 만 미만	Check List 방식	기타 방식 불인정
1 만~3 만 미만	Check List 방식 , 기존 환경성검토서 방식 중 선택	

- 한편으로 제출서류 축소로 협의 부실화 방지를 위해 검토서 작성 시 조사(작성)자의 실명을 첨부토록 하여 조사 등이 보다 충실히 이루어질 수 있도록 하였다.

중점 검토시 제출서류

계	26 건	12 건
제출서류	– 지형 (생태축 현황도면 등 9 건) – 자연생태(식생훼손 최소화 대책 등 6건) – 대기 (영향저감대책 등 3 건) – 수질((" 등 2건) – 경관(경관 영향 분석자료 등 3건) – 해양(갯벌 보전대책 등 3건)	– 지형 · 지질 (생태축 현황도면 등 4 건) – 자연생태·경관(식생훼손 최소화 대책 등 4 건) – 대기·수질·해양 (영향저감대책 등 4건)

- 환경부는 이 제도의 시행으로 연간 약 2 천여 건에 달하는 공장 등 소규모 개발사업에 대한 검토서 작성 간소화로 사업추진에 따른 불편이 상당부분 개선될 것으로 기대하고 있으며,
- 유역(지방)환경청의 환경평가 담당자의 업무 부담을 줄여 다른 주요 평가 사업에 대한 보다 심도 있는 검토가 가능해질 것으로 보인다.

연접개발제한 폐지와 도시계획심의제도

연접개발제한제도의 개념

연접개발제한이란 연접한 토지에서 이미 개발된 면적이 있으면 새롭게 개발행위를 하려는 토지는 일정 면적 또는 개발을 할 수 없게 되는 규정을 말한다. 연접개발제한을 받는 토지는 크게 산지와 산지가 아닌 토지로 구별이 되는데 이를 정하고 있는 규정은 산지관리법이다.

2011년 3월 9일부로 국계법에 의한 연접개발제한제도를 폐지한 대신 도시계획위원회 심의를 통해 허가 여부를 결정하도록 했다. 과거에는 면적 초과시 허가 자체를 받을 수 없었지만 법 개정으로 인하여 개발할 수 있는 길을 열어 놓았다. '도시계획위원회'의 심의를 받도록 한 것은 시·군의 재량이 그만큼 커졌다는 뜻이며, 연접개발제한의 완전 폐지란 의미로 접근하기보다 규제를 완화하는 개정이라고 할 수 있다.

산지전용허가를 받으려는 지역의 경계와 종전의 경계가 직선거리 250미터 이내에 있는 경우, 허가예정지의 면적과 종전의 산지전용허가지역의 면적을 합산한 면적이 3만 ㎡ 이하여야 한다. (산지관리법 제18조 제1항)

용도지역별로 정한 면적 이내 규모라도 개발행위를 하려면 도시계획심의를 받아야 한다. 대체로 심의를 받게 되면 아무리 허가기준이나 용도지역에 적합한 개발이라도 부결되거나 과도한 기반시설 설치, 사업규모 축소 등이 요구되어 결국 사업을 포기하게 만들기 때문에 가능하면 도시계획심의를 면제 받고 싶어 한다.

그 면제 용도나 지역 중에 집단화유도지역이라는 것이 있다. 이 집단화유도지역은 과거 연접제한과 정반대의 개념으로 과거 연접은 내가 개발하려고 하는 토지 주변에 기존 개발지가 있으면 개발을 하고 싶어도 면적이 초과되어 개발을 못하는 악법이었다면 연접제한 폐지를 대안으로 도입한 도시계획심의제도에서는 반대로 주변에 기존 개발지가 많은 지역에 개발하면 도시계획심의까지 면제해 주도록 하고 있다. 이것이 바로 집단화유도지역이다. 즉 자연녹지, 계획관리지역에서 30미터 이내의 거리를 두고 연접한 기존 개발지가 20,000㎡~50,000㎡ 이상으로 집단화되어 있는 지역에 개발지가 속해 있으면 그 개발행위는 도시계획심의가 면제된다.(평택시 경우)

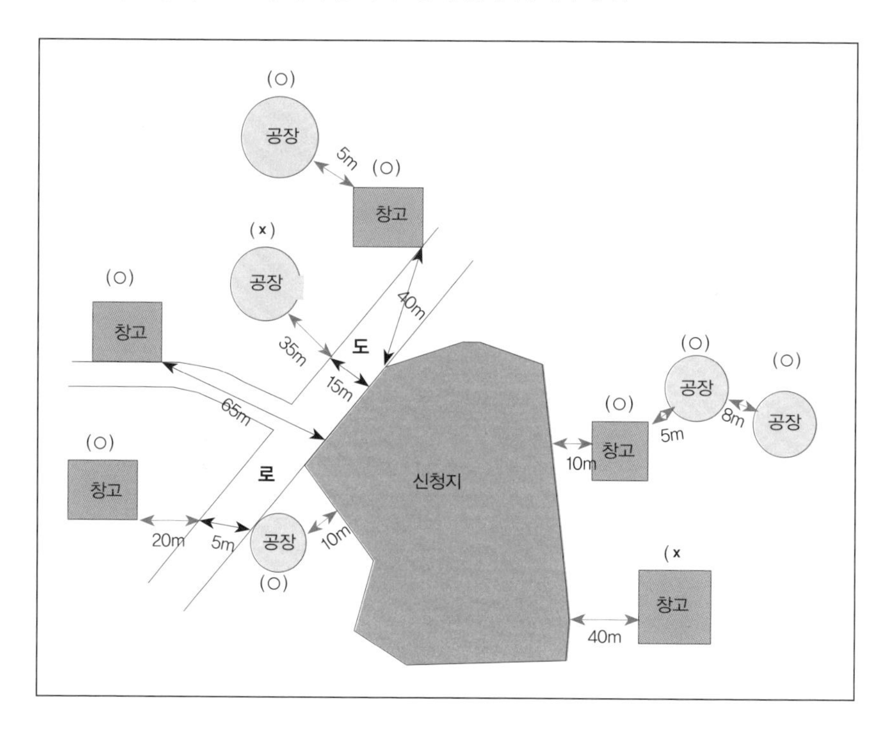

위 그림에서 파란색 치수선의 길이가 30미터 이내면 집단화(연접) 된 것이며, 검정색 치수선은 직선 너비 중 도로 폭으로 30미터 길이 산정 시 제외한다. (과거 연접제한폐지의 대안 제도답게 과거 연접제한처럼 이러한 집단화유도지역만 오히려 심의를 하고, 집단화가 아닌 지역을 반대로 심의를 면제해야 할 것 같지만 법은 반대다.)

결과적으로 현행 규모 이하 개발행위에 대한 도시계획심의제도는 허가기준이나 용도지역 내 허용행위로는 다 적법한 개발이 되는 것처럼 만들어 규제조항을 없앤 것처럼 보인다.

하지만 실제적으로는 심의에서 과도한 기반시설 요구나 사업규모 축소, 개발부담금징수 등 개발비용은 증가하고 수익성이 없는 등 사업성을 없도록 하여 사업을 포기하게 만들기 위해 만든 제도라는 생각을 지울 수가 없다.

공장입지 기준고시 해설

공장입지 기준고시

제1조(목적) 이 고시는 제조업종별 공장부지 이용의 적정화를 기하게 하는 동시에 용도지역별 공장설립가능 여부를 쉽게 확인할 수 있도록 하여 원활한 공장설립을 지원함을 목적으로 한다.

제2조(적용범위) 이 기준을 적용 받는 공장은 산업집적활성화 및 공장설립에 관한 법률(이하 '법'이라 한다.) 제2조 제1호의 규정에 의한 공장으로 한다. 다만, 건축법 및 총포·도검·화약류단속법 등 다른 법령상 이 고시를 적용할 수 없거나 공장입지의 특성상 이 고시를 적용하면 공장운영에 현저한 지장을 초래할 경우에는 지식경제부 장관의 승인을 받아 달리 적용할 수 있다.

제3조(기준공장 면적률과 그 적용방법) ① 법 제8조 제2호의 제조업종별 공장부지 면적에 대한 공장건축면적의 비율(이하 '기준공장 면적률'이라 한다.)은 다음과 같다.

1. 기준공장 면적률 : (공장건축 면적 / 공장부지 면적 × 100) [별표1]
2. 기준공장 면적률의 산정범위

가. 기준공장 면적률을 산정할 경우의 공장건축면적에는 공장부지 내의 모든 건축물 각층의 바닥면적 합계와 건축물 의 외부에 설치된 기계·장치, 기타 공작물의 수평투영면적을 합산한 면적으로 한다.

나. "가"목의 "공장건축면적"에는 공장설립(신설·증설·이전) 승인일부터 4년 이내의 공장건축 계획분을 포함한다. 다만, 시장·군수·구청장(자치구의 구청장을 말한다. 이하 같다.) 또는 관리기관이 지역의 경제 여건이나 공장의 규모 등을 고려하여 동 기간을 초과하여 공장을 건축하는 것이 부득이 하다고 인정하는 경우에는 그 기간을 연장하여 적용할 수 있다.

다. 기준공장 면적률을 산정할 경우의 '공장부지 면적'은 공장이 설치된 부지의 수평투영 면적으로 한다.

② 기준공장 건축면적의 산출 방법은 다음과 같이 한다.

1. 1개의 단위공장이 1개의 업종을 영위하는 공장인 경우.

기준공장 건축면적 = 공장부지 면적 × 기준공장 면적률

2. 1개의 단위 공장이 2개 이상의 업종을 영위하는 공장인 경우.

기준공장 건축면적 = 공장부지 면적 × 1/(A업종의 가중치/A업종의 기준공장 면적률 + B업종의 가중치/B업종의 기준공장 면적률)

※ 업종별 가중치 = 당해 업종에 사용될 건축면적/전체 건축면적

3. 제2호의 경우에 있어서 업종간의 명확한 구분이 곤란하다고 인정되는 때에는 전체 공장부지 면적에 매출액이 가장 높은 업종의 기준공장 면적률을 곱하여 기준공장 건축면적을 산출한다.

③ 다음 각 호의 1에 해당하는 부지의 경우에는 이를 공장부지 면적에서 제외하고 기준공장 건축면적을 산출한다. 다만, 제1호 및 제4호의 경우에는 기준공장 면적률이 용적률을 초과하는 등 관련 법령상 기준공장 건축면적에 적합하도록 건축할 수 없는 경우로서 당해 초과 부분에 해당하는 부지에 한하여

이를 공장부지 면적에서 제외한다.

1. 국계법 제36조의 규정에 의한 녹지지역에 해당하는 부지.

2. 접도구역이 설정되어 공장건축이 곤란한 부지.

3. 활주로, 철로 또는 폭 6미터 이상의 도로로 사용되는 부지.

4. 생산 공정의 특성상 대규모 저수지 또는 침전지로 사용되는 부지.

5. 법 제33조 제6항의 규정에 의한 녹지구역 안에 있는 부지.

6. 경사도가 30도 이상인 사면부지로서 시장·군수·구청장 또는 관리기관이 공장건축이 곤란하다고 인정하는 부지.

④ 공장부지를 임차하여 공장을 건축하는 경우로서 시장·군수·구청장 또는 관리기관이 정당한 사유가 있다고 인정하는 경우이거나 기타 기준공장 건축면적에 적합하게 건축할 경우 공장 운영에 현저한 지장을 초래할 우려가 있다고 시장·군수·구청장 또는 관리기관이 인정하는 경우에는 기준공장 건축면적에 적합하지 아니하더라도 공장설립 등의 승인을 하거나 입주계약을 체결할 수 있다.

제4조(아파트형 공장에 대한 입지기준) 아파트형 공장에 대한 기준공장 면적률은 40퍼센트로 한다.

제5조 (삭제)

제6조(업종변경의 기준이 되는 업종 분류) 영 제18조의 2의 규정에 의하여 업종변경의 대상이 되는 다른 업종의 분류 기준은 별표1과 같다. 다만, 법령의 규정에 의하여 동 기준 내에서 다른 입지기준을 적용하여야 하는 경우에는 그러하지 아니하다.

제7조(용도지역별 공장설립 허용범위 및 환경기준) 법 제8조 제1호·제3호·제4호 및 영 제12조 제1항의 규정에 의하여 고시하여야 할 용도지역별 허용 또는 제

한되는 공장의 업종·규모·범위 및 환경기준은 별표2와 같다.

부 칙

이 고시는 고시한 날부터 시행한다.

[별표 2] 용도지역별 허용 또는 제한되는 공장의 업종·규모·범위 및 환경기준 등에 관한 사항

1. 도시지역에서 허용 또는 제한되는 공장의 업종·규모 및 범위(국토계획법)

용도지역	허용 또는 제한 행위
제1종 전용주거지역	공장설립 불가
제2종 전용주거지역	공장설립 불가
제1종 일반주거지역	• 도시계획조례가 정하는 바에 의하여 건축할 수 있는 건축물(4층 이하의 건축물에 한한다. 다만, 4층 이하의 범위 안에서 도시계획조례로 따로 층수를 정하는 경우에는 그 층수 이하의 건축물에 한한다) • 건축법 시행령 별표1 제4호의 제2종 근린생활시설(단란주점 및 안마시술소 제외) • 건축법 시행령 별표1 제13호의 공장중 인쇄업, 기록매체 복제업, 봉제업(의류편조업을 포함), 컴퓨터 및 주변기기 제조업, 컴퓨터 관련 전자제품조립업, 두부제조업의 공장 및 아파트형 공장으로서 다음에 해당하지 아니하는 것 (1) 대기환경보전법에 의한 특정 대기유해물질을 배출하는 것 (2) 대기환경보전법에 의한 대기오염물질배출시설에 해당하는 시설로서 1종 내지 4종 사업장에 해당하는 것 (3) 수질 및 수생태계보전에 관한 법률에 의한 특정 수질유해물질을 배출하는 것 (4) 수질 및 수생태계보전에 관한 법률에 의한 폐수배출시설에 해당하는 시설로서 1종 내지 4종 사업장에 해당하는 것. 다만, 동법 제34조에 따라 폐수 무방류배출시설의 설치허가를 받아 운영하는 경우를 제외한다. (5) 폐기물관리법에 의한 지정폐기물을 배출하는 것 (6) 소음 · 진동규제법에 의한 배출허용기준의 2배 이상인 것
제2종 일반주거지역	• 도시계획조례가 정하는 바에 의하여 건축할 수 있는 건축물(15층 이하의 건축물에 한한다. 다만, 도시계획조례로 15층 이하의 범위 안에서 따로 층수를 정하거나 구역별로 층수를 세분하여 정하는 경우에는 그 층수 이하의 건축물에 한한다) • 건축법 시행령 별표1 제4호의 제2종 근린생활시설(단란주점 및 안마시술소 제외) • 별표 4 제2호 차목의 공장
제3종 일반주거지역	• 도시계획조례가 정하는 바에 의하여 건축할 수 있는 건축물 • 건축법 시행령 별표1 제4호의 제2종 근린생활시설(단란주점 및 안마시술소 제외) • 별표 4 제2호 차목의 공장

2. 관리지역에서 허용 또는 제한되는 공장의 업종·규모 및 범위

용도지역	허용 또는 제한 행위
보전관리지역	공장설립 불가
산관리지역	• 도시계획조례가 정하는 바에 의하여 건축할 수 있는 건축물(4층 이하의 건축물에 한한다. 다만, 4층 이하의 범위 안에서 도시계획조례로 따로 층수를 정하는 경우에는 그 층수 이하의 건축물에 한한다) - 건축법 시행령 별표 1 제17호의 공장(동 시행령 별표 제4호의 제2종 근린생활시설 중 제조업소를 포함) 중 도정공장 및 식품공장과 읍·면 지역에 건축하는 제재업의 공장으로서 다음에 해당하지 아니하는 것. (1) 대기환경보전법 제2조제9호의 규정에 의한 특정대기유해물질을 배출하는 것 (2) 대기환경보전법 제2조제11호의 규정에 의한 대기오염물질배출시설에 해당하는 시설로서 동법 시행령 별표 1의 규정에 의한 1종 내지 3종 사업장에 해당하는 것. (3) 수질 및 수생태계보전에 관한 법률 제2조 제8호의 규정에 의한 특정 수질유물질을 배출하는 것. 다만, 동법 제34조에 따라 폐수무방류배출시설의 설치허가를 받아
준주거지역	• 건축할 수 있는 건축물 • 건축법 시행령 별표1 제4호의 제2종 근린생활시설(단란주점 및 안마시술소 제외) • 도시계획조례가 정하는 바에 의하여 건축할 수 있는 건축물 - 건축법 시행령 별표1 제17호의 공장으로서 별표4 제2호 차목 (1) 내지 (6)의 1에 해당하지 아니하는 것
중심상업지역	• 건축할 수 있는 건축물 : 건축법 시행령 별표 1 제4호의 제2종 근린생활시설 • 도시계획조례가 정하는 바에 의하여 건축할 수 있는 건축물 - 건축법 시행령 별표 1 제17호의 공장중 출판업·인쇄업 및 기록매체복제업의 공장으로서 별표 4 제2호 차목 (1) 내지 (6)에 해당하지 아니하는 것
일반상업지역	• 건축할 수 있는 건축물 : 건축법 시행령 별표 1 제4호의 제2종 근린생활시설 • 도시계획조례가 정하는 바에 의하여 건축할 수 있는 건축물 - 건축법 시행령 별표 1 제17호의 공장으로서 별표 4 제2호 차목 (1) 내지 (6)의 1에 해당하지 아니하는 것
근린상업지역	• 건축할 수 있는 건축물 : 건축법 시행령 별표 1 제4호의 제2종 근린생활시설 • 도시계획조례가 정하는 바에 의하여 건축할 수 있는 건축물 - 건축법 시행령 별표 1 제17호의 공장으로서 별표 4 제2호 차목 (1) 내지 (6)의 1에 해당하지 아니하는 것
유통상업지역	• 도시계획조례가 정하는 바에 의하여 건축할 수 있는 건축물 - 건축법 시행령 별표 1 제4호의 제2종 근린생활시설
전용공업지역	• 건축할 수 있는 건축물 - 건축법 시행령 별표 1 제4호의 제2종 근린생활시설(동호 가목·나목·차목 및 타목에 해당하는 것을 제외)

	• 제2종 근린생활시설 가. 일반음식점·기원 나. 휴게음식점으로서 제1종 근린생활시설에 해당하지 아니하는 것 다. 서점으로서 제1종 근린생활시설에 해당하지 아니하는 것 라. 테니스장·체력단련장·에어로빅장·볼링장·당구장·실내낚시터·골프연습장 기타 이와 유사한 것으로서 동일한 건축물 안에서 당해 용도에 쓰이는 바닥면적의 합계가 500㎡ 미만인 것 마. 종교집회장 · 공연장이나 비디오물 감상실·비디오물 소극장(음반·비디오물 및 게임물에 관한 법률 제2조 제8호 가목 및 나목의 시설을 말한다. 이하 같다.)으로서 동일한 건축물 안에서 당해 용도에 쓰이는 바닥면적의 합계가 300㎡ 미만인 것 바. 금융업소, 사무소, 부동산중개업소, 결혼상담소 등 소개업소, 출판사 기타 이와 유사한 것으로서 동일한 건축물 안에서 당해 용도에 쓰이는 바닥면적의 합계가 500㎡ 미만인 것 사. 제조업소 · 수리점 · 세탁소 기타 이와 유사한 것으로서 동일한 건축물 안에서 당해 용도에 쓰이 는 바닥면적의 합계가 500㎡ 미만이고, 대기 · 수질 또는 소음 · 진동규제법에 의한 배출시설의 설치허가 또는 신고를 요하지 아니하는 것 아. 게임제공업소, 멀티미디어 문화컨텐츠 설비 제공업소, 복합유통 · 제공업소(음반 · 비디오물 및 게임물에 관한 법률 제2조 제9호 · 제10호 및 제12호의 규정에 의한 시설을 말한다)로서 동일한 건축물 안에서 당해 용도에 쓰이는 바닥면적의 합계가 500㎡ 미만인 것 자. 사진관 · 표구점 · 학원(동일한 건축물 안에서 당해 용도에 쓰이는 바닥면적의 합계가 500㎡ 미만인 것에 한하며, 자동차학원 및 무도학원을 제외한다.) · 장의사 · 동물병원 · 독서실 · 총포판매소 기타 이와 유사한 것 차. 단란주점으로서 동일한 건축물 안에서 당해 용도에 쓰이는 바닥면적의 합계가 150㎡ 미만인 것 카. 의약품 도매점 및 자동차영업소로서 동일한 건축물 안에서 당해 용도에 쓰이는 바닥면적의 합계가 1,000㎡ 미만인 것 타. 안마시술소 및 노래연습장 • 건축할 수 있는 건축물 : 건축법 시행령 별표 1 제17호의 공장 • 도시계획조례가 정하는 바에 의하여 건축할 수 있는 건축물 - 건축법 시행령 별표 1 제4호의 제2종 근린생활시설 중 동호 가목 · 나목 및 타목 에 해당하는 것
일반공업지역	• 건축할 수 있는 건축물 – 건축법 시행령 별표1 제4호의 제2종 근린생활시설(단란주점 및 안마시술소 제외) – 건축법시행령 별표 1 제17호의 공장
준공업지역	• 건축할 수 있는 건축물 – 건축법 시행령 별표1제4호의 제2종 근린생활시설(단란주점 및 안마시술소 제외) – 건축법 시행령 별표 1 제17호의 공장으로서 당해 용도에 쓰이는 바닥면적의 합계가 5,000㎡ 미만인 것 • 도시계획조례가 정하는 바에 의하여 건축할 수 있는 건축물 – 건축법 시행령 별표 1 제13호의 공장으로서 당해 용도에 쓰이는 바닥면적의 합계가 5,000㎡ 이상인 것
보전녹지지역	공장설립 불가 사업장에 해당하는 것

계획관리지역	• 건축할 수 있는 건축물(4층 이하의 건축물에 한한다. 다만, 4층 이하의 범위 안에서 도시계획조례로 따로 층수를 정하는 경우에는 그 층수 이하의 건축물에 한한다) 건축법 시행령 별표 1 제4호의 제2종 근린생활시설(동호 나목 및 사목에 해당하는 것과 일반음식 · 단란주점 및 안마시술소를 제외한다) – 건축법 시행령 별표 1 제17호의 공장 중 제2호 카목(1) 내지 (5)의 어느 하나에 해당하지 아니하는 것(다음의 어느 하나에 해당하는 공장을 기존 공장부지 안에서 증축 또는 개축하거나 부지를 확장하여 증축 또는 개축하는 경우에 한한다. 이 경우 확장하려는 부지가 기존 부지와 너비 8미터 미만의 도로를 사이에 두고 접하는 경우를 포함한다) (1) 2002년 12월 31일 이전에 준공된 공장 (2) 법률 제6655호 국토계획법 부칙 제19조에 따라 종전의 국토이용관리법 · 도시계획법 또는 건축법의 규정을 적용받는 공장 • 도시계획조례가 정하는 바에 의하여 건축할 수 있는 건축물(4층 이하의 건축물에 한하되, 4층 이하의 범위 안에서 도시계획조례로 따로 층수를 정하는 경우에는 그 층수 이하의 건축물에 한하며, 휴게음식점 · 제과점 · 일반음식점 및 숙박시설은 국토해양부령이 정하는 기준에 해당하는 지역의 범위 안에서 도시계획조례가 정하는 지역에 설치하는 것에 한한다) 건축법 시행령」 별표 1 제4호의 제2종 근린생활시설 중 동호 나목 · 사목에 해당하는 것과 일반음식점 및 안마시술소 건축법 시행령 별표 1 제17호의 공장 중 부지면적(2 이상의 공장을 함께 건축하거나 기존 공장부지에 접하여 건축하는 경우와 2 이상의 부지가 너비8미터 미만의 도로에 서로 접하는 경우에는 그 면적의 합계를 말한다)이 1만 ㎡ 이상인 것과 특별시장 · 광역시장 · 시장 또는 군수가 1만5천㎡ 이상의 면적을 정하여 공장의 건축이 가능한 지역으로 고시한 지역 안에 입지하는 것으로서 다음의 어느 하나에 해당하지 아니하는 것 (1) 별표 19 제2호 자목(1) 내지 (4)에 해당하는 것 (2) 화학제품제조시설(석유정제시설을 포함한다). 다만, 물 · 용제류 등 액체성 물질을 사용하지 아니하거나 제품의 성분이 용해 · 용출되지 아니하는 고체성 화학제품 제조시설을 제외한다. (3) 제1차금속 · 가공금속제품 및 기계장비제조시설 중 폐기물관리법 시행령 별표 1 제4호에 따른 폐유기용제류를 발생시키는 것 (4) 가죽 및 모피를 물 또는 화학약품을 사용하여 저장하거나 가공하는 것 (5) 섬유제조시설 중 감량 · 정련 · 표백 및 염색시설

※ 관리지역이 세분화되기 전 허용 또는 제한되는 공장의 업종 · 규모 및 범위(국토계획법)

생산녹지지역	• 도시계획조례가 정하는 바에 의하여 건축할 수 있는 건축물(4층 이하의 건축물에 한한다. 다만, 4층 이하의 범위 안에서 도시계획조례로 따로 층수를 정하는 경우에는 그 층수 이하의 건축물에 한한다.) – 건축법시행령 별표1 제4호의 제2종 근린생활시설로서 당해 용도에 쓰이는 바닥면적의 합계가 1,000㎡ 미만인 것(단란주점을 제외한다) – 건축법시행령 별표1 제13호의 공장 중 도정공장 · 식품공장 및 제1차 산업생산품가공공장과 읍 · 면 지역에 건축하는 산업집적활성화 및 공장설립에 관한 법률 시행령 별표1 제3호 라목의 첨단업종의 공장으로서 다음의 1에 해당하지 아니하는 것 (1) 대기환경보전법 제2조 제9호의 규정에 의한 특정 대기유해물질을 배출하는 것 (2) 대기환경보전법 제2조 제11호의 규정에 의한 대기오염물질배출시설에 해당하는 시설로서 동법 시행령 별표 1의 규정에 의한 1종 내지 3종 사업장에 해당하는 것 (3) 수질 및 수생태계보전에 관한 법률 제2조 제8호의 규정에 의한 특정 수질유해물질을 배출하는 것. 다만, 동법 제34조에 따라 폐수무방류 배출시설의 설치허가를 받아 운영하는 경우를 제외한다.

	(4) 수질 및 수생태계보전에 관한 법률 제2조 제10호의 규정에 의한 폐수배출시설에 해당하는 시설로서 동법 시행령 별표 13의 규정에 의한 1종 내지 4종 사업장에 해당하는 것 (5) 폐기물관리법 제2조 제4호의 규정에 의한 지정폐기물을 배출하는 것
자연녹지지역	• 건축할 수 있는 건축물(4층 이하의 건축물에 한한다. 다만, 4층 이하의 범위 안에서 도시계획조례로 따로 층수를 정하는 경우에는 그 층수 이하의 건축물에 한한다) – 건축법 시행령 별표 1 제4호의 제2종 근린생활시설(동호 나목에 해당하는 것과 일반음식점 · 단란주점 및 안마시술소를 제외한다.) • 도시계획조례가 정하는 바에 의하여 건축할 수 있는 건축물(4층 이하의 건축물에 한한다. 다만, 4층 이하의 범위 안에서 도시계획조례로 따로 층수를 정하는 경우에는 그 층수 이하의 건축물에 한한다) – 건축법 시행령 별표 1 제13호의 공장 중 다음의 1에 해당하는 것 (1) 아파트형공장·도정공장 및 식품공장과 읍·면 지역에 건축하는 제재업의 공장 및 첨단업종의 공장으로서 별표 16 제2호 아목 (1) 내지 (5)에 해당하지 아니하는 것 (2) 공익사업을 위한 토지등의 취득 및 보상에 관한 법률에 의한 공익사업 및 도시개발법에 의한 도시개발사업으로 인하여 당해 시·군 지역으로 이전하는 레미콘 또는 아스콘 공장

3. 농림지역 및 자연환경보전지역에서 허용 또는 제한되는 공장의 업종·규모 및 범위(국토계획법)

용도지역	허용 또는 제한 행위
농림지역	공장설립불가(다만, 농업진흥지역, 보전임지 또는 초지인 경우에는 각각 농지법·산지관리법 · 초지법이 정하는 바에 의한다)
자연환경보전지역	공장설립 불가

4. 시가화조정구역 안에서 할 수 있는 행위 및 시가화조정구역 안에서 허가를 거부할 수 없는 행위(국토계획법)

용도지역	허용 또는 제한 행위
시가화조정구역 안에서 할 수 있는 행위	• 법 제81조 제2항 제1호의 규정에 의하여 할 수 있는 행위 : 농업·임업·어업을 영위하는 자가 행하는 다음에 해당하는 건축물 그 밖의 시설의 건축 · 생산시설(단순가공시설을 포함한다.) – 법 제81조 제2항 제2호의 규정에 의하여 할 수 있는 행위·광공업 등을 위한 건축물 및 공작물의 설치로서 다음에 해당하는 행위

	(1) 시가화조정구역 지정 당시 이미 외국인투자기업이 경영하는 공장, 수출품의 생산 및 가공공장, 중소기업진흥 및 제품구매촉진에 관한 법률 제19조의 규정에 의하여 중소기업협동화 실천계획의 승인을 얻어 설립된 공장, 그 밖에 수출진흥과 경제발전에 현저히 기여할 수 있는 공장의 증축(증축 면적은 기존시설 연면적의 100%에 해당하는 면적 이하로 하되, 증축을 위한 토지의 형질변경은 증축할 건축물의 바닥면적의 200%를 초과할 수 없다)과 부대시설의 설치. (2) 시가화조정구역 지정 당시 이미 관계 법령의 규정에 의하여 설치된 공장의 부대시설의 설치(새로운 대지 조성은 허용되지 아니하며, 기존 공장부지 안에서의 건축에 한한다.) – 기존 건축물의 동일한 용도 및 규모 안에서의 개축 · 재축 및 대수선 – 다음에 해당하는 용도변경 행위 (1) 관계 법령에 의하여 적법하게 건축된 건축물의 용도를 시가화조정구역 안에서의 신축이 허용되는 건축물로 변경하는 행위 (2) 공장의 업종변경(오염물질 등의 배출이나 공해 정도가 변경 전의 수준을 초과하지 아니하는 경우에 한한다.) (3) 공장·주택 등 시가화조정구역 안에서의 신축이 금지된 시설의 용도를 근린생활시설(수퍼마켓·일용품소매점·취사용 가스판매점·일반음식점·다과점·다방·이용원·미용원·세탁소·목욕탕·사진관·목공소·의원·약국·접골시술소·안마시술소·침구시술소·조산소·동물병원·기원·당구장·장의사·탁구장 등 간이운동시설 및 간이수리점에 한함) 또는 종교시설로 변경하는 행위
시가화조정구역 안에서 허가를 거부할 수 없는 행위	제52조제1항 각호 및 제53조 각호의 경미한 행위 건축법 제9조 제1항 각호의 건축신고로서 건축허가를 갈음하는 행위

5. 기타 용도지역·지구에서 허용 또는 제한되는 공장의 업종·규모 및 범위

용도지역	허용 또는 제한 행위
수산자원보호구역	• 법 제82조 제2항 제1호의 규정에 의하여 건축할 수 있는 건축물 그 밖의 시설 - 농산물·임산물·수산물 가공공장과 농산물·임산물·수산물의 부산물가공공장. 다만, 대기환경보전법, 수질 및 수생태계보전에관한법률, 소음·진동규제법에 의하여 배출시설의 허가를 받거나 신고를 하여야 하는 경우에는 배출시설의 허가를 받거나 신고를 한 경우에 한한다. - 선박안전법의 적용대상인 선박으로서 배의 길이 24m 미만인 어선의 건조 및 수리 조선소로서 해양수산부장관이 필요하다고 인정하는 시설
자연취락지구	• 건축할 수 있는 건축물(4층 이하의 건축물에 한한다. 다만, 4층 이하의 범위 안에서 도시계획조례로 따로 층수를 정하는 경우에는 그 층수이하의 건축물에 한한다.) – 건축법시행령 별표1 제4호의 제2종 근린생활시설(동호 나목에 해당하는 것과 일반음식점 · 단란주점 및 안마시술소를 제외) • 도시계획조례가 정하는 바에 의하여 건축할 수 있는 건축물(4층 이하의 건축물에 한한다. 다만, 4층 이하의 범위 안에서 도시계획조례로 따로 층수를 정하는 경우에는 그 층수 이하의 건축물에 한한다.) – 건축법시행령 별표1 제17호의 공장중 도정공장 및 식품공장과 읍 · 면지역에 건축하는 제재업의 공장 및 첨단업종의 공장으로서 별표 19 제2호 자목 (1) 내지 (4)의 1에 해당하지 아니하는 것.

6. 산업단지(산업입지 및 개발에 관한 법률, 산업집적활성화 및 공장설립에 관한 법률)

용도지역	허용 또는 제한 행위
산업시설구역	산업단지개발계획 및 산업단지관리기본계획에 따름

7. 택지개발예정지구(택지개발촉진법 제6조 및 동법 시행령 제6조)

용도지역	허용 또는 제한 행위
예정지구	예정지구안에서 토지의 형질변경, 토석·사력의 채취 또는 토지의 굴착, 건축물의 신축·개축·증축 또는 공작물의 설치, 죽목의 벌채 및 식재는 관할 시장 또는 군수의 허가를 받아야 함.

8. 전원개발사업구역(전원개발촉진법 제5조 및 동법 시행령 제2조)

용도지역	허용 또는 제한 행위
사업구역	공장설립 불가

9. 농업진흥지역(농지법)에서 허용 또는 제한되는 공장의 업종·규모 및 범위

용도지역	허용 또는 제한 행위
농업진흥구역 (법 제32조제1항, 시행령 제29조)	• 다음에 해당하는 공장 설립 허용 - 국내에서 생산되어 가공되지 아니한 농수산물(임산물의 경우에는 수실·대나무·버섯에 한한다.)을 주된 원료로 하여 가공하거나 건조·절단 등 간이처리를 하기 위한 시설로서 그 부지의 총면적이 3천 제곱미터(양곡관리법 제22조 제1항의 규정에 의하여 미곡유통업의 육성을 위하여 미곡의 건조·선별·보관 및 가공시설을 종합적으로 설치하는 경우에는 3만 제곱미터)미만인 농수산물의 가공·처리시설(수질 및 수생태계 보전에 관한 법률」 제2조제10호에 따른 폐수배출시설 및 폐기물관리법 제2조 제4호에 따른 지정폐기물을 리하기 위한폐기물처리시설(지정폐기물을 배출하는 시설을 포함한다)을 제외한다.) - 선박안전법의 적용대상인 선박으로서 배의 길이 24m 미만인 어선의 건조 및 수리 조선소로서 해양수산부장관이 필요하다고 인정하는 시설 – 농업진흥지역의 지정당시 관계법령의 규정에 의하여 인가·허가 또는 승인 등을 얻거나 신고하고 설치된 기존의 건축물 · 공작물 기타 시설의 이용 – 농업진흥지역의 지정당시 관계법령의 규정에 의하여 건축물의 건축, 공작물 기타 시설의 설치나 토지의 형질변경 기타 이에 준하는 행위에 대한 인가·허가·승인 등을 얻거나 신고하고 사업을 시행 중에 있는 자(관계법령에 의하여 인가·허가·승인 등을 얻거나 신고할 필요가 없는 경우에는 공사 또는 사업에 착수한 자를 말한다.)의 공사 또는 사업

농업보호구역 (법 제32조제2항, 시행령 제30조)	**공장설립 불가**

※ 농업진흥지역에서의 공장증설의 특례(기업활동규제완화에 관한 특별조치법 제16조 제2항 및 동법 시행령 제10조 제2항)
- 중소기업자가 소유한 공장으로서 농업진흥지역지정 당시 동 지역 안에 있던 공장(특정 대기유해물질 및 특정수질유해물질을 배출하지 아니하는 공장에 한함)의 시설자동화 또는 공정개선을 추진하기 위한 증설허용.(3,000㎡ 이내) 다만, 시설자동화 또는 공정개선을 위하여 필요한 경우로서 국제법규, 수출상대국 또는 국내의 법령에서 규정된 규격·인증·안전·위생기준 등을 충족하기 위하여 불가피하다고 인정되는 경우에는 12,000㎡ 이내 공장증설 허용.

10. 농지 전용시 허용 또는 제한되는 범위(농지법)

구분	허용 또는 제한 행위
농지관리위원회의 확인 (법 제34조 및 시행령 제32조)	• 농지를 전용하는 경우에는 당해 농지의 소재지를 관할하 농지관리위원회의 확인을 거쳐 농림부장관의 허가를 받아야 함. 다만, 농지법 제34조 제2항의 규정에 의하여 농지전용의 협의(다른 법률에 의하여 농지전용허가가 의제되는 협의를 포함한다)요청을 하고자 하는 경우로서 다음의 1에 해당하는 경우에는 농지관리위원회의 확인을 생략할 수 있음 1. 다른 법률에 따라 농지전용허가가 의제되는 협의를 거쳐 농지를 전용하는 경우 2.국토의 계획 및 이용에 관한 법에 따른 도시지역에 있는 농지로서 제2항에 따른 협의를 거친 농지나 제2항제1호 단서에 따라 협의 대상에서 제외되는 농지를 전용하는 경우 3. 제35조에 따라 농지전용신고를 하고 농지를 전용하는 경우 4.산지관리법 제14조에 따른 산지전용허가를 받지 아니하거나 같은 법 제15조에 따른 산지전용신고를 하지 아니하고 불법으로 개간한 농지를 산림으로 복구하는 경우 5.하천법에 따라 하천관리청의 허가를 받고 농지의 형질을 변경하거나 공작물을 설치하기 위하여 농지를 전용하는 경우
농지취득자격 증명의 특례 (기업활동규제 완화에 관한 특별조치법 제13조)	• 농지를 취득하고자 하는 자는 시·구·읍·면장으로부터 농지취득자격증명을 발급받아야 함. 다만, 공장의 신설·증설 또는 이전을 위하여 농지에 공장설립승인등을 얻은 자 중 다음 각호의 1에 해당하는 자는 농지법 제8조의 규정에 불구하고 농지취득자격증명을 발급받지 아니하고 농지를 취득할 수 있다. 1. 농지전용허가 또는 신고가 의제되는 협의를 거친 자 2. 제8조제2항의 규정에 의하여 고시된 처리기준에 따라 공장설립승인등 을 얻은 자 3. 농지법 제34조의 규정에 의한 농지전용허가를 받은 자 4. 농지법 제35조 또는 제43조의 규정에 의한 농지전용신고를 한 자
농지전용허가의 제한 (법 제37조)	• 농지전용허가를 함에 있어서 국토의계획및이용에관한법률에 의한 도시지역·계획관리지역 및 개발진흥지구안의 농지를 제외하고는 다음에 해당하는 시설의 부지로 사용하는 경우에는 그 전용을 허가할 수 없다. - 대기환경보전법 제2조 제9호의 규정에 의한 대기오염배출시설로서 대통령령이 정하는 시설 - 수질 및 수생태계보전에관한법률 제2조 제10호의 규정에 의한 폐수배출시설로서 대통령령이 정하는 시설 ㄱ. 수질및수생태계보전에관한법률 시행령 별표 1에 의한 1종 사업장 내지 4종 사업장에 해당하는 시설

	ㄴ. 수질 및 수 생태계보전에 관한 법률 시행령 별표 1에 의한 5종 사업장에 해당하는 시설 중 농림부령이 정하는 시설. 다만, 자원의 절약과 재활용촉진에 관한 법률 제2조 제6호의 규정에 의한 재활용시설, 폐기물관리법 제2조 제7호의 규정에 의한 폐기물처리시설 및 농수산물유통 및 가격안정에 관한 법률 제2조 제5호의 규정에 의한 농수산물공판장 중 축산물공판장을 제외한다. – 농업의 진흥이나 농지의 보전을 저해할 우려가 있는 시설로서 대통령령이 정하는 시설
구 분	허용 또는 제한행위
농지전용허가의 취소·변경(법 제39조)	• 농지전용허가 또는 농지의 타용도 일시 사용허가를 받았거나 농지 전용신고를 한 자가 다음의 1에 해당하는 경우에는 그 허가를 취소하거나 관계공사의 중지, 조업의 정지, 사업규모의 축소 또는 사업계획의 변경 기타 필요한 조치를 명할 수 있음 – 거짓이나 그 외 기타 부정한 방법으로 허가를 받거나 신고를 한 것이 판명된 경우 – 허가의 목적 또는 조건을 위반하거나 허가 또는 신고 없이 사업계획 또는 사업규모를 변경하는 경우 – 허가를 받거나 신고를 한 후 농지전용 목적사업과 관련된 사업계획의 변경 등 대통령령이 정하는 정당한 사유 없이 2년 이상 대지의 조성, 시설물의 설치 등 농지전용목적사업에 착수하지 아니하거나 농지전용목적사업에 착수한 후 1년 이상 공사를 중단한 경우 – 농지조성비를 납입하지 아니한 경우 – 허가를 받은 자 또는 신고를 한 자가 허가의 취소를 신청하거나 신고를 철회하는 경우 – 허가를 받은 자가 관계공사의 중지 등 이 조 본문의 규정에 의한 조치명령을 위반한 경우 허위 기타 부정한 방법으로 허가를 받거나 신고를 한 것이 판명된 경우
농지전용허가의 용도변경 법 제40조 및 시행령 59조)	• 농지전용허가 또는 농지전용협의를 받거나 농지전용신고를 하고 농지전용목적사업에 사용되고 있거나 사용된 토지를 대통령령이 정하는 기간이내에 다른 목적으로 사용하고자 하는 경우에는 시장·군수 또는 자치구 구청장의 승인을 얻어야 함 – 대기환경보전법 시행령 별표 1 또는 수질 및 수생태계 보전에 관한 법률 시행령 별표 13에 따른 사업장의 규모별 구분을 달리하는 정도로 시설을 변경하려는 경우 – 농지법 제44조 제3항 각 호의 구분을 달리 하는 종류의 시설로 변경하 려는 경우 – 농지보전부담금 또는 전용부담금이 감면되는 시설에서 농지보전 부담금 또는 전용부담금이 감면되지 아니하거나 감면비율이 낮 은 시설로 변경하려는 경우

부표 : 농지전용허가제한대상 폐수배출시설(농지법 제37조 관련)

배출시설	표준산업분류	참고사항
석탄광업시설	1010	• 채탄능력 8,000톤/월 미만은 제외
금속광업시설(채광 된 광물의 가공 처리시설에서 기타 폐수 배출시설의 폐수배출량 이상을 발생하는 시설)	1100	• 10300 우라늄 토륨광업시설 포함
비금속광물 광업시설	1200	• 달리 분류되지 아니하는 광업 및 채석업시설 포함 • 연료용 광물 광업시설과 1210토사석 광업(채취·가공)시설로서 폐수를 당해 채취지점 또는 가공시설의 외부로 유출하지 아니하는 시설 제외

섬유염색 및 가공시설	1740	
5. 가죽·모피가공 및 제품 제조시설	1820 1910	• 14201, 15110 원모피·원피가공시설 포함
6. 신발제조시설	1930	
7. 펄프·종이 및 종이제품 제조시설	2100	
8. 출판, 인쇄, 사진 처리 및 기록매체 복제시설	2200 7491	치과용 X-ray, 수표촬영용 마이크로 필름처리시설 및 수질환경보전법시행규칙 별표 3의2의 기타 수질오염원에 해당하는 시설 제외
9. 코크스 및 관련품 제조 시설	2310	
10. 석유 정제품 제조시설	2320	• 석유저장, 석유증류(상압·감압), 석유 전화(분해·개질), 석유정제 윤활유 및 그리스제조, 달리 분류되지 아니하는 석유정제 및 석유정제 부산물 재처리 시설 포함 • 석유저장시설은 석유정제, 저유소에 한함 • 가스회수·탈염·탈황·탈납·스트리핑·스테빌라이즈·개질·접촉분해·수첨분해·이성화·알킬화·중합시설 포함
11. 석유화학계 기초화합물 제조시설	24111	• 에틸렌 및 프로필렌계, 부틸렌계, 부타 디엔계, 사이크로펜타디엔계, 이소프 렌계, 방향족탄화수소계, 사이크로핵 산계, 아세틸렌계, 달리 분류되지 아니하는 석유화학계, 기초화학물질 제조시설 포함
12. 석탄화학물 제조시설	24112	• 황산, 질산, 염산, 소다회, 가성소다 및 알칼리, 암모니아합성 및 유도제품, 무기안료, 금속의 산화물, 수산화물 및 염, 화학원소 단체물질, 인산, 비금속의 산화물, 황화물, 할로겐화합물, 달리 분류되지 아니하는 기초무기화학물질 제조시설 포함
13. 천연수지 및 나무화합물 제조시설	24113	
14. 그 밖의 기초유기화합물 제조시설	24119	
15. 기초 무기화합물 제조 시설	2412	• 황산, 질산, 염산, 소다회, 가성소다 및 알칼리, 암모니아합성 및 유도제품, 무기안료, 금속의 산화물, 수산화물 및 염, 화학원소 단체물질, 인산, 비금속의 산화물, 황화물, 할로겐화합물, 달리 분류되지 아니하는 기초무기화학물질 제조시설 포함
16. 산업용가스 제조시설	24121	• 4020 가스 제조시설 포함
17. 합성염료 유연제및 기타 착색제 제조시설	24132	• 식물성 염료엑기스 제조시설 포함
18. 비료 및 질소화합물 제조시설	2414	
19. 합성고무 제조시설	24151	• 재생섬유소 및 그 유도체 제조시설 포함
20. 합성수지 및 그 밖의 플라스틱물질 제조 시설	24152	• 재생섬유소 및 그 유도체 제조시설 포함
21. 의약품 제조시설	2420	• 의료용 화합물 및 생약제제 제조시설 포함
22. 살충제 및 그 밖의 농약 제조시설	2431	

23. 도료·인쇄잉크 및 유사 제품제조시설	3432	
24. 계면활성제·치약·비누 및 그 밖의 세제 제조시설	34331 24332	
25. 화장품 제조시설	34333	
26. 표면광택제 및 실내가 향제조시설	34334	• 왁스 제조시설 포함
27. 비감광성 기록용 매체, 사진용화학 제품 및 감광재료 제조시설	24341 24342	• 32195 전자카드 제조시설 포함
28. 가공염 및 정제염 제조시설	24391	
29. 방향유 및 관련제품 제조시설	24392	
30. 접착제 및 젤라틴 제조시설	24393	
31. 화약 및 불꽃제품 제조시설	24394	
32. 그 밖에 분류 안된 화학제품제조시설	24399	
33. 화학섬유 제조시설	2440	
34. 고무 및 플라스틱제품 제조시설	2500	
35. 시멘트·석회·플라스터 및 그 제품 제조시설	2630	• 레미콘차량은 관련시설로 포함 • 수증기 양생공정만 있는 경우 제외
36. 제1차 철강산업시설	2710	
37. 합금철 제조시설	27112	
38. 비철금속 제련·정련 및 합금제조 시설	2721	• 구리·알루미늄·납·아연과 달리 분류 되지 아니하는 비철금속 제련 및 정련 시설 포함
39. 동 압연·압출 및 연신제품제조시설	27221	
40. 알루미늄 압연·압출 및 연신제품 제조시설	27222	
41. 그 밖의 비철금속 압연·압출 및 연신제품 제조시설	27229	
42. 그 밖의 제1차 비철금속 산업시설	2729	
43. 금속 주조시설	2730	
44. 조립금속제품 제조시설(달리분류되지 아니하는 중분류 28·35까지의 제조시설)	2800	• 주된 공정의 일부로서 공통시설의 도금 시설에 포함되지 아니하는 경우 포함

45. 절연선 및 케이블 제조시설	3130	
46. 축전지 및 1차 전지 제조시설	3140	
47. 전구 및 조명장치 제조시설	3150	
48. 반도체 및 그 밖의 전자부품제조시설	3210	• 32195 전자카드 제조시설 제외
49. 방송수신기 및 그 밖의 영상 · 음향 기기 제조시설	3230	
50. 그 밖의 제품 제조시설	3690	• 가구, 악기, 운동 및 경기용구, 귀금속·장신구 및 관련제품, 달리 분류되지 아니하는 장난감 · 장식품 및 일용품 제조시설 포함
51. 병원시설(병상의 수가 의료법에 의한 종합병원규모 이상인 시설)	8511	• 수술실·처치실·병리실이 없는 병원과 한약을 끓이는 시설이 없는 한방병원 제외
52. 폐수처리업의 폐수저장시설 및 폐기물처리업의 폐수발생시설	9020	• 당해 사업장에서 발생하는 세탁물을 처리하기 하여 사업장안에 설치한 시설로서 특정수질 유해물질이 함유되지 아니한 폐수를 오수처리시설로 유입 시키는 시설 제외
53. 세탁시설(용적 2㎥ 이상 또는 용수 1㎥/시간 이상	9391	• 당해 사업장에서 발생하는 세탁물을 처리하기 하여 사업장안에 설치한 시설로서 특정수질 유해물질이 함유되지 아니한 폐수를 오수처리시설로 유입 시키는 시설 제외
54. 산업시설의 폐가스 · 분진, 세정 · 응축 시설(분무량 또는 응축량 0.01㎥/시간 이상)	공통시설	• 오수·분뇨 및 축산폐수처리시설, 폐수 및 하수종말처리시설, 폐기물처리업소의 시설로서 세정·응축수를 당해 처리시설 로 유입 처리하는 경우 제외
55. 이화학 시험시설(면적 100㎡ 이상)	공통시설	• 오수·분뇨 및 축산폐수처리시설, 폐수 및 하수종말처리시설, 폐기물처리업소 의 시설로서 실험폐수를 당해 처리 시설로 유입 처리하는 경우와 초등학교·중학교의 실험실 제외 • 실험생산시설 포함
56. 도금시설	공통시설	• 주공정이 도금공정인 시설을 말하며 다른 공정의 일부로서 2800에 해당되는 경우 제외
57. 운수장비 수선 및 세차 또는 세척 시설	공통시설	• 자동차·건설기계 · 열차·항공기등 운송장비를 수선·세차 또는 세척하는 시설 포함 • 수질 및 수생태계보전에 관한 법률 시행규칙 별표1의 기타 수질오염원과 오수·분뇨 및 축산폐수처리시설, 폐수 및 하수종말처리시설, 폐기물처리업소에서 배출되는 폐수를 당해 처리시설에 유입 처리하는 경우 제외
제10호 내지 제33호에 해당하는 시설중 물 · 용제류 등 액체성 물질을 사용하지 아니 하거나 제품의 성분이 용해 · 용출되지 아니하는 고체성 화학제품의 제조시설을 제외한다.		

11. 보전산지(산지관리법)에서 허용 또는 제한되는 공장의 업종·규모 및 범위

용도지역	허용 또는 제한 행위
보전산지	• 다음의 시설 설치 가능 – 관계 행정기관의 장이 다른 법률의 규정에 따라 산림청장과 협의하여 산지전용허가(신고)가 의제되는 허가·인가등의 처분을 함으로써 설치되는 시설. 다만, 다음에 해당하는 시설을 제외 * 대기환경보전법에 의한 특정대기유해물질 배출시설 * 대기환경보전법에 의한 대기오염물질배출시설(1종 내지 4종 사업장에 설치되는 시설에 한함) * 수질및수생태계보전에 관한 법률에 의한 특정수질유해물질 배출시설 다만, 같은 법 제34조에 따라 폐수무방류배출시설의 설치허가를 받아 운영하는 경우를 제외한다. * 수질 및 수생태계보전에 관한 법률에 의한 폐수배출시설(1종 내지 4종 사업장에 설치되는 시설에 한함) * 폐기물관리법에 의한 지정폐기물을 배출하는 시설. 다만, 당해 사업장에 지정폐기물을 처리하기 위한 폐기물처리시설을 설치하거나 지정폐기물을 위탁하여 처리하는 경우에는 제외

12. 상수원 보호구역(수도법 제5조 제3항)

용도지역	제한행위
상수원 보호구역	• 수질 및 수 생태계보전에 관한 법률 제2조 제7호 및 제8호의 규정에 의한 수질오염물질,특 정수질유해물질, 유해화학물질관리법 제2조제2호의 규정에 의한 유해화학물질, 농약관리법에 의한 농약, 폐기물관리법 제2조 제1호의 규정에 의한 폐기물 또는 가축분뇨의관리 및 이용에 관한 법률 제2조 제2호 내지 제3호의 규정에 의한 오수, 분뇨 또는 축산폐수를 버리는 행위

13. 초지(초지법 제21조의2)

용도지역	제한행위
초지	• 시장 · 군수의 허가를 받지 아니하고는 토지형질변경 및 공작물의 설치 불가

14. 용도지역 행위제한의 특례(국토계획법)

구분	특례내용
2이상의 용도지역·용도지구·용도 구역에 걸치는 토지에 대한 적용기준 (법 제84조)	• 1필지의 토지가 2 이상의 용도지역·용도지구 또는 용도구 역에 걸치는 경우 그 토지 중 용도지역·용도지구 또는 용도 구역에 있는 부분의 규모가 330제곱미터(다만, 도로변에 띠 모양으로 지정된 상업지역에 걸쳐 있는 필지의 경우에는 660제곱미터) 이하인 토지부분에 대하여는 그 1필지의 토지 중 가장 넓은 면적이 속하는 용도지역·용도지구 또는 용도구역에 관한 규정을 적용한다.

15. 환경 관련 기준

가. 종별 대기오염물질 배출사업장 규모와 대기오염물질 배출시설 종류 및 특정 대기유해물질에 대해서는 대기환경보전법 시행령 및 시행규칙을 참고하도록 한다.

공장설립승인 관련 질의응답 사례

1. 건설폐재처리업의 공장설립승인 가능 여부

질의요지 건설폐재를 이용하여 재생골재와 콘크리트 블록을 제조하고자 하는 경우 한국표준산업분류 및 공업배치 및 공장설립에 관한 법률에 의한 공장설립승인이 가능한지 여부.

답변 건설폐재를 파쇄하여 발생한 파쇄물을 이용하여 벽돌 등의 제품을 생산하는 경우에는 공업배치 및 공장설립에 관한 법률의 적용대상으로 보아 공장설립승인이 가능하며, 이 경우의 업종은 26955(콘크리트 타일·기와·벽돌 및 블록 제조업)에 해당함.

※ 한국표준산업분류 26955는 동 산업분류의 개정으로 26325로 변경됨(부록 2 참조)

2. 1급정비공업사가 건설기계정비업을 겸업할 경우 공장설립승인 해당 여부

질의요지 1급정비공업사가 건설기계정비업을 겸업하고자 하는 경우 공장설립승인 대상에 해당되는지 여부.

답변 공장을 설치하고자 하는 경우에는 공업배치 및 공장설립에 관한 법률

제13조의 규정에 의한 공장설립승인을 얻어야 하는 바, 건설기계정비업은 공장설립승인대상에 해당함. 이 경우 공업배치 및 공장설립에 관한 법률상 공장설립승인대상이 아닌 자동차정비공업사는 건설기계정비업과 겸업이 가능하므로 전체 면적을 동법 적용대상으로 보아 공장설립승인을 할 수 있음. 다만, 공장설립승인 및 공장등록시에는 건설기계정비업만을 표기하여야 할 것임.

3. 자동차폐차업의 공장등록 가능 여부

질의요지 자동차관리법에 의한 폐차업을 영위하는 사업장이 공업배치 및 공장설립에 관한 법률상 공장등록 대상에 해당되는지 여부.

답변 공업배치 및 공장설립에 관한 법률상(제2조) 공장이라 함은 제조업을 영위하는 사업장을 의미함. 따라서 폐차를 반입하여 분해, 압축, 절단, 분쇄 등의 공정을 거쳐 다른 업체에 고철원료로 반출하는 것은 고철가공처리업(37101)에 해당하므로 설치 전에 공업배치 및 공장설립에 관한 법률 제13조의 규정에 의한 공장설립승인을 얻어야 하며, 완료신고 후 공장등록을 하여야 함.

※ 한국표준산업분류 37101은 동 산업분류의 개정으로 37100(재생용 금속가공 원료 생산업)으로 변경됨(부록 2 참조)

4. 자동차정비공장의 공장 해당 여부

질의요지 자동차정비공장이 공업배치 및 공장설립에 관한 법률상 공장에 해당되는지 여부.

답변 공업배치 및 공장설립에 관한 법률의 적용대상인 공장은 한국표준산업분류상 제조업을 영위하는 사업장을 그 적용대상으로 하고 있으나, 자동차정비업은 한국표준산업분류상 도·소매 및 소비자용품수리업에 해당하므로 공업배치 및 공장설립에 관한 법률의 적용대상이 아님.

5. 당해 사업장에 사용되는 레미콘 생산시설의 공장설립승인 대상 여부

질의요지 외부 판매목적이 아닌 당해 사업장에 공급하기 위하여 레미콘 생산시설을 설치하는 경우, 공업배치 및 공장설립에 관한 법률상 공장설립승인 대상인지 여부.

답변 공업배치 및 공장설립에 관한 법률상 공장은 동 법률 제2조에서 제조업의 물품제조공정을 형성하는 기계 또는 장치를 설치하기 위한 건축물이나 사업장으로 규정하고 있는 바, 건설사업을 영위하고 있는 자가 외부판매를 하지 아니하고 자기 건설사업에 충당하기 위하여 설치한 레미콘 공장은 제조업 시설이 아닌 건설업의 시설로 분류되어 공업배치 및 공장설립에 관한 법률의 적용대상이 아님. 따라서 그 설치 시에는 동 법률상의 공장설립승인이 필요치 않음.

6. 물류창고의 부대시설 해당 여부

질의요지 기존 공장과 연접하여 공장의 운영과 관계없이 물류업을 영위하기 위하여 화물유통촉진법 등 타 법령에 의하여 물류창고를 설치하는 경우에 공업배치 및 공장설립에 관한 법률상 공장의 부대시설에 해당하는지 여부.

답변 공업배치 및 공장설립에 관한 법률상 공장이라 함은 동법 시행령 제2조에서 규정한 바와 같이 한국표준산업분류상 제조업을 영위하기 위한 시설과 그 부대시설을 의미함.

따라서 화물유통촉진법 등의 다른 법령에 의한 창고업을 영위하기 위하여 설치하는 시설은 공업배치 및 공장설립에 관한 법률의 적용을 받은 공장의 부대시설로 볼 수 없음.

7. 압축가스운반용기제조업으로 등록된 공장에서 가스 도·소매업 가능 여부

질의요지 압축가스운반용기제조업으로 등록된 공장에서 고압가스제조허가를 얻어 가스 도·소매업을 하는 경우 허용 여부.

답변 공업배치 및 공장설립에 관한 법률에 의한 공장설립승인을 얻어 공장을 설치하고 공장등록을 마친 후 제조업을 영위하고 있는 공장을 공장용도 외의 용도로 활용하는 경우에는 동법 제17조 및 동법 시행령 제21조의 규정에 의하여 공장등록 취소사유에 해당하게 됨. 따라서 공장의 일부를 공장용도가 아닌 용도로 활용하고자 하는 경우에는 공장등록변경을 통하여 당해 부지를 공장부분에서 제척하고, 타용도 사용 부분에 대하여는 관련 개별법령에 의한 인·허가를 얻어야 함.

8. 폐타이어 처리업자의 공장설립승인 대상 여부

질의요지 폐타이어 처리업자가 수집한 폐타이어를 절단·파쇄하여 타 업체에 연료 혹은 다른 제조업체에 제조원료 등으로 판매하는 경우 공장설립승인(창업사업계획승인) 대상인지 여부와 기준공장 면적률의 적용 및 입지허용 여부 검토시 환경검토자료 제출 여부.

답변 폐타이어 처리업자가 수집한 폐타이어를 공급받아 절단·파쇄공정을 거쳐 이를 연료 또는 제조원료 등으로 판매하는 사업은 표준산업분류 37202(폐플라스틱 및 고무 재생재료 가공처리업)에 해당하며, 이는 공업배치 및 공장설립에 관한 법률(중소기업창업지원법)에 의한 공장설립승인(창업사업계획승인) 대상이 되며 기준공장 면적률은 5%를 적용함. 또한 공장설립승인 여부를 결정하기 위한 환경검토는 원칙적으로 공장설립승인 또는 창업사업승인신청시의 사업계획서에 의하여 검토하여야 하지만, 구체적인 지역여건과 사업내용에 따라 승인권자가 추가적인 설명 자료가 필요하다고 판단되는 때에는 자료보완을 요청할 수 있을 것임.

※ 한국표준산업분류 37202는 동 산업분류의 개정으로 37200(재생용 비금속 가공원료 생산업)으로 변경됨(부록 2 참조)

※ 동 업종의 기준공장 면적률은 공장입지기준고시(1999. 12. 16. 산업자원부고시 제1999-147호)의 개정으로 5%에서 3%로 변경됨.

9. 일반영화 제작업의 제조업 해당 여부

질의요지 일반영화 제작업이 공업배치 및 공장설립에 관한 법률상 제조업에 해당되는지 여부.

답변 공업배치 및 공장설립에 관한 법률상 공장은 한국표준산업분류상의 제조업을 영위하는 경우를 적용범위로 하고 있는 바, 일반 영화제작업은 동 법률상 제조업에 해당하지 아니함.

10. 축산분뇨로 유기질비료를 생산, 판매하는 경우 제조업 해당 여부

질의요지 영농조합법인에서 축산분뇨 처리시설을 갖추고 축산농가에서 수수료를 받아 축산분뇨를 수거하여 정화처리하고, 이 과정에서 생산된 유기질비료를 판매하고자 하는 경우 공업배치 및 공장설립에 관한 법률의 적용대상에 포함되는지 여부.

답변 공업배치 및 공장설립에 관한 법률상 공장은 동법 제2조 제1호 및 동법 시행령 제2조로 규정하고 있는 바, 제조업(한국표준산업분류에 의한 제조업)의 물품제조공정을 형성하는 기계 또는 장치를 설치하기 위한 건축물이나 사업장을 의미함. 또한 제조업 여부를 판단하기 위한 산업의 종류는 주된 활동 결과 얻어지는 주생산품 또는 서비스에 의하여 결정되는 바, 축산분뇨를 처리하는 과정에서 부산물로 유기질비료가 생산되는 것은 주된 활동이 폐기물처리업이므로 공업배치 및 공장설립에 관한 법률의 적용 받는 공장에 해당하지 아니함.

11. 폐기물처리시설의 공장 해당 여부

질의요지 도시계획법의 규정에 따라 도시계획시설(폐기물처리시설)로 결정된 부지에 폐기물처리 및 재활용품 자재 분류에 필요한 기계 보호시설 등의 건축물을 건축하고자 하는 경우 공장에 해당되는지 여부.

답변 공업배치 및 공장설립에 관한 법률상 공장은 제조업의 물품제조공정에 필요한 기계 또는 장치를 설치하기 위한 건축물이나 사업장으로 정하고 있어, 단순히 수집된 폐기물을 분류·처리하기 위하여 설치하는 보호시설 또는 건축물은 공장으로 볼 수 없음. 다만, 수집된 폐기물을 가공하여 다른 물품으로 제조하는 경우에는 동 법률의 적용이 되므로 공장으로 분류됨.

12. 황토방 비이오몰탈 등의 제조업 해당 여부.

질의요지 고령토 일부와 도석 등의 원료를 분쇄 또는 혼합하여 신소재인 황토방 바이오몰탈 및 적조방제용 황토파우더를 연구 개발한 경우, 동 제품을 생산하는 공장이 제조업에 해당되는지 여부.

답변 제조업은 물질 또는 구성요소에 물리적·화학적 작용을 가하여 새로운 제품으로 전환시키는 산업활동이므로 고령토 및 도석 등을 이용하여 원료와 다른 물질(황토방 바이오몰탈 등)을 생산하는 경우에는 제조업에 해당된다고 볼 수 있음.

13. 광석처리의 제조업 해당 여부

질의요지 광산개발로 인하여 발생된 폐광석을 운반·수집하여 폐광석(광미 등)에 포함되어 있는 규사 등의 성분을 추출하여 판매하는 것이 제조업에 해당되는지 여부 및 업종 분류.

답변 공업배치 및 공장설립에 관한 법률의 적용대상이 되는 공장은 통계법 제17조의 규정에 의하여 통계청장이 고시하는 한국표준산업분류에 의한 제조업과 석탄산업법에 의한 석탄가공업을 대상으로 하고 있음. 따라서 일반적으로 수수료를 받고 폐광석(광미 등)을 처리하는 과정에서 부산물로 규사 등을 추출 · 판매하는 경우에는 폐기물처리업으로 분류되어 공장이 될 수 없으나, 폐광석의 처리과정 및 추출물의 부가가치 비중 등에 따라 업종이 달리 분류(광업, 도소매 또는 제조업)될 수 있음.

14. 폐종이 가공처리의 제조업 해당 여부

질의요지 폐지를 수집하여 선별, 절단, 파쇄, 압축, 포장하여 재생재료생산, 종이제품제조업체 납품하고자 하는 경우 공장설립이 가능한지 여부.

답변 공업배치 및 공장설립에 관한 법률상 공장은 통계법 제17조의 규정에 의하여 통계청장이 고시하는 한국표준산업분류에 의한 제조업과 석탄가공업을 그 대상으로 하고 있음. 따라서 폐종이를 구매하여 선별·절단·파쇄·압축·포장하여 특정제품 제조공정에 직접 투입·사용하기에 적합한 일정형의 원료상태로 전환 처리하는 산업활동은 제조업(재생재료 가공처리업 : 중분류 37류)으로 분류되어 공장이 될 수 있음.

15. 연접된 법인과 개인회사의 동일 공장 해당 여부

질의요지 개인이 소유하고 있는 공장과 법인이 소유하고 있는 공장이 서로 연접되어 있고, 개인회사와 법인회사의 대표자가 같은 경우 동일한 공장으로 볼 수 있는지 여부.

답변 개인회사와 법인회사는 권리·의무 등에서 서로 다른 법인격을 가지므로 이들 소유의 공장이 연접되어 있고 개인과 법인회사의 대표자가 같은 경우에도 각각 별개의 공장으로 보아야 함.

16. 공장부지외 시설의 부대시설 인정 여부

질의요지 기존공장의 부지 이외에 설치한 사원복리시설 및 폐수처리시설과 시도로 구분되어 있는 인접부지에 설치한 부대시설이 공업배치 및 공장설립에 관한 법률에 저촉되는지 여부.

답변 공업배치 및 공장설립에 관한 법률 제2조 및 동 법률 시행령 제2조의 규정에 의하여 공장의 범위에 속하는 부대시설이라 함은 제조업을 영위하기 위하여 그 제조시설의 관리 · 지원, 종업원의 복지후생을 위하여 공장용지 안에 설치하는 것을 말하는 바, 허가받은 부지와 도로로 분리된 용지에 설치된 시설은 동 법령상의 공장의 범위에 포함되는 부대시설이라 볼 수 없으므로 공장의 범위에 포함되지 않는 시설에 관하여는 동 법률의 적용 대상이 아님.

17. 도로건설사업에 사용되는 아스콘 제조시설의 공장 해당 여부

질의요지 하도급 업체가 도로건설사업에 사용하는 아스콘 제조시설을 설치하는 경우 공업배치 및 공장설립에 관한 법률상 공장에 해당되는지 여부.

답변 공업배치 및 공장설립에 관한 법률상 공장이라 함은 제조업의 물품제조공정을 형성하는 기계 또는 장치를 설치하기 위한 건축물이나 사업장을 의미하는 바, 도로건설업자(하도급 여부에 상관없이 사실상의 건설업자)가 도로 건설에 사용하기 위하여 설치하는 아스콘 제조시설은 건설업의 부수시설로 보기 때문에 공장으로 보지 아니함. 다만, 동 시설을 도로건설사업과 별도의 계정으로 운영하거나 제조된 아스콘을 자기의 도로건설 사업이 아닌 타목적으로 판매하여 부가가치가 발생되는 경우에는 공장으로 분류함.

18. 전동차 또는 기차 차량기지의 공장 해당 여부 및 당해 건축물의 용도

질의요지 전동차 또는 기차의 차량기지를 건설하고자 하는 경우 공장에 해당되는지 여부 및 당해 건축물의 용도는 무엇인지 여부.

답변 공업배치 및 공장설립에 관한 법률 제2조에서 공장은 제조업을 영위하기 위한 사업장, 동법 시행령 제2조에서 제조업의 범위는 한국표준산업분류에 의한 제조업으로 정하고 있으며, 한국표준산업분류상 제조업은 원재료에 물리적, 화학적 작용을 가하여 투입된 원재료를 성질이 다른 새로운 제품으로 전환시키는 산업활동으로 정하고 있음. 따라서 차량의 주차와 점검(정비)이 이루어지는 차량기지는 공장에 해당되지 않을 것임. 다만, 차량기지가 차량의 개조·수리(제조업)를 위한 용도로 사용되는 경우에는 공장에 해당함.

일반적으로 건축물의 용도와 공장은 일치하나, 공장은 실제로 영위하는 사업의 내용을 기준으로 하기 때문에, 공장용도인 건축물을 비제조업으로 사용하는 경우는 공장에 해당되지 않으며, 공장용도가 아닌 건축물(예 : 근린생활시설의 제조장)에서도 제조업을 영위하는 경우에는 공장으로 분류됨.

19. 비금속광물분쇄물 사업장의 공장설립승인 대상 여부

질의요지 비금속광물분쇄물 생산업을 영위하는 사업장이 공업배치 및 공장설립에 관한 법률에 의한 공장설립승인 대상인지 여부.

답변 제조업이 아닌 토석채취장(광업)에서의 광물 분쇄 등 처리시설은 공장에 해당되지 않으나, 동 사업장과 분리된 장소(사업장)에서 채굴 및 채취활동과 연관되지 않은 비금속광물 분쇄물생산업을 영위하는 경우에는 제조업에 해당되어 공업배치 및 공장설립에 관한 법률의 규정에 의한 공장설립승인 대상임.

20. 제조시설이 없는 사업장의 공장등록 가능 여부

질의요지 승인대상 외인 규모 미만의 공장이 공장등록을 하고자 하는 경우 제조시설이 없어도 가능한지 여부.

답변 공업배치 및 공장설립에 관한 법률상(제2조) 공장은 기계·장치 등 제조시설을 갖추고 제조업을 영위하기 위한 사업장을 말하는 것이므로, 제조시설이 없는 사업장은 공장등록대상이 아님. 또한, 공장등록은 대상물인 공장을 등록하는 것이기 때문에 공장설립을 전제로 미리 등록할 수 있는 사항도 아님.

21. 망태석 및 잡석 생산업의 제조업 해당 여부

질의요지 원석을 가져와 규격에 맞게 가공하여 망태석 및 잡석을 생산하는 경우, 동 업종이 제조업에 해당되는지 여부.

답변 일반적으로 사용되고 있는 제조업 등의 업종분류는 통계법 규정에 의하여 통계청장이 고시하는 한국표준산업분류표에 의한 분류기준이며, 동 분류를 통계목적에 사용하거나 또는 행정기관이 행정목적에 인용하여 사용하고 있음. 동 기준에 의하면, 원석을 채굴하고 직접 분쇄하여 건설용에 적합하게 가공하여 판매하는 사업장은 광업(12122)으로 분류하며, 채굴활동과 연관되지 않은 사업자가 광석을 구입, 가공하여 석제품이나 광물의 분쇄물을 생산하는 경우에는 제조업(26911 또는 26992), 광석을 구입하여 재판매하는 경우에는 도소매업으로 분류하고 있음.

이러한 분류기준을 행정목적으로 사용하는 경우에는 이를 인용하는 행정기관(공장설립의 경우 승인권자인 시장, 군수 또는 구청장)이 결정하여야 함.

22. 광업권자가 선광시설 설치시 공장설립승인 가능 여부

질의요지 광업권자가 선광을 목적으로 1,000㎡이상 선광시설을 건축할 경우, 공장설립승인을 받아야 하는지 여부.

답변 공업배치 및 공장설립에 관한 법률에 의한 공장은 (법·령 각 제2조)은 제조업을 영위하기 위한 사업장을 말하므로, 광업권자가 당해 사업장내에서 설치하는 선광시설은 공장설립 등의 승인(공장등록) 대상이 아님. 이 경우 선광시설의 설치 등은 건축법 등 관계되는 각 개별법령이 정하는 기준 및 절차를 따름.

23. 건축면적 산정 기준

질의요지 공장설립시 공장건축면적의 산정기준은?

답변 공업배치 및 공장설립에 관한 법률 제2조의 규정에 위한 공장의 범위에는 제조시설과 부대시설 및 공장부지가 포함됨. 공장건축면적은 동법 시행령 제18조의2 제1항 및 제25조 제1항에서 수도권의 경우에는 제조시설과 부대시설 중 사무실 및 창고의 면적이 포함되고, 그외 지역의 경우에는 제조시설면적만 해당됨.

24. 폐프라스틱의 수집 · 판매시 공장 해당 여부

질의요지 폐프라스틱 등을 수집하여 판매하는 사업장이 공장에 해당되는지 여부.

답변 공업배치 및 공장설립에 관한 법률 제2조에서 공장은 제조업을 영위하기 위한 사업장, 동법 시행령 제2조에서 제조업의 범위는 한국표준산업분류에 의한 제조업으로 정하고 있으며, 표준산업분류상 폐지 등 재생재료를 수집하여 판매하는 사업장은 제조업으로 분류되지 않으나, 수집된 재생재료를 기계적 또는 화학적으로 처리하여 특정제품의 제조공정에 직접 투입하기에 적합한 일정 형태(펠렛 상태)로 전환하는 사업장은 제조업(37200류)으로 분류됨.

25. 분뇨 · 쓰레기시설의 승인 대상 여부 및 동종업종 공장설립시 개별공장 여부

질의요지 분뇨 및 쓰레기처리시설을 설치하는 경우 공장설립승인 대상인지 여부와 기존 공장과 연접한 부지에 다른 사업자가 동종업종의 공장을 설립하는 경우 개별공장에 해당되는지 여부.

답변 공업배치 및 공장설립에 관한 법률상의 공장은 한국표준산업분류에 의한 제조업을 영위하기 위한 사업장으로 정하고 있으므로, 한국표준산업분류상 서비스업으로 분류되는 폐기물처리시설은 공장설립승인 대상이 아님. 사업장이 제조업과 서비스업이 혼재되어 있는 경우에는 사업장의 주된 용도에 따라 공장설립승인 대상 여부를 승인권자가 결정해야 하며, 기존 공장과 연접한 부지에 다른 사업자가 동종업종의 공장을 설립하는 경우, 두 공장을 별개의 공장으로 보아야 함.

26. 폐기물재활용신고업의 공장 해당 여부

질의요지 폐기물재활용신고업이 공업배치 및 공장설립에 관한 법률에 의한 제조업으로 분류되어 공장설립승인이 가능한지 여부.

답변 공업배치 및 공장설립에 관한 법률상 공장건축면적이 500 ㎡이상인 경우에는 승인을 얻어야 하며, 동 법률상의 공장은 한국표준산업분류에 의한 제조업을 영위하는 사업장으로 정하고 있음. 제조업 해당 여부는 환경관련 법령에 의한 재활용신고업 여부에 관계없이 실제로 영위하는 사업장이 동 기준에 의한 제조업에 해당되는지 여부를 기준으로 판단하여야 하고(예: 재생재료를 처리하여 특정제품의 제조공정에 투입하기에 적합한 원료상태로 전환하는 사업장은 제조업으로 분류되나, 폐기물의 수집과 처리를 본업으로 하는 사업장은 제조업으로 분류되지 않음) 규모가 승인 대상인 경우에는 사전에 승인을 얻어야 함.

27. 재료를 혼합·배합하여 재포장하는 사업의 제조업 해당 여부

질의요지 완제품원료 및 부원료를 혼합·배합·소분하여 재포장하는 사업이 제조업에 해당되는지 여부.

답변 공업배치 및 공장설립에 관한 법률상 공장은 제조업을 영위하는 사업장으로 정하고 있는 바, 제품의 품질을 변화시키지 않고 단순히 각 완제품을 혼합하여 소분·재포장하는 사업장는 제조행위로 볼 수 없기 때문에 공장에 해당되지 않음.

28. 바코드리본 제조업의 업종분류 및 공장등록 가능 여부

질의요지 바코드리본 제조업의 업종분류는 무엇인지 여부와 동 업종의 공장등록이 가능한지 여부.

답변 공업배치 및 공장설립에 관한 법률의 규정에 의한 공장설립승인(공장건축면적이 500㎡ 이상) 또는 공장등록(승인 대상 외)은 시장·군수 또는 구청장이 토지의 용도별로 관계되는 각 법령에 적합 여부를 검토하여 결정하는 것임. 한편, 프라스틱제품의 표면에 접착물질, 금속물질 및 기타 물질을 도포, 포장, 도장 · 피복 등을 하여 특수용 프라스틱 표면 가공품을 제조하는 산업을 한국표준산업분류상 25292로 분류하고 있음.

29. 석재성형가공품 제조업의 공장설립승인 대상 여부

질의요지 채석허가를 받은 지역 또는 타 지역에서 석재성형가공품제조업을 영위하는 경우 공장설립승인 대상에 해당되는지 여부.

답변 석재성형가공품의 원료(원석)를 구입하여 제품을 제조하는 사업장은 제조업에 해당되므로 공장설립승인 대상이 되며, 제조업의 구분기준은 사업장의 지번이나 지역을 기준으로 하는 것이 아니라, 단위 사업장이 독립된 제조업을 영위하는 사업장에 해당하는지 여부를 기준으로 하는 것임

30. 단순절단 가공업의 공장 해당 여부

질의요지 하나의 묶음으로 되어 있는 인쇄회로기판용 필름을 수 개의 필름으로 단순 절단하는 경우 공업배치 및 공장설립에 관한 법률상 공장에 해당되는지 여부.

답변 공업배치 및 공장설립에 관한 법률상 공장은 한국표준산업분류에 의한 제조업을 영위하기 위한 사업장을 말하는 바, 동 분류기준상 분할작업 등 단순절단이나 재포장하는 사업장은 제조업으로 보지 아니함.

31. 공장의 착공시점 및 공장건축기간의 연장 가능 여부

질의요지 공장의 착공시점 및 공장건축 기간의 연장이 가능한지 여부.

답변 구 공업배치 및 공장설립에 관한 법률(1995. 12. 29. 개정) 제18조 제1항의 규정에 의하여 개별입지지정승인을 받은 사항은 개정법률(제5091호) 제13조 제1항의 규정에 의한 공장설립 등의 승인을 받은 것으로 간주됨.

제13조의 5의 규정에 따라 공장설립승인을 받은 날로부터 3년(농지전용허가 또는 신고가 의제된 경우에는 2년)이 경과할 때까지 정당한 사유 없이 공장의 착공을 하지 아니한 경우에는 공장설립승인을 취소할 수 있으며, 공장의 착공은 공

장의 건축행위(건축이 수반되지 아니한 경우에는 제조시설 설치 행위)를 말함.

제11조 규정에 의한 기준공장 면적률이 적용되는 공장건축물 등의 면적은 승인을 얻은 날부터 4년 동안의 건축계획분을 포함하고, 동 기간을 초과하여 공장을 건축하는 것이 부득이하다고 승인권자가 인정하는 경우에는 그 기간을 연장할 수 있음.

32. 공장설립 관련 법령에 따른 건축면적의 산정기준

질의요지 공업배치 및 공장설립에 관한 법률상의 공장건축면적의 산정기준과 소기업지원을 위한 특별조치법상의 공장건축면적 산정기준은?

답변 공업배치 및 공장설립에 관한 법률 제13조의 규정에 의한 공장설립 등의 승인 대상을 정하고 있는 공장건축면적은 제조시설로 사용되는 건축물 각 층의 바닥면적을 말하고 부대시설의 면적은 제외됨.(수도권외의 지역의 경우). 또한 소기업지원에 관한 특별조치법 제9조의 규정에 의한 농지전용부담금의 면제대상이 되는 소기업의 범위를 정하는 공장건축면적에도 사무실 및 창고의 면적은 제외되어 있으며(동법 시행령 제12조, 제2조 제3항), 부담금이 면제되는 공장용지 면적의 산출은 부대시설이 제외된 공장건축면적을 기준공장 면적률로 나누어서 하도록 정하고 있음.

33. 공장설립중 공장양도 가능 여부

질의요지 99년 3월에 공업배치 및 공장설립에 관한 법률 제18조의 규정에 의하여 개별공장입지지정승인을 얻은 공장을 대지조성공사 완료 후 타인에게 양도 가능한지 여부.

답변 공업배치 및 공장설립에 관한 법률 제18조의 규정에 의한 개별공장입지지정승인절차는 95년 12월29일 법률 개정으로 인하여 동법 제13조의 공장설립승인으로 일원화되었으며, 또한 승인받은 부지를 나대지 상태로 양도하는 것을 금지하였던 규정은 96년 7월 19일 동법 시행령 개정시 폐지되었는 바, 이후에는 공장설립 중에 양도가 가능함.

34. 공장설립승인대상 면적의 범위

질의요지 지방산업단지로 지정된 지역에서 공장을 설립중인 경우 공장설립 승인 대상 면적의 범위.

답변 산업단지에 입주하기 위하여 해당 관리기관과 입주계약을 체결한 경우에는 공업배치 및 공장설립에 관한 법률 제13조 제2항 제3호의 규정에 의하여 공장설립승인을 얻은 것으로 보기 때문에 공장설립승인을 따로 얻을 필요가 없음. 다만, 입주계약 체결대상이 아닌 경우에는 공장설립승인대상이 되며, 이 경우의 승인대상이 되는 부지 및 건축물의 면적은 장래의 계획분까지를 모두 포함하는 것이므로, 준공전토지사용허가 여부와는 관계없음.

35. 건축물에 대한 사용권을 확보하지 못한 경우 공장설립 가능 여부

질의요지 아파트형 공장설립 중에 설립자의 부도로 공사 정지된 부지만을 경락받은 경우 당해 아파트형공장 설립 사업의 승계 가능 여부.

답변 공업배치 및 공장설립에 관한 법률에 의하여 공장을 설립하기 위하여는 당해 부지 및 건축물의 사용권을 확보하여야 함. 따라서 부지만을 경락받았고, 아직 소유권이전 전이며 지상 건축물의 권리를 확보하지 못한 경우에는 민사상의 사용권확보를 선행하여야 할 것임.

36. 진입로 확보 여부가 명의변경의 요건 해당 여부.

질의요지 당초 공장설립승인을 얻어 설치한 공장을 경락받아 명의변경을 하고자 하는 경우, 진입로의 확보 여부가 변경가능 여부의 요건에 해당하는지 여부.

답변 진입로의 확보는 공장설립승인의 가능여부를 판단하는 요건이 아니며, 건축행위의 허용여부를 판단하는 요건에 해당함. 따라서 기존에 설치된 건축물을 경락받아 추가의 건축행위를 수반하지 아니하는 공장을 설립하는 과정에는 진입로의 확보에 대하여 공업배치 및 공장설립에 관한 법률상 따로 정하고 있지 아니하므로 건축법상 저촉여부를 확인하여야 함.

37. 공장설립신고를 한 공장의 산림형질변경 의제처리 인정 여부.

질의요지 1995년 2월 공장설립신고를 한 공장의 경우 신고 당시에는 개별법에 의하여 농지전용 및 산림형질변경 등의 인·허가를 얻어야 하였으나 1995년 12월 공업배치 및 공장설립에 관한 법률상 동 인·허가 사항을 의제처리 할 수 있도록 개정한바, 개정 법률에 의하여 동 사항의 의제처리가 인정되는지 여부.

답변 1995년 2월 당시에 공장설립신고를 하였으며, 농지전용허가 및 산림형질변경허가 등 관련법에 의한 관련 인 · 허가를 별도로 받는 조건으로 신고수리가 된 경우에는 공장설립신고제를 승인제로 통합한 '95년 12월 29일의 법률 개정(법률 제5091호)으로 인하여 관련법령상의 인·허가를 받은 것으로 볼 수 없으며, 당초 신고시의 신고수리 조건대로 관련 개별법령상의 인·허가를 얻어야 할 것임.

38. 공장설립승인 전 건축허가 가능 여부.

질의요지 건축법에 의한 건축허가 후 공업배치 및 공장설립에 관한 법률에 의한 공장설립승인이 가능한지 여부.

답변 공업배치 및 공장설립에 관한 법률 제13조의 규정에 의한 공장설립승인은 공장건축면적 500㎡ 이상의 공장에 대하여 적용되는 강제규정이며, 동법 시행령 제19조 제5항의 공장설립승인신청은 건축허가신청 이전에 하여야 한다는 규정은 공장건축면적 500㎡ 이상인 공장의 공장설립승인신청 이행을 강제하기 위한 것임.

그러나 공장설립승인신청을 임의적으로 적용하는 공장건축면적 500㎡ 미만의 공장의 경우에는 이를 강제할 실익이 없으므로, 공장설립승인신청과 건축허가신청을 선후에 관계없이 민원인의 편의에 따라 신청할 수 있음.

39. 공장설립승인의 창업사업계획승인 전환 가능 여부

질의요지 공장설립승인을 얻어 공장설립 중 창업사업계획승인으로 변경이 가능한지 여부.

답변 공업배치 및 공장설립에 관한 법률 제20조의 규정에 의하여 공장설립승인을 얻어 형질변경 중 또는 공장설립 중에 승인을 취하 또는 취소하는 경우에는 산림법 제91조 제1항의 규정에 의한 산림형질변경복구를 하여야 할 것임. 다만, 산림법 시행규칙 제88조의3 제2항의 단서조항에 의하여 허가권자가 필요하다고 인정하는 경우 복구명령을 일시 연기할 수 있을 것임.

40. 공장설립승인 취소 해당 여부 및 설립기간 연장 가능 여부.

질의요지 공장설립승인시 승인일(1995. 5. 8)로부터 2년 이내에 사업을 개시하여야 한다는 조건으로 승인을 얻었으나 자금사정으로 공장의 착공을 하지 못하고 추가로 2년을 연기하고자 하는 경우 가능한지 여부.

답변 공장설립승인을 얻은 자가 3년 이내에 공장착공(건축물 착공신고)을 하지 아니하는 경우에는 공업배치 및 공장설립에 관한 법률 제13조의 2 동법 시행령 제19조의 2의 규정에 따라 공장설립승인 취소사유에 해당이 되며, 이 경우는 동법 제51조의 2 규정에 의한 청문을 거쳐 공장설립승인의 취소가 가능함.

공장설립이 지연될 경우 승인권자는 그 지연사유가 타당하다고 인정되는 경우에는 연장이 가능함.

41. 임야 및 농지의 공장부지 편입 가능 여부

질의요지 공장설립승인을 얻었으나 형질변경 등을 거치지 않은 임야 및 농지를 공장설립완료신고시 공장부지면적에 포함할 수 있는지 여부.

답변 공장설립승인을 얻었으나 형질변경 등을 거치지 않아 임야 및 농지로 남아 있는 부지는 공장의 부지로 포함시킬 수 없음. 따라서 형질변경을 거쳐 공장의 부속용지로 변경시키지 않은 임야 및 농지는 공장설립완료신고시 공장부지면적에서 제외시켜야 함. 공장용지로 편입시키고자 하는 경우에는 형질변경 등의 절차를 거쳐야 할 것임.

42. 공장설립승인신청시 의제처리 사항의 의무 제출 여부.

질의요지 공업배치 및 공장설립에 관한 법률 제13조의 규정에 의한 공장설립승인신청시 동법 제13조 제3항의 규정에 의한 인·허가 관련서류를 의무적으로 제출하여야 하는지 여부.

답변 공업배치 및 공장설립에 관한 법률에 의한 공정설립승인신청시에는 동법 제13조제3항에 의한 인·허가사항을 의제 처리할 수 있으므로 의제 처리를 원하는 경우에는 관련서류를 같이 제출하여야 하며, 의제 처리를 원하지 아니하는 경우에는 아니하여도 무방하나 공장설립승인 후 별도로 개별법상의 인·허가(관계법의 규정 및 기준에 적합 여부)를 받아야 함.

※ 법 개정('99. 2. 8)으로 조문 변경(제13조제3항 → 제13조의2 제1항)

43. 완료신고전 건축물에서의 다수공장 영위 가능 여부

질의요지 공장설립승인을 얻어 공장건축물을 설치하였으나, 완료신고를 하지 아니한 상태에서 동 공장건축물을 이용하여 2개 이상의 공장설립이 가능한지 여부 및 사후관리 관련 여부.

답변 공장설립승인을 얻어 공장건축물이 설치되었고, 완료신고가 이행되지 아니한 상태에서 동 공장건축물을 이용하여 다수의 공장을 영위하고자 하는 경우에는 공장설립승인변경후 각각의 완료신고를 통하여 다수의 공장으로 분할등록이 가능함. 이 경우 공장등록후의 공업배치 및 공장설립에 관한 법률상 행위제한 적용시에는 전체 공장을 단일 공장으로 보아 관리하여야 하는바, 개별업체별 폐수배출시설의 허용 및 증설면적 적용시에는 공장 전체를 단일 공장으로 보아 적용하여야 함.

44. 개별입지지정승인을 얻은 공장의 사업계획변경 가능 여부

질의요지 종전 공업배치 및 공장설립에 관한 법률에 의하여 개별공장입지지정승인을 얻어 설치중인 공장의 건축물 배치계획 등을 변경하고자 하는 경우 사업계획변경이 가능한지 여부.

답변 공업배치 및 공장설립에 관한 법률에 의한 공장설립승인(종전 규정에 의한 개별공장입지지정승인 포함)을 얻어 설치중인 공장의 건축물 배치계획 등을 변경하고자 하는 경우에는 기준공장 면적률을 충족하는 상태에서의 공장건축면적의 축소는 사전적으로 공장설립승인변경을 얻을 필요는 없으며, 사후 공장설립완료시 변동사항을 신고하면 되고, 국토이용관리법상의 개발계획변경 등 개별법상 필요한 절차를 거쳐야 할 것임.

45. 기존공장 설립승인의 제3자 승계 가능 여부

질의요지 공장신설승인을 얻어 부지조성 중 경매에 의하여 제3자에게 경락된 경우, 공장설립승인이 경락자에게 승계되는지 여부 및 승계 절차.

답변 공장신설승인을 얻어 공장을 설립하는 중에 법원의 경매를 통하여 제3자에게 경락된 경우에는 공장설립승인변경을 통하여 경락자의 명의로 변경할 수 있으며, 이 경우 경락자가 당해공장의 소유권을 확보한 것이기 때문에 당초 신설승인을 얻었던 자의 동의는 필요하지 않음.

46. 맹지에서 현황도로 이용 공장설립 가능 여부

질의요지 인접한 공장에서 사용하는 현황도로의 사용승낙을 받아 맹지인 공장부지에 진입이 가능한 경우 도로로 인정받아 공장설립이 가능한지 여부.

답변 공장의 설립승인은 공업배치 및 공장설립에 관한 법률 및 도시계획법에 의한 도로는 도시계획법·도로법·사도법 기타 관계법령에 의하여 신설 또는 변경에 관한 고시가 된 것과 건축허가 또는 신고시 시장·군수 또는 구청장이 그 위치를 지정한 도로를 말하는 것이므로 인접한 공장에서 사용하는 현황도로의 사용승낙을 받아 맹지인 공장부지에 진입이 가능한 경우에는 건축허가 또는 신고시 건축법 규정(동법 시행령 제30조)에 의한 도로의 지정절차를 거쳐야 함.

47. 기존업종에 고압가스판매업의 추가 가능 여부

질의요지 선박가공부분품 제조시설의 용도에 맞게 공장, 창고(가스저장실), 사무실 등을 건축하여 설립을 완료한 공장이 선박에 사용되는 고압가스를 판매하고자 하는 경우, 동 사업이 당해 사업을 영위하는데 필요한 부수적인 영위 행위에 해당하는지 여부.

답변 일반적으로 공장의 용도외 사용은 공장의 등록취소 사유(공업배치 및 공장설립에 관한 법률 제17조 및 동법 시행령 제21조)에 해당되나, 공장의 일부를 이용하여 당해 공장과 관련된 산업을 영위하는 경우에는 예외를 인정할 수 있으며(동조 단서 조항), 관련된 산업의 일반적인 기준으로는 당해 공장에서 생산된 제품을 판매하거나 또는 당해 사업을 영위하는데 필요한 부수적인 영업행위(비제조업 포함)는 관련된 산업에 해당된다고 볼 수 있을 것임.

이 경우에도 당해 공장부지에서 영위하는 관련 산업이 도시계획법, 건축법, 고압가스안전관리법 등 관련되는 타 법령의 규정 · 요건에는 적합하여야 할 것임.

48. 공장설립승인 기간의 연장 가능 여부

질의요지 공업배치 및 공장설립에 관한 법률에서는 공장설립승인 기간을 4년으로 정하고 있으며, 연장의 필요성이 인정되는 경우, 동기간의 범위 내에서 이를 연장할 수 있도록 규정하고 있는 바, 공장설립의 의사가 확실하다면 승인기간의 연장이 가능한지 여부.

답변 공업배치 및 공장설립에 관한 법률 제13조 및 제20조의 규정에 의하여 적법하게 공장의 설립승인을 받은 사항은 제13조의 2 규정에 의하여 공장설립의 승인이 취소되지 않은 경우, 그 효력이 유지됨. 다만, 제8조의 규정에 의한 기준공장 면적률의 적용대상이 되는 공장건축면적은 공장설립승인일로부터 4년 동안의 계획분을 포함하며, 승인기관은 동 기간을 초과하여 공장을 건축하여야 할 필요성이 인정되는 때에는 동법 시행령 제12조의 규정에 따라 4년의 범위 안에서 연장할 수 있음. 다만, 임항공시지역에서의 행위제한에 관하여는 항만법의 규정에 따라야 할 것임.

49. 공장설립시 지상권자의 동의 여부

질의요지 공업배치 및 공장설립에 관한 법률의 규정에 의한 공장신설 및 변경승인 신청시 지상권자의 동의서가 필수적으로 첨부되어야 하는지 여부.

답변 공업배치 및 공장설립에 관한 법률에 의한 공장설립승인 신청서에 토지 및 건물에 대한 사용권을 증명할 수 있는 서류를 첨부하도록 되어 있으므로(시행규칙 제6조) 토지에 지상권이 설정되어 있는 경우에는 지상권자가 당해 토지에 대한 사용권을 가지므로 지상권자의 동의서가 첨부되어야 함. 변경승인 신청시에는 변경 신청한 내용이 당초 지상권자가 동의한 범위를 초과하는 경우에만 지상권자의 추가 동의가 필요할 것으로 판단됨.

50. 도로예정부지에서 공장설립 가능 여부

질의요지 공장설립신청 예정부지가 도로예정부지로 편입되어 있는 경우, 공장설립승인이 가능한지 여부.

답변 공업배치 및 공장설립에 관한 법률상 공장설립승인신청을 받은 경우에는 승인기관이 이 법령 및 기타 관계법령의 규정에 적합한지 여부를 검토하여 승이 여부를 결정하도록 되어 있는 바, 신청부지가 공공용 도로(국도)예정부지로 계획되어 있는 경우에는 당해 부지가 도로로 편입되는 시기, 신청공장의 영구구조물 축조여부 등을 고려하여 공장설립을 합리적으로 제한하는 것은 가능할 것임.

51. 공장용지의 범위 및 지목변경 여부

질의요지 지목변경의 정의 및 공장용지의 지목변경 가능 여부.

답변 공업배치 및 공장설립에 관한 법률상 공장용지는 법 제13조의 규정에 의하여 공장설립승인(신설·증설·승인변경)을 얻어 공장용지로 편입되었거나 또는 법 제16조의 규정에 의하여 공장용지로 공장등록대장에 등록된 토지를 말함.

지적법상 지목은 토지의 주된 사용목적 또는 용도에 따라 토지의 종류를 구분 · 표시하는 명칭이며, 지목변경은 지적공부에 등록된 지목을 다른 지목으로 바꾸어 등록하는 것으로서 공장용지로의 지목변경은 지적공부의 소관청(시장·군수 등)에서 지적법 등 관련 규정에 따라 결정할 사항임.

52. 경매로 취득한 설립중인 공장의 승인 효력 여부

질의요지 설립중인 공장을 경매로 취득한 경우, 승인사항의 효력, 업종 및 명의변경시 전 소유자의 동의가 필요한지 여부.

답변 공업배치 및 공장설립에 관한 법률 제13조의 규정에 의하여 공장설립승인(개정전 법률에 의한 신고 포함)을 얻은 사항은 설립승인이 취소되기 전에는 유효하며, 당해 공장을 경매 등으로 취득한 자는 승인사항의 변경을 통하여 업종 및 대표자 등의 변경(동법 시행규칙 제7조)이 가능하고, 이 경우 전 소유자의 동의를 필요로 하지는 않음.

53. 공장설립승인 후 개별법에 의한 인·허가 가능 여부

질의요지 공장설립승인시 의제처리 받지 않은 개별법의 인·허가 사항을 공장설립승인후 신청할 수 있는지 여부.

답변 공업배치 및 공장설립에 관한 법률 제13조의 규정에 의한 공장설립승인의 의제처리는 공장설립에 필요한 개별법의 인·허가 사항을 함께 신청하는 경우에 일괄 검토하여 승인여부를 결정해 주는 제도이며, 의제처리를 신청하지 아니한 개별법의 인 · 허가 사항은 따로 승인을 신청할 수 있음. 다만, 농지전용허가 등 공장설립의 선행요건이 되는 인·허가는 공장설립승인신청시 함께 신청(의제처리요청)하거나 개별적으로 먼저 승인을 얻어야 함.

54. 토지의 사용권 미확보시 공장설립 가능 여부

질의요지 토지의 사용권을 확보하는 조건으로 공장설립승인이 가능한지와 국유지를 사이에 두고 있는 기존 공장과 격리된 공장의 증설이 가능한지 여부.

답변 공장은 토지 및 건축물의 사용을 전제로 하기 때문에 공업배치 및 공장설립에 관한 법률 시행규칙 제6조에서 공장설립승인신청시 이에 대한 사용권을 증빙하는 서류를 첨부하도록 하고 있으며 사용권이 확보되지 않은 경우 공장설립 승인이 불가능 함.

공장의 증설은 등록되어 있는 기존 공장의 면적이 증가하는 것으로서 원칙적으로 연접되어야 하므로 지적공부상 도로인 국유지를 사이에 두고 격리되어 있는 경우에는 별개의 공장으로 보아 신설승인을 얻어야 함.

55. 공장 착공의 개념 및 승인서의 법적 효력

질의요지 공업배치 및 공장설립에 관한 법률 시행령 제19조의 2 제1호 규정중 공장의 착공을 하지 아니하는 경우에서 구체적 착공시점 및 공장설립승인서의 법적 효력은?

답변 공업배치 및 공장설립에 관한 법률 시행령 제19조의 2에서 정하고 있는 공장의 착공은 공장건축행위가 수반되는 경우에는 공장건축물의 착공, 공장건축행위가 수반되지 않은 경우에는 공장설립업무처리지침(산업자원부 고시 제1997-6호) 제15조 제1호에서 생산시설의 설치행위로 정하고 있음. 적법하게 처리된 공장설립승인은 동법 제13조의 2 규정에 의하여 취소되기 전까지는 유효하며 신청인이 승인서를 미 수령하였거나 또는 허가조건의 미 이행으로 승인의 효력이 상실되는 것은 아님. 공장설립승인일로부터 완료신고일까지의 기간은 정하고 있지 않으나 동법 시행령 제20조에서 공장건설을 완료한 때로부터 2개월 이내 완료신고를 하도록 되어 있음.

56. 토지매매계약서의 토지사용권 증빙 서류 해당 여부

질의요지 공장설립승인신청시 토지의 사용권을 증빙하는 서류로 매매계약서를 제출(사용)할 수 있는지 여부.

답변 공업배치 및 공장설립에 관한 법률상 사용권을 증빙하는 서류에 대한 명시적인 규정은 없으나 일반적으로 매매계약은 계약이 이행되는 경우에 효력이 발생되기 때문에 토지매매계약서 자체가 사용권을 증빙하는 서류가 될 수는 없음. 다만, 사용권을 증빙하는 서류로 매매계약서가 제출된 경우 공장설립승인 기관은 계약이행 서류를 보완하는 조건으로 승인여부를 결정할 수 있음.

57. 공장등록취소 부지에 공장설립 가능 여부

질의요지 공장등록이 취소되고 모든 제조시설이 철거되어 있는 토지를 매입하여 공장설립시 공장의 신설로 보아 창업사업계획 승인을 얻을 수 있는지 여부.

답변 공업배치 및 공장설립에 관한 법률 시행령 제18조의 2 제2항에서 공장의 신설을 공장을 신축하는 것과 기존건축물 또는 사업장에 제조시설로 사용되는 기계 또는 장치를 설치하는 것으로 정하고 있으므로 제조시설이 철거되어 있는 나대지 상태의 토지를 매입하여 공장을 설립하는 경우 동 법령상 공장의 신설에 해당됨. 다만, 공장의 신설 여부에도 당해공장이 중소기업창업지원법에 의한 창업사업계획승인 대상에 해당되는지 여부는 동 법령의 규정 취지에 따라 결정되어야 함.

58. 공장의 임차시 지상권자의 동의 여부

질의요지 공장을 임차하여 공장등록을 변경하려 할 때 기존 등기부상의 토지·건물 실소유자의 사용동의 및 임대차계약을 하였으나, 임의경매를 신청한 금융기관의 지상권설정으로 인하여 금융기관에 사용동의를 득 하여야 하는지 여부.

답변 공업배치 및 공장설립에 관한 법률 시행규칙 제11조의 규정(공장등록사항변경)에 의하여 제출하는 임차시설을 증빙하는 서류의 요건에 관하여는 동 법령에서 정하고 있지 아니하므로 이에 대하여는 민사법의 규정 및 원칙이 적용되어야 함. 일반적으로 지상권이 설정되어 있는 부동산을 임차하는 경우 지상권자의 동의가 필요하고, 예외적으로 지상권설정 이전부터 적법하게 건축되어 대항력 있는 용익물건(소유권, 전세권 등)이 설정되어 있는 건물만을 임차하는 경우에는 후에 설정된 지상권자의 동의가 필요하지 않을 수 있음.

59. 불법건축물에 대하여 건축법의 처벌이 있는 경우 공장설립 가능 여부

질의요지 불법건축물에 대하여 건축법에 의한 처벌이 있는 경우, 공업배치 및 공장설립에 관한 법률에 의한 벌칙을 적용하지 않고 공장설립이 가능한지 여부.

답변 건축법과 공업배치 및 공장설립에 관한 법률은 각 입법목적, 규정사항, 그 적용대상 등이 다르므로, 불법건물에 대하여 건축법에 의한 처벌이 있는 경우에도 공업배치 및 공장설립에 관한 법률의 위반사항이 있는 때에는 처벌이 됨. 다만, 1개의 행위가 수 개의 죄에 해당하는 경우의 처벌기준 등은 사법적 사항이라고 할 것임.

60. 인근 주민들의 반대시 공장설립승인 취소 요건 해당 여부

질의요지 공장설립예정지 인근의 주민들과 공장설립자와 협약한 내용을 이행하지 않을 경우, 동 사항이 공장설립승인 취소 사유에 해당하는지 여부.

답변 공업배치 및 공장설립에 관한 법률 제13조의 규정에 의한 공장설립승인을 함에 있어 승인기관은 관계법령에의 적합성 등을 검토하여 승인 여부를 결정하는 것이고, 인근 주민의 동의여부가 승인의 전제가 되지는 않음.

또한, 승인사항의 취소는 동법 제13조의 5에서 정하고 있는 취소사유가 있는 경우에 가능하기 때문에 인근 주민들의 반대 또는 이해 당사자(회사측과 인근 주민)와의 협약 미이행을 이유로 승인을 취소(공사중단)할 수는 없음.

61. 승인사항 변경시 지상권자의 동의 필요 여부

질의요지 공장설립승인사항을 변경(회사명의 변경)하는 경우, 지상권자의 토지사용동의가 있어야 하는지 여부.

답변 공업배치 및 공장설립에 관한 법률 시행규칙 제7조(제11조)의 규정에 따라 공장을 양수하거나 임차하여 공장설립승인(공장등록) 사항을 변경하는 경우에는 양수 또는 임차사실을 증빙하는 서류를 첨부하도록 정하고 있는 바, 이는 공장의 등록인이 당해 공장을 사용할 수 있어야 하기 때문임. 일반적으로 지상권이 설정된 부동산을 사용하기 위해서는 지상권자의 사용동의가 있어야 함.

62. 설립중인 공장의 매입시 승인사항의 변경 절차

질의요지 설립중인 공장을 경매 등으로 취득한 경우, 승인사항의 변경 절차는?

답변 공업배치 및 공장설립에 관한 법률 시행규칙 제7조의 규정(공장설립등의 승인사항의 변경)에 의하여 공장을 양수한 경우, 회사명 및 대표자 성명 변경이 가능하므로 변경승인의 여부는 공장의 양수 기준으로 결정됨.

63. 토지와 건물주가 다른 경우 토지사용동의 여부

질의요지 토지와 건물의 소유주가 다른 건축물을 이용하여 건물주가 공장설립시 토지소유주의 토지사용동의가 필요한지 여부.

답변 토지에 대한 소유권(사용권)이 없는 토지를 이용하여 공장설립을 하고자 하는 경우에는 토지소유주의 토지사용 동의가 있어야 하나, 건물과 부지의 소유주가 다른 경우로서 건물부지에 대하여 민법상의 법정지상권이 성립된 경우에는 건물소유주는 토지소유주의 동의 없이 당해건물 부지를 이용할 수 있으므로 토지소유주의 토지사용 동의가 필요치 않음.

64. 임대하기 위한 공장의 설립시 공장설립승인 여부

질의요지 임대를 주사업으로 영위하기 위하여 공장을 설립하는 경우에도 공장설립승인을 얻어야 하는지 여부.

답변 공업배치 및 공장설립에 관한 법률 제13조(제20조)의 규정에 따라 공장건축면적이 500㎡ 이상인 공장을 설립하고자 하는 경우에는 시장·군수 또는 구청장의 승인을 얻어야 하며, 임대를 목적으로 공장을 설립하는 경우에도 또한 같음.

65. 공장부지 인근 이해관계자의 동의 여부

질의요지 임야에 공장을 설립하고자 하는 경우, 인근 거주자 등 이해관계자의 동의가 필요한지 여부.

답변 공업배치 및 공장설립에 관한 법률 제13조의 규정에 의하여 공장건축면적이 500㎡ 이상인 공장을 설립하고자 하는 경우 시장·군수 또는 구청장의 승인을 얻도록 하고 있으며, 승인기관은 산림법 등 관계법령에 적합한지 여부를 검토하여 승인여부를 결정하는 것으로서, 인근 거주자 등 이해관계자의 동의 여부를 승인요건으로 정하고 있지는 않음.

66. 공장설립승인 후 폐기물처리업의 허가 가능 여부

질의요지 폐전주를 분쇄하여 콘크리트 벽돌을 생산할 경우, 콘크리트타일기와 벽돌 및 블록제조업으로 공장설립승인을 얻은 후 폐기물중간처리업으로 허가 받을 수 있는지 여부.

답변 공업배치 및 공장설립에 관한 법률의 적용대상(제조업을 영위하기 위한 사업장으로 공장설립승인을 받은 공장)이 되는 공장이 폐기물관리법에 의한 폐기물중간처리업허가 등 타법령의 인허가 대상이 되는 경우에는 동 법령의 절차에 따른 인허가는 별도로 가능함.

67. 규모미만 공장의 공장설립승인 가능 여부 및 승인 가능 범위

질의요지 규모 미만의 공장이 환경보전법상 배출시설 설치허가대상이라면 공업배치 및 공장설립에 관한 법률에 의한 공장설립승인을 얻을 수 있는지 여부 및 공장설립승인 가능 범위는?

답변 공장건축면적이 500㎡ 미만인 경우에도 공업배치 및 공장설립에 관한 법률 제13조의2에 의한 허가·신고 등의 의제를 받고자 하는 때에는 제13조제3항의 규정에 따라 공장설립승인을 받을 수 있으며, 제2조에서 정하는 공장의 범위 등은 승인대상외 공장도 적용됨.

68. 불법건축물에서의 공장설립승인 가능 여부

질의요지 건축허가를 의제처리 하지 아니하는 경우, 건축과의 협의 여부 및 불법건축물에서의 공장설립승인이 가능한지 여부.

답변 공업배치 및 공장설립에 관한 법률 제13조의 규정에 의한 공장설립승인을 함에 있어서 건축허가를 의제처리 하지 않는 경우에도 설립될 공장건물이 건축법 등 관계법령에 적합한지 여부를 판단하여야 함. 따라서 불법건축물에 대하여는 공장설립승인을 할 수 없으나, 불법사항의 치유가 가능하다고 판단되는 경우에는 이를 치유하는 조건으로 조건부승인을 할 수 있을 것임.

69. 토지의 소유권 이전전 토지사용승락을 한 경우 승인의 최소 가능 여부

질의요지 토지소유자 A가 B에게 토지를 매매하고 토지의 소유권이 이전되기 전 C에게 다시 토지사용승낙서를 발급하여 C가 이를 근거로 공장설립승인을 얻은 경우, 승인의 취소 사유에 해당되는지 여부.

답변 공업배치 및 공장설립에 관한 법률 제13조의 규정에 의한 공장설립승인신청시 토지의 사용권을 증빙하는 서류를 제출토록 되어 있는 바, 신청서에 하자가 설립승인후 발견된 경우에 승인기관은 제13조의 5(동법시행령 제19조의4제4호)의 규정에 따라 승인을 취소할 수 있음. 토지사용승낙서의 하자 여부는 민법상의 권리관계에 따라 결정되며, 하자가 있는 경우에도 새로운 토지소유자로부터 토지사용승낙을 얻어 하자가 치유된 경우는 공장설립승인의 효력이 유지됨.

70. 사실상도로의 도로 지정 · 고시를 위한 토지소유자의 동의 필요 여부

질의요지 사실상의 도로를 법적인 도로로 지정·고시하기 위해서는 토지소유자의 동의가 있어야 하는지 여부.

답변 공업배치 및 공장설립에 관한 법률의 규정에 의한 공장설립승인시 도로의 요건에 대하여는 달리 정하고 있지 않으나, 건축허가의 요건으로 대지와 도로의 관계(건축법 제33조 : 대지는 도로와 접하여야 함), 도로의 정의(건축법 제2조), 도로의 지정절차(건축법 제35조) 등을 정하고 있음.

71. 벽돌공장에 레미콘제조시설을 임의로 추가한 경우 법률 위반 여부

질의요지 공장면적 500㎡ 이상인 벽돌공장에 임의로 레미콘제조시설 300㎡를 추가한 경우, 공업배치 및 공장설립에 관한 법률 위반인지 여부.

답변 공업배치 및 공장설립에 관한 법률 제13조 제1항에서 공장건축면적이 500㎡ 이상인 공장의 신설·증설 또는 업종변경을 하고자 하는 자는 시장·군수 또는 구청장의 승인을 받도록 하고 있고, 법 제2조 제15호에서 공장의 증설은 등록된 공장의 공장건축면적 등이 증가되는 것, 동법 시행령 제18조의 2 제1항에서 공장건축면적은 제조시설로 사용되는 기계 또는 장치를 설치하기 위한 건축물 각 층의 바닥면적과 제조시설로 사용되는 옥외공작물의 수평투영면적을 합산한 면적, 동조 제4항에서 업종변경은 등록된 공장에 다른 업종을 추가하는 것으로 정하고 있음. 따라서 공장건축면적 500㎡ 이상인 기존 벽돌공장에 임의로 레미콘제조시설 300㎡를 설치하는 것은 증설 및 업종변경 승인을 받지 않은 경우에 해당되므로 법 제13조 제1항을 위반한 것임.

72. 입지제한시설로 고시하지 않은 경우 공장설립 제한 가능 여부

질의요지 입지제한대상 시설로 고시하지 않은 경우 공장설립을 제한할 수 있는지 여부.

답변 공장입지기준고시(산업자원부고시 제1999-147, 99. 12. 16) 제5조의 규정에 의하여 공장입지 제한대상시설로 고시하지 않은 경우에도 관계법령에 저촉되거나, 공장을 설립하므로서 인근 주민의 주거환경을 침해하는 정도가 크다고 승인권자가 판단하는 경우에는 공장설립을 승인하지 않을 수 있을 것임.

73. 승인 취소의 경우 토지의 원상회복 명령 부서

질의요지 공장설립승인이 취소된 경우, 어느 부서에서 토지의 원상회복을 명해야 하는지 여부.

답변 공장설립승인이 취소된 경우, 토지의 원상회복을 명하여야 하는 부서는 기관의 업무분장에 관한 사항일 것이나, 일반적으로 승인(취소)부서에서 하는 것이 타당할 것임.

74. 폐쇄된 기존공장의 공장용도 사용 가능 여부

질의요지 폐쇄된 기존공장을 인수하여 공장용도로 사용할 수 있는지 여부.

답변 공업배치 및 공장설립에 관한 법률 제20조의 규정에 의한 공장의 이전승인을 얻기 위하여 기존공장을 폐쇄한 경우, 동 건축물은 공장용도로 사용될 수 없음. 다만, 현행의 법규에 의해 당해지역에서 공장신설이 허용되는 경우에는 신설승인을 얻어 공장을 설립할 수 있음.

75. 설립 중인 공장의 임차 및 승인을 받지 아니하고 제조시설설치시 벌칙 여부

질의요지 공장설립 중에 있는 공장의 임차가 가능한지 여부 및 공장설립승인을 얻지 아니하고 제조시설을 설치하여 공장을 가동한 경우, 어떤 벌칙이 적용되는지 여부.

답변 설립중인 공장(부지 또는 건축물)을 양수한 자가 당초 승인받은 내용대로 공장설립을 계속할 수 있는 경우에는 공업배치 및 공장설립에 관한 법률 시행규칙 제7조의 규정에 의한 승인사항의 변경(회사명, 대표자 성명)이 가능하며, 이 경우 변경승인을 받은자(양수자)가 완료신고를 하여야 함.

공장건축면적이 500㎡ 이상인 공장을 설립하고자 하는 경우에는 사전에 승인을 얻어야 하며, 승인을 얻지 아니하고 공장설립(제조시설 설치 등)을 한 경우에는 법 제52조의 벌칙이 적용됨.

76. 공장의 착공 개념

질의요지 공장설립시 공장의 착공 개념이 건축법에 의한 착공인지 아니면 현지에서 건축공사를 진행한 경우에 해당하는지 여부.

답변 공장의 착공은 건축법에 의한 착공(신고) 또는 건축이 필요하지 아니한 경우에는(기존건축물을 이용하는 경우) 제조시설의 설치 행위를 말함.

77. 설립중인 공장을 매입하여 다른 업종 영위시 공장설립 처리 절차

질의요지 공장설립승인을 얻어 설립중인 공장부지를 매입하여 업종이 다른 공장을 설립하고자 하는 경우, 공장설립과 관련한 처리 절차는?

답변 공업배치 및 공장설립에 관한 법률의 규정에 의한 공장설립승인을 얻은 공장부지를 매입하여 동일업종의 공장을 설립하고자 하는 경우는 동법 시행규칙 제11조의 규정에 의한 승인사항의 변경(회사명 및 대표자 성명)으로 처리되고, 업종을 변경하여 공장설립을 계속하고자 하는 경우에는 법 제13조의 규정에 의한 업종변경 승인을 얻어야 함.

78. 건축기간의 연장승인을 얻지 않은 경우 승인 취소 해당 여부

질의요지 공장건축기간의 연장승인을 얻지 아니한 경우 공장설립승인이 취소된 것으로 볼 수 있는지 여부.

답변 공업배치 및 공장설립에 관한 법률 제11조 및 동법 시행령 제14조의 규정에 의하여 기준공장면적률을 적용하는 공장건축면적에는 4년 동안의 건축계획분을 포함하고 있으며 동 기간을 초과하여 건축하는 것이 불가피한 경우에는 건축기간의 연장승인도 가능함. 그러나 연장승인을 얻지 아니한 경우에도 공장설립승인이 취소된 것으로 볼 수 없음.

79. 제조시설의설치승인 대상 여부

질의요지 500㎡ 이상의 등록된 공장이 폐업으로 타사가 입주하여 공장설립을 하고자 하는 경우, 제조시설설치승인 대상에 해당되는지 여부.

답변 공업배치 및 공장설립에 관한 법률 제14조의 3의 규정에 따라 공장이 폐업되거나 제조시설이 멸실되어 공장등록이 취소된 경우에는 제조시설설치승인을 얻어 설치가 완료된 경우, 공장등록이 이루어짐.

80. 토지사용권의 소멸시 승인 취소 여부

질의요지 공장설립 부지의 토지사용권이 소멸된 경우 설립승인 취소 사유에 해당되는지 여부.

답변 공업배치 및 공장설립에 관한 법률 제13조에 의한 공장설립은 토지의 사용을 전제로 하기 때문에 승인요건에 사용권을 확보하도록 하고 있는 바, 사용권이 소멸된 경우에는 승인기준에 미달하기 때문에 동법 시행령 제19조의4제5호에 의한 공장설립승인의 취소사유가 됨.

81. 창업자가 연접된 타 공장의 임차시 업종 변경 해당 여부

질의요지 창업자가 연접된 다른 등록공장을 임차하여 사용하는 경우 업종변경에 해당되는지 여부.

답변 중소기업창업지원법의 규정에 의하여 창업사업계획의 승인을 받은 창업자가 공업배치 및 공장설립에 관한 법률 제16조의 규정에 의하여 등록된 다른 공장의 일부를 임차하여 사용하는 경우, 임차한 공장의 등록사항의 변경사유가 발생하는 것이지 업종변경이 이루어지는 것은 아님.

82. 의제처리 변경사항의 의제처리 가능 여부

질의요지 공업배치 및 공장설립에 관한 법률에 의한 공장설립승인시 의제처리된 사항에 대한 변경사항도 의제처리가 가능한지 여부.

답변 공업배치 및 공장설립에 관한 법률 제13조의 규정에 의하여 공장설립승인시 의제처리대상에 해당되는 인·허가 사항은 변경승인의 내용도 의제처리할 수 있을 것임.

83. 농지를 이용하여 소기업공장 설립시 가능 여부

질의요지 농지를 이용하여 규모 미만(공장건축면적 500㎡)의 소기업공장을 설립하고자 하는 경우 가능한지 여부.

답변 공장건축면적 500㎡ 미만인 경우, 공업배치 및 공장설립에 관한 법률의 규정에 의한 공장설립승인은 필요하지 않으나 농지를 전용코자 하는 사항에 대하여는 농지법에 의한 농지전용허가를 받아야 함.

84. 공장등록시 사업자등록 선행 여부

질의요지 공장설립완료신고 및 공장등록시 부가가치세법에 의한 사업자등록이 선행요건에 해당하는지 여부.

답변 부가가치세법에 의한 사업자등록을 공업배치 및 공장설립에 관한 법률상 공장설립완료신고 및 공장등록의 선결요건으로 하고 있지는 않으며, 사업자등록은 부가가치세법에서 규정한 기간내에 등록하면 가능할 것임.

85. 공장설립완료 신고에 대하여

질의요지 설립승인을 받은 후 공장을 건설 중에 있는 공장이 사업계획서상 일부 완공된 건축물에 대하여 건축법상의 사용승인을 얻어 가동하고자 하는 경우, 공장설립완료신고는?

답변 공업배치 및 공장설립에 관한 법률 제13조의 규정에 의하여 공장설립승인을 얻거나 동조 제2항에 의하여 공장설립승인을 얻은 것으로 보는 타 법률에 의한 승인을 얻어 공장을 설치한 자는 공장건축물의 사용승인 및 기계장치의 설치를 완료한 후 동법 제15조에 의한 공장설립완료 신고를 하여 공장을 가동하도록 하고 있으며, 공장설립을 완료하기 전에 공장을 가동하고자 하는 자는 동법 제16조 제3항에 의하여 부분가동공장등록 후 공장을 가동할 수 있음.

한편, 기업활동규제완화에 관한 특별조치법 제27조의 규정에 의하면 건축물의 임시사용승인을 얻어 기계장치의 설치를 완료한 후 최종 건축물의 사용승인을 받은 경우에는 공업배치 및 공장설립에 관한 법률 제15조의 규정에 의한 공장설립완료 신고를 받은 것으로 보고 있으나 당초 공장설립승인을 얻은 공장건축물 중 일부 건축물의 사용승인을 얻은 경우에는 동 규정을 적용할 수 없음. 또한 공장설립승인을 얻어 공장을 설립하는 중(공장설립을 완료하기 전)에도 필요한 경우에는 부분가동을 할 수 있도록 하고 있는 바, 부분가동을 하고자 하는 경우에는 공장설립완료 신고가 아닌 부분가동 공장등록을 신청하여 부분가동 공장등록을 하여야 함.

86. 부분등록 공장의 일부 양수절차

질의요지 기준공장 면적률을 달성하여 부분 공장등록을 한 후 가동하고 있는 공장의 일부 양수(임차)에 따른 절차.

답변 공장의 일부로서 이미 건설이 완료되어 실제로 가동하고 있는 부분(부대시설 포함)을 업종 및 규모의 변동 없이 양수 또는 임차하는 경우에는 등록변경을 통하여 양수(임차)인 명의로 변경이 가능한 것임. 다만, 수도권자연보전지역에서의 행위제한과 관련하여 증설 등의 경우에는 전체공장을 기준으로 하여 허용되는 범위 내에서만 가능함.

87. 경락공장의 명의변경 가능 여부

질의요지 등록된 공장을 법원경매로 경락받아 동일한 업종의 공장으로 운영하고자 하는 경우, 공장등록 사항의 변경절차에 의한 경락자 명의의 공장등록이 가능한지 여부.

답변 공업배치 및 공장설립에 관한 법률 시행규칙 제11조에서 공장등록을 한자로부터 공장을 인수한 자는 공장등록변경 신청이 가능하도록 규정되어 있으며, 등록된 공장을 법원 경매에 의하여 취득한 자도 인수한 자에 포함됨.

88. 경락된 공장의 승인취소 여부

질의요지 공장설립 중이거나 또는 등록된 공장을 제3자가 취득한 경우 공장등록 취소가능 여부 및 그에 따른 절차는?

답변 공장설립승인을 받아 설립중이거나 또는 등록된 공장을 경매 등으로 제3자가 취득한 경우는 공업배치 및 공장설립에 관한 법률상 공장설립의 승인취소 또는 공장의 등록취소 요건에 해당되지 아니함. 이 경우 당해 공장을 취득한 자(공장을 양수한 자)는 공장설립 승인사항의 변경 또는 공장등록사항의 변경 절차를 통해 회사명 또는 대표자 성명의 변경이 가능함.

89. 공장설립의 완료 기간

질의요지 공장설립승인 후 4년 이내에 공장설립완료 신고를 해야 하는지 여부.

답변 공장설립의 승인을 얻은 날로부터 3년(농지전용허가 또는 신고가 의제된 경우 2년)이 경과할 때까지 공장을 착공하지 아니한 경우 공업배치 및 공장설립에 관한 법률 제13조의 2 규정에 따라 승인을 취소할 수 있으나, 이는 승인권자인 시장 · 군수에게 취소의 재량권을 부여한 것으로서 반드시 취소하여야 하는 것은 아니며, 승인이 취소되지 않는 한 그 효력은 유지됨. 공장의 설립완료 신고는 법 제15조 및 동법 시행령 제20조의 규정에 따라 공장건설을 완료한 때로부터 2개월 이내에 하면 되고, 기준공장 면적률 산정시 적용되는 공장건축면적은 동법 시행령 제12조에서 공장설립 승인일로부터 4년까지의 건축계획분을 인정하고 있으나, 4년의 범위 내에서 연장이 허용됨.

90. 경락받은 공장에 민원이 발생한 경우 공장등록 가능 여부

질의요지 경락받은 등록된 공장의 건축물이 인접 부지를 침범하여 민원이 발생한 경우 동 사항이 공장등록에 영향을 미치는지 여부.

답변 공업배치 및 공장설립에 관한 법률 시행규칙 제11조의 규정에 의한 공장등록 사항의 변경신청에 대하여는 양수 사실을 증명하는 서류 등 법령에서 정하는 요건을 기준으로 판단하여야 하고, 민원을 이유로 변경신청을 거부할 수는 없음. 또한 소유권(경계)분쟁이 있는 경우에는 그 결과에 따라 공장의 면적 등을 변경하면 될 것임.

질의요지 등록된 공장을 경락받아 임대차하고자 하는 경우 공장등록 가능 여부.

답변 등록된 공장을 양수한 자는 공장전체에 대하여 변경등록을 한 후 공장의 일부 또는 전부를 임대할 수 있으며, 임차인은 임차하여 사용하는 부분에 대하여 공장등록(사용내역)을 신청할 수 있음.

91. 등록공장 매입시 권리양도증명 필요 여부

질의요지 등록된 공장을 매입하여 명의를 변경하고자 하는 경우, 공장의 권리양도 증명이 필요한지 여부.

답변 공업배치 및 공장설립에 관한 법률 시행규칙 제11조의 규정에 의하여 등록된 공장을 양수하여 공장등록사항을 변경하고자 하는 경우, 양수 사실을 증빙하는 서류를 제출하여야 하는 바, 경매 등의 원인으로 공장등록인이 아닌 제3자로부터 공장을 매입한 경우, 양수 사실을 증빙하는 서류는 매매 사실 등 소유권을 증빙하는 서류를 말하고, 공장등록에 관한 권리의 양도서류는 필요하지 않음.

92. 공장등록시 타법의 적합성 검토 여부

질의요지 제조업소의 공장등록시 타법 적합 여부를 검토하는지 여부.

답변 공업배치 및 공장설립에 관한 법률의 규정에 의한 공장등록은 법 제13조(공장설립 등의 승인) 및 제16조(공장의 등록)의 규정에 따라 건축법 등 관계법령에 적합한 경우에 가능하므로, 약사법 규정에 의한 의약품 등의 제조업 허가시 공장건축물의 적법성 여부를 별도로 검토할 필요는 없음.

93. 창업보육센터에 입주한 벤처기업의 공장등록 가능 여부

질의요지 창업보육센터에 입주하고 있는 벤처기업이 공장등록을 하고자 하는 경우 가능한지 여부.

답변 벤처기업육성에 관한 특별조치법 제18조의 3 제1항은 건축법에 의한 건축물의 용도변경(제14조 제1항)의 제한 등에도 불구하고 공업배치 및 공장설립에 관한 법률 제28조의 규정에 의한 도시형공장을 설치할 수 있다는 것이고, 동조 제2항은 도시형공장을 설치한 경우에 공장등록을 하여야 한다는 내용이기 때문에 공장등록시 도시형공장에 해당되는지 검토되어야 함.

94. 공부상 명기되지 않은 사실상 도로인 경우 공장부지의 허가 제한 대상 여부

질의요지 공장설립예정지까지의 진입도로가 지적도상에는 도로로 명기되어 있지 않으나 마을과 마을을 연결하는 사실상의 도로로 사용되고 있는 경우, 공부상의 명기되지 않은 이유로 공장부지의 농지전용이 불가능한지 여부.

답변 농지전용허가권자가 전용허가 여부를 결정할 때에는 농지법 시행령 제38조의 규정에 의하여 심사를 하여야 하며, 그 결과 심사기준에 적합하지 않은 경우에는 전용허가를 할 수 없는 바, 동 심사기준에는 농지로서의 보전가치 유무 뿐만 아니라 당해농지가 전용목적사업에 적합하게 이용될 수 있는지 여부, 즉 전용목적사업의 실현가능성 여부도 포함되어 있음. 따라서 농지전용허가권자가 진입도로의 사용가능성 등을 검토하여 목적사업의 실현 가능성이 없다고 판단할 경우에는 농지전용을 불허할 수도 있을 것임.

95. 건설폐재류의 수집·운반처리활동의 한국표준산업분류

질의요지 건설폐재류의 수집·운반·처리활동 등과 관련되는 산업의 한국표준산업분류는?

답변 한국표준산업분류(통계청 고시 제98-1호 '98. 2. 18)상 건설폐재류의 수집·운반·처리활동과 관련되는 사업체의 산업은 그 사업체가 직접 수행하는 주된 활동 내용에 따라 분류되므로, 수수료 또는 계약에 의하여 건축물 해체장소에서 자사 또는 타사가 수집·운반한 건축물 해체 폐기물질의 폐기처리(매립 등)를 주로 하는 경우(폐기처리 과정에서 선별·분쇄 등이 수행될 수 있으며, 재활용할 수 있는 골재나 모래 등이 부수적으로 얻어질 수 있음)에는 90011 : 일반폐기물 수집·처리업에 분류되며, 건축물 해체 폐기물의 수집운반업자 또는 폐기처리업자로부터 유상 또는 무상으로 수집한 재활용 가능한 비금속성 재생물질(재생골재 및 모래 생산용)만을 선별·분쇄하여 재생벽돌 및 블록제조용 골재나 모래를 생산할 경우에는 26995 : 비금속광물 분쇄처리업에 분류됨.

※ 한국표준산업분류 26995는 동 산업분류의 개정으로 26992로 변경됨(부록 2 참조)

96. 용도지역이 변경된 경우, 변경전 허가에 대한 행위 제한 여부

질의요지 '95. 3월 준농림지역에 공장설립승인을 얻고, '95. 6월 산림훼손허가를 받아 산림형질변경 및 토목공사를 진행중에 '97. 12월에 당해부지가 도시계획구역(자연녹지지역)으로 편입된 경우, 당초의 공장설립승인 및 산림훼손허가 내용대로 당해 행위를 제한받지 아니하고 계속할 수 있는지 여부.

답변 국토이용관리법 제15조 제3항의 규정에 의하면 용도지역의 지정·변경에 관한 국토이용계획의 결정·고시 당시 당해 용도지역 안에 있는 기존 건축물·공작물 기타의 시설과 관계법령에 의하여 건축물의 건축·공작물 기타시설의 설치나 토지의 형질변경 등의 행위에 대한 허가·인가 또는 승인 등을 얻은 자는 허가·인가 또는 승인 등을 얻은 후에 용도지역의 지정 또는 변경이 있더라도 당해 행위를 제한받지 아니하고, 그 공사 또는 사업 등을 계속할 수 있도록 규정하고 있으므로, 당초 준농림지역에서 허용되는 시설로서 공장의 설립승인 및 산림훼손허가 등을 받은 경우에는 이후 도시지역으로 용도지역이 변경되더라도 허가 내용대로 동 공장설치 행위를 계속할 수 있는 것을 판단됨.

97. 준농림지역 면지역에서 공장신축시 건축법 제33조 적용 여부

질의요지 준농림지역의 면지역에서 공장건물을 신축하는 경우, 건축법 제33조의 적용을 받아야 하는지 여부.

답변 건축법 시행령 제3조제2항의 규정에 의하여 동 또는 읍의 지역이 아닌 지역에 대해서는 동법 제33조의 규정에 대한 적용을 받지 않음.

98. 제1차 산업생산품 가공공장에 석재공장 포함 여부

질의요지 제1차 산업생산품 가공공자에 석재(비석)공장이 포함되는지 여부.

답변 건축법령에서 제1차산업생산품 가공공장에 대하여는 명확히 규정하고 있지 아니하나, 건축법 시행령 별표13의 규정에서 생산녹지지역 안에서 허용하고 있는 건축물중 제1차산업생산품 공장이라 함은 농산물·수산물·축산물·광산물의 생산품을 가공하는 공장을 말함.

99. 창업회사 B가 A사를 매입하여 이업종 생산시 사업계획승인 가능 여부

질의요지 '96년 3월에 창업사업계획승인을 받은 A회사(공장미등록 개인업체)를 B회사(개인사업장)가 매입(포괄 또는 물건만 매입)하여 이종업종을 생산할 경우 중소기업창업지원법의 규정에 의한 사업계획승인을 받을 수 있는지 여부.

답변 A회사는 창업사업계획승인을 득한 공장으로서 전매금지 기간 중에 있는 바, A회사를 B회사에 양도하였을 경우에는 승인권자(시장·군수·구청장)가 A회사의 창업사업계획승인을 취소하고 관할지방국세청장에게 전매사실 및 관련자료를 통보하여 양도소득세 등을 과세토록 하며, B회사는 별도의 창업사업계획승인을 신청할 수 있음.

다만, 이 경우 B회사는 새로이 설립되는 중소기업으로서 중소기업창업지원법 제2조의 규정에 의한 창업에 해당되어야 하며, A회사의 포괄 인수 여부 및 A회사와 동종업종 여부 등은 관련이 없음.

고수만 아는 불패의 황금토지를 잡아라
창고 공장부지 투자 전략과 기술

지은이 이인수(코랜드연구소장)

발행일 2019년 11월 27일 1판 1쇄
2021년 10월 27일 개정판

펴낸이 양근모

발행처 **도서출판 청년정신** ◆ **등록** 1997년 12월 26일 제 10—1531호

주 소 경기도 파주시 문발로 115 세종출판벤처타운 408호

전 화 031)955—4923 ◆ **팩스** 031)624—6928

이메일 pricker@empas.com